Lust auf Kultur

Impressum

Die Deutsche Bibliothek – CIP Titelaufnahme
Ein Titeldatensatz für diese Publikation ist bei Der Deutschen Bibliothek
erhältlich.

© 2002
BW Bildung und Wissen
Verlag und Software GmbH
Südwestpark 82
90449 Nürnberg
Tel. 0911 / 9676-175
Fax 0911 / 9676-189
E-Mail: serviceteam@bwverlag.de
http://www.bwverlag.de

Umschlaggestaltung: Ute Popp, Fürth
Layout und Satz: Markus Weber, Fürth
Druck: Druckhaus Oberpfalz, Amberg

ISBN 3-8214-7617-6

Birgit Mandel

Lust auf Kultur

Karrierewege in das Berufsfeld Kulturvermittlung

jobs · business · future
www.jobs-business-future.de
Bildung und Wissen Verlag

Inhalt

Einführung

Popbeauftragter, Online-Redakteur, Theaterpädagoge oder Staats-
minister für Kultur und Medien? Das Arbeitsfeld Kultur ist ebenso vielfältig wie unübersichtlich. Es wächst und verändert sich
stetig. Neue Dienstleistungen, vor allem im Bereich der Neuen
Medien entstehen, während traditionelle Bereiche unter Reform-
druck geraten. Klar definierte Berufsbezeichnungen und verbind-
liche Ausbildungswege gibt es für den Kulturbereich kaum, doch
die Anforderungen an Bildungsniveau, Flexibilität und Mobilität
sind hoch. Ein akademisches Studium, lebenslanges Lernen,
ständige Weiterqualifizierung sind selbstverständlich. Befristete
Verträge, mehrere Jobs parallel, Arbeiten in immer neuen Projekt-
Teams und flexiblen Netzwerken – das Verwischen der Grenzen
zwischen Arbeit und Freizeit sind für Tätigkeiten in der Kultur
geradezu charakteristisch. Das traditionelle Normalarbeitsverhältnis ist hier nur eine Beschäftigungsform unter vielen. Was für
die Zukunft der Arbeit insgesamt prognostiziert wird, ist auf dem
Kulturarbeitsmarkt lange schon Realität. „Gerade in seiner Bunt-
scheckigkeit erscheint der Arbeitsmarkt Kultur als ein Prototyp
dessen, was in der gegenwärtigen Diskussion über Flexibilisie-
rung, Deregulierung und regionale Mobilität als unumgängliche
Anpassung an die gegebene Situation gefordert wird. Ausdruck
dafür ist unter anderem das Nebeneinander von Teilzeitjobs,
Zeitvertrag, Scheinselbständigkeit, Selbstständigkeit bis zur festen Anstellung mit Pensionsanspruch, oder der Spannungsbogen
von den bunten Bildern der heiteren Leichtigkeit des Seins der
Medienstars bis zu denen, die am Rande des Existenzminimums
leben, auf Arbeitslosengeld, -hilfe oder Sozialhilfe angewiesen
sind." (Zimmermann / Schulz / Deutscher Kulturrat,1999, S.157)
Die Beschäftigung mit Kunst und Kultur ist erfüllend und für die
meisten in diesem Bereich Tätigen mehr als nur ein Job, weshalb
sie soziale Unsicherheiten in Kauf nehmen. Insgesamt zählt der
Kulturarbeitsmarkt zu den dynamischsten und vermutlich auch
zukunftsträchtigsten Teilarbeitsmärkten.

Berufe in den Bereichen Kulturvermittlung, Kulturpädagogik und Kulturmanagement sind eher jüngeren Datums. Ihre Entstehung ist eng verknüpft mit der gesellschaftlichen Neubewertung von Kunst und Kultur seit den sechziger Jahren, mit Forderungen von „Kultur für alle" und ihrer Umsetzung in vielen neuen Kulturinitiativen, später dann mit der Entdeckung von Kultur als Image- und Wirtschaftsfaktor und der zunehmenden Professionalisierung kultureller Dienstleistungen. Bei allen Kulturvermittlungsberufen geht es im Kern darum, künstlerische oder kulturelle Inhalte und Aktivitäten zu vermitteln, zu fördern, anzuregen, zu reflektieren und zu managen, Brücken zu bauen zwischen Künstler oder künstlerischer Produktion und Publikum oder Teilnehmern. „Die Dienstleistung erbringenden Kulturarbeiter sind statt auf eigene Werke auf kommunikative Prozesse konzentriert." (Bundesanstalt für Arbeit,1994, S.9)

Kulturvermittlungsberufe eignen sich für diejenigen, die ein starkes Interesse an Kunst und Kultur haben und zugleich die Lust und die Fähigkeit mitbringen, andere mit ihrer Begeisterung für Kultur anzustecken und anzustiften; Menschen, die überzeugt sind von dem besonderen Wert und Eigensinn, den Kunst und Kultur für unsere Gesellschaft haben; Menschen, denen ihr Engagement für die Sache wichtiger ist als eine sichere Karriere. Für Kulturvermittlungsberufe ist neben Spaß an Kommunikation eine gewisse Besessenheit für Kunst und Kultur und die dadurch initiierten ästhetischen und sozialen Prozesse erforderlich, um sich in diesem offenen, dynamischen Berufsfeld behaupten zu können. Das Berufsfeld der Kulturvermittlung reicht von der unmittelbaren Anleitung zu eigenkünstlerischem Tun etwa in Musikschulen über die pädagogisch orientierte Vermittlung zum Beispiel in der Kulturpädagogik und der Soziokultur bis zu indirekten Formen der Vermittlung etwa im Kulturjournalismus oder in der Kulturverwaltung und im Kulturmanagement, wo Vermittlung vor allem eine koordinierende Tätigkeit darstellt. Grundsätzlich lässt sich das Berufsfeld wie folgt kategorisieren:

↪ Vermittlungstätigkeiten in unmittelbarer Nähe zur künstlerischen Produktion am Theater, an Opernhäusern, in Museen, in Galerien, aber auch in Verlagen, in Tonstudios, bei Filmproduktionsfirmen

↪ Kulturpädagogische Arbeit mit Kindern und Jugendlichen, die zu kultureller Selbstbetätigung anregen will, zum Beispiel in Jugendkunstschulen, Musikschulen, soziokulturellen Zentren, an Volkshochschulen oder in Weiterbildungswerken

↪ Kulturpädagogik in der Rehabilitation und der Arbeit mit psychisch und physisch Kranken

↪ Kulturvermittlung und Animation zu kreativer Betätigung im Tourismus

↪ Kulturvermittlung im Journalismus in Printmedien, Hörfunk, Fernsehen und Internet, Kulturvermittlung in den Neuen Medien

↪ Kulturvermittlung in Kulturverwaltung und Kulturpolitik durch Moderieren, Fördern, Vernetzen und Initiieren von Kulturprojekten

↪ Kulturmanagement sowohl in privatwirtschaftlichen Agenturen und Firmen wie auch in öffentlichen Kulturbetrieben, um Ressourcen für Kultur möglichst effizient einzusetzen

Bewusst ausgenommen sind die freien Künste, also der Beruf des Bildenden Künstlers, des Musikers, Komponisten, Schriftstellers, Schauspielers und Tänzers (Hierzu siehe Zimmermann / Schulz 2002). Diese Berufe haben eine lange Tradition, sie sind klar umrissen und wurden bereits oft beschrieben. Hier geht es hingegen vor allem um die neueren Berufe im Bereich zwischen künstlerischer Produktion und Publikum und zwischen

Rezipient oder Teilnehmer. Hier handelt es sich also um Tätigkeiten, die die Aufgabe haben, künstlerische Prozesse und Produktionen zu organisieren und zu vermitteln.

Anhand von Expertenbefragungen werden die zentralen Qualifikationen und Kompetenzen ausgelotet, die Grundlage für Kulturvermittlungsberufe sind. Schlüsselqualifikationen wie Kreativität, Flexibilität, Teamfähigkeit und Kommunikationsfähigkeit sind sehr wichtig, befähigen alleine jedoch noch nicht für kulturelle Arbeitsfelder. Unabdingbar hinzukommen muss Sachkompetenz, das heißt gute inhaltliche Kenntnisse und Fähigkeiten in verschiedenen Kunst- und Kulturbereichen, Hintergrundwissen über Rezeptions- und Vermittlungsprozesse sowie Grundlagen des Kulturmanagements. Der Grad der Professionalisierung ist seit den siebziger Jahren beständig angestiegen; neben Fort- und Weiterbildungen sind auch einige Hochschulstudiengänge entstanden, die sich um Qualifizierung und Qualitätssicherung im Bereich Kulturvermittlung bemühen.

Auf der Grundlage einer Absolventenbefragung des Hildesheimer Studienganges Kulturwissenschaften und Ästhetische Praxis, einem der größten und ältesten kulturvermittelnden Studiengänge, werden Karriereverläufe und Besonderheiten des Berufsfeldes untersucht, ergänzt durch Interviews mit Absolventen anderer Kulturstudiengänge: Welche alten und neuen Kulturberufe gibt es? Welche Arbeitsverhältnisse überwiegen? Welche Qualifikationen sind vorrangig gefragt? Wie gestaltet sich der Arbeitsalltag in den verschiedenen Berufen? Und vor allem: Wie gelingt den Absolventen nach dem Studium der Einstieg in den Beruf? Eines der wichtigsten Ergebnisse der Hildesheimer Studie besteht darin, dass das weit verbreitete Vorurteil von der „brotlosen Kunst (und Kunstvermittlung)" keineswegs bestätigt wird: 97 Prozent der Befragten sind in Lohn und Brot, davon der überwiegende Teil in studiumsadäquaten Bereichen. Kulturvermittlung ist also nicht nur ein attraktives, sondern auch ein durchaus realistisches und zukunftsträchtiges Arbeitsfeld, wenngleich sich seine Gesetzmäßigkeiten und Karriereeinstiege zum Teil sehr von „normalen"

Bewerbungsläufen in anderen Feldern unterscheiden. Tipps für den erfolgreichen Einstieg in den Kulturarbeitsmarkt liefert das Abschlusskapitel in kompakter Form. Damit der Karriere als Kulturvermittler nichts mehr im Wege steht!

Die Kapitel zu den einzelnen Tätigkeitsfeldern sowie zu den Fallbeispielen für Karrierewege von Kulturvermittlern sind unter Mithilfe von Studierenden des Studiengangs Kulturwissenschaften und Ästhetische Praxis entstanden. In diese Darstellungen ist also unmittelbar die Perspektive derjenigen eingegangen, die zentrale Zielgruppe dieses Buches sind: Menschen, die sich auf einen Kulturvermittlungsberuf vorbereiten, für die vieles neu und nichts selbstverständlich ist. Wir bitten die Leserinnen um Verständnis dafür, dass wir der unkomplizierten Lesbarkeit halber auf die explizit weibliche Form verzichtet haben, wohl wissend, dass es sich bei den Kulturvermittlern vor allem um Frauen handelt.

1. Die Vermittlung von Kunst und Kultur

Ein Berufsfeld mit vielen Facetten

Die Bezeichnungen für Tätigkeiten im Bereich der Kommunikation und Vermittlung von Kunst und Kultur sind ebenso vielfältig wie das Berufsfeld insgesamt. Dahinter stehen nicht nur unterschiedliche Tätigkeitsfelder und Herangehensweisen an Kultur, sondern auch unterschiedliche Kulturbegriffe. Nicht um die Vielfalt einschränken zu wollen, vielmehr um die große Bandbreite zu zeigen, soll nachfolgend versucht werden, die Begriffe voneinander abzugrenzen.

Kulturvermittlung ist der Oberbegriff für alle Bereiche der Kunstvermittlung, der künstlerischen Vermittlung, kulturellen Bildung, Kulturpädagogik, Soziokultur/Kulturarbeit und den dazugehörigen organisatorischen Prozessen. Wenn wir von Kultur sprechen, sind damit meistens die Künste im engeren Sinne gemeint: die bildende Kunst, das Theater, die Literatur, die Musik und auch die filmischen Künste. Auf der anderen Seite gibt es den weit gefassten Begriff „Kultur", worunter alle von Menschen gestalteten Äußerungen fallen, sei es die Religion oder die Art und Weise, wie eine Bevölkerungsgruppe isst und trinkt – so spricht man zum Beispiel von verschiedenen Weltkulturen. **Kunstvermittlung** im engeren Sinne meint das Heranführen an professionelle künstlerische Arbeiten zum Beispiel in Museen oder in Theatern durch Führungen oder produktionsbegleitende Workshops. **Künstlerische Vermittlung** bezeichnet das Vermitteln von künstlerischen Ausdruckstechniken etwa durch Instrumentalunterricht, Zeichen-, Theater- oder Tanzkurse sowie das Anleiten und Anregen, dabei zu eigenständigen Ausdrucksformen zu finden. Der Kulturbegriff der **Kulturpädagogik** und der **Soziokultur** umfasst neben den Künsten auch alltägliche kulturelle Ausdrucksformen, zu denen ebenso die Erzeugnisse der Massenmedien zählen, oftmals als Gegenstand kritischer

Auseinandersetzung, wie auch subkulturelle Äußerungen, Volksfeste oder das Spielen von Kindern.

Kulturpädagogik bezeichnet Prozesse der kulturellen Bildung in aktiver Auseinandersetzung mit Kunst und Kultur unter Einbezug der eigenen Alltagswelt. Im Mittelpunkt steht der kommunikative Aspekt der Künste, die ihr innewohnenden sozialen Möglichkeiten, die in und mit den Künsten entdeckt und hier in einer sozialen Ästhetik realisiert werden. Kulturpädagogik hat sich seit den siebziger Jahren zu einer eigenständigen Disziplin der Kulturarbeit und der Pädagogik entwickelt, die ausgehend von Alltagskontexten Menschen dazu anregt, mit allen Sinnen und im eigenen ästhetischen Tun ihre Wahrnehmungs- und Ausdrucksfähigkeiten zu erweitern. Kulturpädagogik arbeitet meistens projektorientiert und interdisziplinär und versucht, die Eigentätigkeit der Beteiligten herauszufordern. Ziele von Kulturpädagogik sind neben der Förderung von Kreativität auch die Herausbildung von sozialen Kompetenzen. „Kulturpädagogische Praxis durchbricht das gewohnt passive, rein additive Aufnehmen und Konsumieren und nutzt die unmittelbare Lebenswelt mit ihrer Alltäglichkeit und ihren besonderen Anlässen, ihren aktuellen und historisch gewachsenen Kulturgütern als Hintergrund für ein aktives, subjektorientiertes Handeln und Gestalten. Das, was den Einzelnen umgibt, wird in Projekten, Aktionen und Kursen verständlich und handhabbar. Kulturpädagogik eröffnet Handlungs- und Erfahrungsräume, in denen Kultur erfahrbar wird als etwas, was mit dem eigenen Leben zu tun hat, als gestalteter und gestaltbarer sozialer Prozess, der selbstverantwortlich und nützlich-befriedigend gebraucht und verändert werden kann." So definiert es die Arbeitsgemeinschaft Kulturpädagogischer Dienste (Schäfer 1988, S.15).

Kulturpädagogik realisiert sich vor allem in außerschulischen Situationen des Lernens und Gestaltens mit Akzent auf dem Prinzip der Selbstbildung. Zentrale Zielgruppe von Kulturpädagogik sind Kinder und Jugendliche. „Der Entstehungszusammenhang der neuen Kulturpädagogik verdankt sich einem innovativen und initiativen Zeitgeist und der Insuffizienz traditioneller Bildungsinstitutionen, den je aktuellen und aufgewerteten Kinder- und Jugendkulturen sowie der Hoffnung auf eine besondere Bildungsmächtigkeit von Kunst, Kultur und Ästhetik im produktiv-gestaltenden wie im rezeptiv-qualifizierenden Umgang damit." So fasst es Wolfgang Zacharias zusammen, einer der Gründungsväter der neueren praktischen Kulturpädagogik (Zacharias 2001, S.57).

Soziokultur bezeichnet Formen von Kulturarbeit, die auf dem Prinzip „Kultur von allen" basieren und Kultur oftmals mit gesellschaftspolitischer Arbeit verbinden. Dazu gehören etwa die Arbeit in Geschichtswerkstätten und multikulturellen Zentren, die Organisation von Stadtteilkulturfesten, oder auch die Organisation und Durchführung von Kunst-Projekten und Veranstaltungen in soziokulturellen Zentren. „Soziokultur steht für ein erweitertes Kulturverständnis, wonach Kultur die Summe aller Lebensäußerungen unserer Gesellschaft umfasst; sie steht für eine veränderte kulturelle Praxis, die sich an alle Bevölkerungsschichten wendet und sie zur aktiven Teilhabe ermutigt. Soziokultur steht für die Förderung kultureller und künstlerischer Bewegung von unten." So benennt es ein Grundsatzpapier der Landesarbeitsgemeinschaften Soziokultureller Zentren (Faltblatt, LAGS e.V. Niedersachsen (Hrsg.): Die Landesarbeitsgemeinschaft soziokultureller Zentren in Stichworten. Hannover 1994, S.1).

In Arbeitsgebieten wie dem **Kulturmanagement** oder dem **Kulturjournalismus** findet Kulturvermittlung „mittelbar" statt, indem etwa die Rahmenbedingungen geschaffen werden, unter denen Kunstproduktionen und Publikum bestmöglich zusammenkommen, indem Kunstexperten für ein potenzielles Publikum über Kunst schreiben, dabei Hintergrundwissen vermitteln und Zusammenhänge aufzeigen.

Warum Kultur Vermittlung braucht

Kulturvermittlung ist ein Bereich, dem im deutschen Kulturbetrieb zurzeit noch nicht der Stellenwert zukommt, den er verdient. Die verfügbaren Mittel fließen größtenteils in die Organisation großer Ausstellungen oder in die Ausstattung von Theaterproduktionen, unverhältnismäßig wenige dagegen in Vermittlungsprogramme für diese Ereignisse. Der allergrößte Teil der öffentlichen Gelder für Kultur wird in die großen Kunstapparate gesteckt, allen voran die Theater und Opernhäuser, nur wenig bleibt für die Förderung soziokultureller und kulturpädagogischer Initiativen.

In den so genannten Hochkultureinrichtungen gibt es für den Bereich der Vermittlung und kulturellen Bildung nur wenige Arbeitsplätze, denen ein geringer Stellenwert in der Hierarchie und damit wenig Einflussmöglichkeiten zugestanden werden. Kulturvermittlung hat kaum eine Lobby im Kulturbetrieb bei verantwortlichen Kulturmachern und bei Kulturpolitikern. Das ist erstaunlich, da Kunstproduktion letztlich nur dann Sinn macht, wenn sie bei den Menschen auch ankommt.

„Kunst spricht für sich selbst, da gibt es nichts zu vermitteln", so die Auffassung vieler Kulturschaffender, doch nur die wenigsten künstlerischen Produktionen werden auf Anhieb verstanden. Gerade zeitgenössische Kunst zeichnet sich dadurch aus, dass sie eine Formensprache erfindet, die ihrer Zeit voraus ist oder nicht den gängigen Ausdrucksformen entspricht und damit zwangsläufig zunächst auf ein gewisses Unverständnis stößt. Und auch Werke aus dem Bereich des kulturellen Erbes brauchen Übersetzungshilfen, damit sie uns heute noch etwas sagen. An genau dieser Stelle sind Kulturvermittler ohne Arroganz und Scheuklappen gefragt, die sowohl fundiertes Sachwissen haben – also Kunstexperten sind – wie auch offen genug sind, sich mit den Gewohnheiten, Motivationen und eventuell auch ganz banalen Unterhaltungsbedürfnissen des nicht professionellen Kulturnutzers zu befassen und diese ernst zu nehmen. Dabei geht es keineswegs darum, Kunstwerke rein kognitiv zu „erklären", denn Künste werden über den ästhetischen Genuss erfahrbar. Vielmehr kann Vermittlung zum Beispiel in Museen und Ausstellungen bereits die Art und Weise meinen, wie Arbeiten gehängt oder präsentiert werden, mit welchen Materialien aus Alltagskontexten man die Kunstwerke konfrontiert, wie man eine Laufrichtung und damit eine indirekte Orientierungshilfe vorgibt, oder auch wie man schon in Ankündigungen prägnante Überblicke der Ausstellungsideen vermittelt und Werbetexte so spannend und anschaulich formuliert, dass Menschen zum Besuch animiert werden. Vermittlung kann heißen, etwa für die Zielgruppe Kinder eigene Kataloge zu entwickeln, die spielerisch durch die Ausstellung führen oder Menschen im Sinne von produktiver Rezeption in Auseinandersetzung mit den Werken zu eigenem ästhetischen Handeln anzuregen.

Kunstvermittlung bewegt sich heute zwischen den Wissenschafts- und Bildungsansprüchen der Hochkultur-Institutionen und dem Erlebnishunger der breiten Bevölkerung. Beide Ansprüche sind durchaus vereinbar. Kunstvermittler sind hier sowohl als Anwälte des Publikums gefragt wie als Vertreter der Künste, von denen sie selbst begeistert und überzeugt sein müssen, um sie auch anderen nahe zu bringen, ohne sie zu banalisieren. „Wie entgeht man dem Vorwurf, die Kunst im Vermittlungsvorgang handlich zu machen oder gar gebrauchsfertig? Wie respektiert und stärkt Kunst- und Kulturvermittlung das Beste in der Kunst, nämlich, dass sie quersteht zur gängigen Wahrnehmung, sie Eigensinn hat, der neuen Sinn anregt und produziert? Antwort: Indem man die Kunst ebenso ernst nimmt, wie die Menschen, mit denen man sie betreibt." (Kurzenberger 1996/97) Kunst- und Kulturvermittlung ist in gewisser Weise ein eigenes Kunststück. Jede Vermittlungssituation ist anders und muss neu entdeckt und geschaffen, neue Formen müssen erfunden werden. Im Prozess der produktiven Aneignung von Kunst und Kultur entsteht immer auch etwas Eigenes, Neues. Kunstvermittler sind dazu da, aus passiven Konsumenten aktive Nutzer zu machen.

Kulturvermittlung kann auch die Heranführung von Menschen an ihre eigenen kreativen Kräfte und schöpferischen Ausdrucksfähigkeiten meinen. „Jeder ist ein Künstler", so propagierte Joseph Beuys in den sechziger Jahren und meinte damit, dass kreative, selbstständig denkende und handelnde Menschen der Garant für eine lebenswerte demokratische Gesellschaft seien. Den meisten Menschen ist der kreative Anteil in ihnen selbst vermutlich keineswegs präsent, da die alltäglichen Lebensumstände meist nur wenig Raum dafür lassen. Ziel von Kulturvermittlung kann es darum auch sein, Menschen zu ermutigen, anzuregen und anzuleiten, eigenes kreatives Potenzial zu aktivieren und künstlerische Ausdrucksfähigkeit, sei es im Bereich Theater, Tanz, Musik, Literatur oder bildende Kunst, weiterzuentwickeln.

Gerade einmal 19 Prozent der Bevölkerung haben sich laut einer Untersuchung des Zentrums für Kulturforschung irgendwann einmal außerhalb der Schule in ihrer Freizeit künstlerisch-kreativ betätigt, viele würden es aber eigentlich gerne tun. Hemmschwellen bestünden vor allem in dem weit verbreiteten Vorurteil, man bräuchte eine besondere Begabung, um künstlerisch aktiv zu werden. „Der Kultur- und Bildungsbereich könnte sich in Zukunft expansiv entwickeln, wenn die Bürger ihre Wunschvorstellungen Wirklichkeit werden lassen. Jeder fünfte will dann mehr Kulturangebote nutzen und jeder siebte will sich persönlich weiterbilden. Über sechs Millionen würden gerne Kurse in Freizeitakademien besuchen", fand Freizeitforscher Opaschowski heraus (Opaschowski 1998, S.106). Wer selbst künstlerisch tätig ist, nutzt auch als Rezipient kulturelle Angebote intensiver, geht ins Theater, in Konzerte, in Museen, und beteiligt sich am kulturellen Leben, so ein weiteres Ergebnis der Studie des Zentrums für Kulturforschung. Da kulturelle Bildung wesentlich zur Herausbildung von Schlüsselqualifikationen beiträgt, die nach einer neueren Untersuchung der Bundesvereinigung kulturelle Jugendbildung für alle höher qualifizierten Berufe von Bedeutung sind, liegen hier gesellschaftliche Ressourcen, die bislang viel zu wenig genutzt wurden.

2. Der Kulturarbeitsmarkt

Die Entstehungsgeschichte der kulturvermittelnden Berufe

Während künstlerische Berufe eine sehr lange Tradition haben, konnten sich Tätigkeiten im Bereich Kulturvermittlung erst seit Ende der sechziger Jahre als eigenständige Arbeitsbereiche etablieren. In dieser Zeit wurden im Zuge der gesellschaftlichen Reformbewegung die Forderungen nach mehr Demokratie und die Teilhabe aller an Kulturrezeption und Kulturproduktion in neuen Kulturinitiativen umgesetzt. Die so genannte „Neue Kulturpolitik" war geboren und bekam mit der 1976 gegründeten Kulturpolitischen Gesellschaft ein starkes Forum. Theoretische Vordenker und erfolgreich praktizierende Kulturpolitiker waren unter anderen Hermann Glaser, der ein „Bürgerrecht Kultur" forderte und in Nürnberg die ersten Stadtteilkulturläden gründete, und Hilmar Hoffmann, der „Kultur für alle" propagierte und Frankfurt am Main in seiner Funktion als Kulturdezernent zur Stadt mit dem weltweit prozentual höchsten Kulturetat machte, nämlich elf Prozent des städtischen Gesamtetats. „Kultur für alle" meinte, Kunst und Kultur möglichst vielen Menschen zugänglich zu machen, indem sowohl finanzielle wie gesellschaftlich-soziale Zugangsbarrieren abgebaut werden sollten. An den so genannten Hochkultureinrichtungen wurden die ersten Arbeitsplätze in der Kulturvermittlung für Museums- und Theaterpädagogen eingerichtet.

„Kultur für alle" implizierte aber mehr noch „Kultur von allen". Möglichst vielen Menschen sollte die Möglichkeit geboten werden, ihr eigenes schöpferisches Potenzial zu entdecken und ihre Kreativität herauszubilden, um so ihre Handlungskompetenz zu erweitern und ihre Lebensqualität zu steigern. Damit einher ging die Dezentralisierung von Kultur und vor allem eine Erweiterung des Kulturbegriffs um Bereiche wie Off-Kultur, Alternativkultur, Alltagskultur, Populärkultur, Soziokultur. Seit Mitte der siebziger Jahre gab es zunehmend öffentliche Förderung für die expandierende freie Kulturszene, für soziokulturelle Zentren, Kreativläden, Geschichtswerkstätten und für Projekte kultureller Bildung. Die Kulturpädagogik begann sich zu entwickeln. Waren es zu Beginn vor allem autodidaktische Praktiker und von Einstellungsstopps betroffene, ausgebildete Lehrer, die in den Initiativen das neue Arbeitsfeld prägten, so entstanden seit Ende der siebziger Jahre die ersten Weiterbildungen und Studiengänge im Bereich Kulturpädagogik. Die Kulturvermittlung begann sich zu professionalisieren.

In den achtziger Jahren drängte eine Fülle von diplomierten Kulturpädagogen, Kulturwissenschaftlern, Kulturarbeitern, Sozialpädagogen, Freizeitpädagogen und Lehrern mit der Zusatzqualifikation „Kulturpädagogik" auf den kulturellen Arbeitsmarkt. Die Absolventen dieser Ausbildungsgänge fanden in der Wohlstandsgesellschaft der achtziger Jahre gute Bedingungen vor und trugen aktiv zur Schaffung neuer, größtenteils öffentlich geförderter Einrichtungen bei. So stieg etwa die Zahl der Jugendkunstschulen von fünf Einrichtungen im Jahre 1969 auf inzwischen 400; soziokulturelle Zentren, museums-, theater-, musik- und medienpädagogische Dienste und Projekte expandierten, die ersten Kindermuseen entstanden.

Absolventen von Kulturstudiengängen fügten sich also keineswegs in ein oft prognostiziertes Arbeitslosenschicksal, sondern schufen sich die Einsatzfelder für ihre Dienstleistungen häufig selbst. Darüber hinaus trugen die ausgebildeten Kulturvermittler natürlich zur Professionalisierung des Arbeitsfeldes bei, so etwa in Projekten der Soziokultur, die in ihren Anfängen noch ehrenamtlich von „Selbsthilfegruppen" betrieben wurden. Auf der einen Seite wurden durch diese Professionalisierungstendenzen bestimmte alternative Werte und Ideen von Basisdemokratie und Selbstverwaltung beeinträchtigt, denn die Einrichtungen veränderten sich und wurden in ihrer Ausrichtung oftmals markt- und konsumorientierter. Auf der anderen Seite wurde die Arbeit effizienter und erreichte ein breiteres Publikum.

Sozialpolitische Unterstützung fanden viele Initiativen in den achtziger Jahren durch Arbeitsbeschaffungsmaßnahmen, die einen zweiten Arbeitsmarkt entstehen ließen, der gerade im freien Kulturbereich neue Handlungsfelder eröffnete. Eine Vielzahl von kulturpädagogischen Berufsverbänden wie etwa die Bundesvereinigung kulturelle Jugendbildung, der Bundesverband der Jugendkunstschulen und kulturpädagogischen Einrichtungen oder der Bundesverband Soziokultur entwickelten sich mit dem Ziel, das Berufsfeld zu professionalisieren und vor allem für mehr Anerkennung von Seiten der Politik zu sorgen. 1982 wurde der deutsche Kulturrat als zentrale Arbeitsgemeinschaft der meisten deutschen Kulturinstitutionen und Verbände mit dem Ziel gegründet, als Informations-, Beratungs- und Interessenvertretung Einfluss auf die Kulturpolitik der Bundesrepublik Deutschland zu nehmen. Insgesamt weitete sich der Kultursektor in der alten Bundesrepublik vor allem in der Zeit zwischen 1975 und 1989 stark aus; die kommunalen Kulturetats stiegen zwischen 1975 und 1981 um 22 Prozent und damit weit schneller als die anderen Etats, so dass auch die Zahl der im Kulturbereich Beschäftigten zunahm.

Erstmalig belegte 1988 eine Studie, dass Kultur nicht nur Geld kostet, sondern sich auch rechnet: Öffentliche Ausgaben für Kultur werden auf Umwegen zu einem volkswirtschaftlich wichtigen Einnahmefaktor. Synergieeffekte und die so genannte „Umwegrentabilität" von Kulturförderung bestehen zum Beispiel darin, dass einkommenssteuerpflichtige Arbeitsplätze geschaffen werden, kulturbegleitender Konsum etwa in Form von gastronomischen Betrieben angekurbelt wird, die Standortattraktivität eines Ortes durch kulturelle Angebote steigt und damit qualifizierte Arbeitskräfte und Tourismus angezogen werden. Kultur wird in den achtziger Jahren zu einem bedeutenden Imageträger und Lifestylefaktor für unterschiedlichste Interessen und trägt damit auch einen wichtigen Teil zur volkswirtschaftlichen Wertschöpfung bei.

Seit Ende der achtziger Jahre etablierte sich in Deutschland der Begriff und die Profession des Kulturmanagements. Wurden Tätigkeiten in der Kulturorganisation früher quasi nebenbei erledigt, ohne ihnen eigene Aufmerksamkeit zu widmen, entstand nun im Zuge zunehmender Konkurrenz auf dem Kulturmarkt bei gleichzeitig stagnierender öffentlicher Finanzierung ein hoher Professionalisierungsdruck. Sowohl die freien Kulturprojekte wie die öffentlichen Einrichtungen und die Kulturverwaltungen waren gezwungen, ihre Organisationsstrukturen zu reformieren und mit den vorhandenen Ressourcen effizienter zu arbeiten. Kulturmanagement-Ausbildungen schossen aus dem Boden; viele von Arbeitslosigkeit bedrohte Akademiker ergriffen die Chance, sich für diesen neuen Bedarf zu qualifizieren. Dabei wurde schnell deutlich, dass Wissen und Kenntnisse aus anderen Managementgebieten, etwa aus der allgemeinen Betriebswirtschaftslehre, aus Marketing und PR nicht einfach übertragbar sind, sondern auf Kunst und Kulturprojekte zugeschnitten werden müssen. Profunde Kenntnisse über Kunst und Kultur sind also entscheidende Grundlagen für die Managementaufgaben.

Bislang basierten Tätigkeiten in der Kulturvermittlung fast ausschließlich auf öffentlicher Finanzierung. Kulturvermittler in spe werden ihren Handlungsspielraum um die Akquisition neuer, nicht staatlicher Einsatzfelder und Finanzquellen für ihre Dienstleistungen erweitern müssen. Vor allem für die Kulturwirtschaft, die Medien und die IT-Branche werden zukunftsträchtige Einsatzfelder für Kulturvermittler prognostiziert.

Der Kulturbetrieb zwischen Staat und Markt

Kultur gilt in Deutschland, anders als etwa in Großbritannien oder den USA, als ein ideelle Werte stiftendes Gut, das man nicht dem freien Spiel des Marktes überlassen darf. Folgende grundsätzliche Aufgaben werden vor allem mit öffentlicher Kulturförderung verfolgt:

- Pflege des kulturellen Erbes in Museen, Opern, Bibliotheken

- Förderung neuer, innovativer Kunstformen zum Beispiel durch Kunst- und Literaturpreise, Stipendien für junge Künstler, Unterstützung von Off-Theatern

- Förderung der kulturellen Bildung durch Unterstützung von Jugendkunstschulen, Kindermuseen und -theatern, Volkshochschulen

- Erhöhung der Lebens- und Standortqualität in Städten und Gemeinden durch Förderung von Kulturinstitutionen mit Prestigekraft, von Kulturfestivals und anderen

Obwohl Kulturförderung eine freiwillige staatliche Aufgabe ist, gehört Deutschland zu den Staaten mit den höchsten öffentlichen Ausgaben für Kultur, insgesamt rund 10 Milliarden Euro pro Jahr. Der größte Anteil der Kulturförderung wird mit circa 55 Prozent von den Kommunen finanziert, gefolgt von den Bundesländern mit circa 35 Prozent. Die Kulturförderung des Bundes ist seit Einführung eines Staatsministers für Kultur und Medien im Jahr 1999 in ihrer Bedeutung und ihrem finanziellen Umfang gestiegen und beträgt nun circa 10 Prozent. Die relativ hohe Gesamtfördersumme, aber auch das föderale, kleinteilige, subsidiäre System der Kulturorganisation und Kulturförderung in Deutschland haben dazu geführt, dass hier eine der vielfältigsten Kulturlandschaften weltweit entstanden ist. Aufgrund der zunehmenden öffentlichen Finanzknappheit seit Anfang der neunziger Jahre konnte das Förderniveau in Deutschland jedoch nur knapp gehalten, nicht aber erweitert werden. Der Kulturbetrieb in Deutschland lässt sich in drei zentrale Bereiche einteilen:

- in den öffentlichen Sektor, der in Deutschland traditionell viele Kulturinstitutionen direkt unterhält und durch ein Netz von öffentlichen Kulturverwaltungen organisiert ist. Ein Großteil der Theater und Museen, also so genannte

Hochkultureinrichtungen, werden von den Ländern und Kommunen betrieben.

↪ in die Kulturwirtschaft, die Kunst und Kultur ohne öffentliche Subventionen produziert und auf dem freien Markt vertreibt. Hierzu gehören zum Beispiel der Buchhandel und das Verlagswesen, die Tonträgerindustrie, der Kunsthandel und die Musicalbetriebe.

↪ in den so genannten „Dritten Sektor", einen gemeinnützigen, öffentlich geförderten aber rechtlich selbstständigen Bereich, zu dem der Großteil kulturpädagogischer und soziokultureller Initiativen und Projekte gehört.

Die Kulturwirtschaft erreicht pro Jahr einen Umsatz von circa 30 Milliarden Euro; die öffentliche Hand investiert circa 10 Milliarden Euro an Fördergeldern in Kultur sowie weitere 6 Milliarden Euro in den öffentlich-rechtlichen Rundfunk; Künstler im engeren Sinne erwirtschaften 2,5 Milliarden Euro Umsatz; Sponsoren investieren circa 350 Millionen Euro pro Jahr in Kulturprojekte. Zwischen allen Bereichen gibt es enge Verflechtungen und der eine ist nicht ohne den anderen denkbar. Öffentlich geförderte Projekte der Kulturvermittlung verstärken das kulturelle Interesse und Verständnis eines Publikums, das dann wiederum vermehrt Produkte und Dienstleistungen der privaten Kultur- und Medienwirtschaft nachfragt. Die Arbeit etwa von Musikpädagogen in den Musikschulen trägt wesentlich zum Umsatz der Tonträger- und Musikinstrumentehersteller bei. Die an staatlichen Kunsthochschulen ausgebildeten Film- und Theaterkünstler bilden das künstlerische Personal der privaten Film- und Fernsehproduktionsfirmen. Die Off-Bühnen sind ein Experimentierfeld für innovative neue Theaterformen, die wiederum entscheidende Impulse auch für die Staatstheater geben; Kunstgalerien profitieren von staatlichen Museen, indem sie Kunst an diese verkaufen, aber auch, indem durch Museumsbesuche ein kunstsinniges Publikum herangezogen wird, das dann eventuell bereit ist, selbst Kunst zu erwerben. Die

Zeiten der strikten Trennung von Kultur und Wirtschaft sind vorbei, die Bereiche haben immer mehr Berührungspunkte und wechselseitige Abhängigkeiten. Manche sprechen sogar von der „Ökonomisierung der Kultur" auf der einen und der „Ästhetisierung und Kulturalisierung der Wirtschaft" auf der anderen Seite.

Trotz aller Fördersysteme ist das Geld für Kultur aus Sicht der Kulturschaffenden immer zu knapp bemessen. Die Produktion und Vermittlung von Kultur ist ein extrem arbeitsintensiver Prozess, der sich auf dem freien Markt nur schwer zu seinem realen Herstellungspreis „verkaufen" lässt. Kultur ist darum meistens auf Subventionierung angewiesen. So wird beispielsweise in Deutschland im Durchschnitt jede Theaterkarte eines öffentlichen Theaters mit circa 75 Euro zusätzlich zum gezahlten Eintrittspreis subventioniert. Da die Beschäftigung mit Kultur trotz vieler Bemühungen der „Neuen Kulturpolitik" bei der breiten Bevölkerung keineswegs als lebensnotwendig, sondern eher als Luxus gilt, stehen Ausgaben für Kultur immer in besonderer Weise unter Legitimationsdruck. Für die „Kulturarbeiter" bedeutet dies, dass sich mit Kultur schlechter zuverlässig Geld verdienen lässt als mit anderen Gütern, Löhne darum in der Regel niedriger und feste Jobs seltener sind. Hinzu kommt, dass es im Kulturbereich sehr viel mehr Anbieter kultureller Dienstleistungen als Nachfrager und Geldgeber für solche Leistungen gibt, weshalb der Konkurrenzdruck groß ist. Das zwingt Kulturschaffende und Vermittler dazu, ihre Leistungen manchmal auch zu schlechten Konditionen anzubieten. Aufgrund der hohen Identifikation mit ihrer Arbeit ist ihre Risikobereitschaft jedoch in der Regel höher als bei Menschen in anderen Berufen. Eine erhebliche Verbesserung der sozialen Absicherung von Künstlern, Publizisten und Kulturvermittlern in kunstnahen Bereichen brachte 1983 die Einführung der Künstlersozialversicherung, die auch bei unsicheren Arbeitsverhältnissen für eine Grundsicherung sorgt. Inzwischen sind in Deutschland über 100 000 Versicherte gemeldet.

Besonderheiten des Kulturarbeitsmarktes

Der Kulturarbeitsmarkt insgesamt ist wenig strukturiert, so dass empirische Zahlen nur schwer zu ermitteln sind. Von der Bundesanstalt für Arbeit werden nur solche Berufe erfasst, die durch feste Berufsbilder und feste Berufszugänge gekennzeichnet sind. Das große Spektrum neuerer kulturvermittelnder Berufe gehört noch nicht dazu. Stellenvermittlungen laufen hier meist über Empfehlungen von Bekannten, über Beziehungen und Netzwerke, kaum über Stellenausschreibungen und in den seltensten Fällen über die Arbeitsämter.

Beschäftigung:

↬ In Deutschland sind insgesamt circa 1 162 000 Menschen im Kultur- und Medienbereich tätig, das sind vier Prozent aller Beschäftigten.

↬ EU-weit wird das Beschäftigungspotenzial in Kultur und Kulturwirtschaft auf circa sieben Millionen Beschäftigte geschätzt.

↬ „Der öffentlich finanzierte Kultursektor ist gesamtwirtschaftlich zwar marginal, bezogen auf die Zahl der Erwerbspersonen in diesem Segment jedoch von erheblicher Bedeutung." (Haak / Schmidt / Wissenschaftszentrum Berlin 1999, S.21) Der Kultursektor ist extrem arbeitsintensiv. Fast 80 Prozent aller Ausgaben sind hier Personalkosten.

↬ Auf jeden Künstler im engeren Sinne kommen drei weitere Personen, die sich mit den Rahmenbedingungen der Kunstproduktion beschäftigen; das fand man für Österreich heraus. Diese Zahl lässt sich vermutlich auch auf Deutschland übertragen. Das heißt, dass der Bereich der Kulturorganisation und -vermittlung ein besonders personalintensiver ist.

- Das Berufsfeld Kultur ist weithin geprägt von akademischen Berufen.

- Der Anteil der selbstständig und freiberuflich Tätigen ist überproportional hoch. Viele sind als „Kleinst-Unternehmer" in eigener Sache tätig. „Der Kultursektor ist gekennzeichnet durch einen hohen Prozentsatz an ‚Freelancern' und ‚Mikro-Unternehmen' auf schwacher ökonomischer Basis. Neue Formen von Unternehmertum tauchen auf, basierend auf dem Konzept des ‚Ein-Personen-Kultur-Unternehmens' ohne Kapital, das nicht mehr in das wohlfahrtsstaatliche Konzept der vollbeschäftigt Angestellten passt." (European Commission 2001, S.3)

Arbeitslosigkeit:

- Die Arbeitslosigkeit am Arbeitsmarkt Kultur liegt unter der allgemeinen Arbeitslosenquote. Dies erklärt sich unter anderem daraus, dass im kulturellen Arbeitsmarkt weniger Arbeitsmöglichkeiten für ungelernte Kräfte bestehen, die immer noch den größten Teil der Arbeitslosen stellen.

Verdienst:

- Im Kultursektor liegt der Durchschnittsverdienst unter dem in anderen akademischen Berufen.

- Der Kulturarbeitsmarkt basiert auf dem Prinzip „winner takes all markets"; das bedeutet, dass es viele Menschen gibt, die relativ wenig verdienen, und wenige, die extrem viel verdienen.

Einen tieferen Einblick in den Arbeitsmarkt für Kulturvermittler bietet eine Studie aus dem Jahr 2001 zur Berufstätigkeit von Absolventen des Studiengangs „Kulturwissenschaften und Ästhetische Praxis" der Universität Hildesheim. Er ist einer der größten und ältesten interdisziplinären Studiengänge für den Bereich Kulturvermittlung. Gegründet wurde er Ende der siebziger Jahre als akademische Reaktion auf die vielen kulturpädagogischen Praxisinitiativen, die im Reformeifer der Neuen Kulturpolitik überall entstanden. Im Jahr 2000 wurde er umbenannt: Die ursprüngliche Bezeichnung „Kulturpädagogik" wich dem neuen Namen „Kulturwissenschaften und Ästhetische Praxis". Ziel war es, sich von dem eher negativen Image, das dem Begriff der Pädagogik inzwischen anhaftet, freizumachen und die Verwechslung mit Lehramtsstudiengängen zu vermeiden. Vor allem aber sollte auch im Titel auf das besondere ästhetische Profil hingewiesen werden. Der Studiengang bereitet auf das Berufsziel der Kulturvermittlung im weitesten Sinne durch eigene künstlerische Praxis in mehreren Disziplinen bei gleichzeitigem Studium der Kunst- und Kulturwissenschaften vor. Es ist davon auszugehen, dass die von den Hildesheimer Absolventen auf dem Arbeitsmarkt angetroffenen Bedingungen weitgehend auch für die Absolventen vergleichbarer Studiengänge zutreffen.

90 Prozent der befragten Absolventinnen und Absolventen waren zum Befragungszeitpunkt berufstätig, überwiegend sogar in Tätigkeiten, die dem Studium entsprechen. 5 Prozent befinden sich in beruflicher Weiterbildung, 2 Prozent bezeichnen sich als Hausfrau oder Hausmann und nur 3 Prozent sind arbeitslos. 42 Prozent der Befragten gaben an, bislang noch nie arbeitslos gewesen zu sein. Möglicherweise wird Arbeitslosigkeit – im Gegensatz zu anderen Berufsfeldern – weniger als solche erlebt, da sich Freizeit und Hobby, ehrenamtliche Tätigkeit, Weiterbildung, Job und Berufstätigkeit im Kunst- und Kulturbereich stark überschneiden. 76 Prozent aller Befragten sind in Großstädten tätig, was damit zusammenhängt, dass hier auch die meisten Kultur- und Medieneinrichtungen konzentriert sind. 60 Prozent der Befragten sind angestellt, 30 Prozent sind selbstständig tätig, 10 Prozent sind sowohl selbstständig als auch angestellt. Sehr hoch ist erwartungsgemäß der Anteil der Freiberufler und Selbstständigen bei den künstlerisch Tätigen, aber auch im Journalismus,

wo sehr häufig freiberuflich gearbeitet wird, sowie bei den Musik- und Kunstpädagogen, die ihre Leistungen in verschiedenen Institutionen und für verschiedene Projekte anbieten. 47 Prozent der angestellt Beschäftigten arbeiten in öffentlichen Institutionen – den bislang größten Auftraggebern im Kulturbereich in Deutschland –, 32 Prozent arbeiten in privaten Unternehmen der Kulturwirtschaft wie zum Beispiel in Verlagshäusern, PR-Agenturen oder bei privaten Medienanbietern. 21 Prozent sind im gemeinnützigen Bereich tätig, dem so genannten dritten Sektor zwischen öffentlichem und privatem Engagement. Ein hoher Anteil der Absolventen (43 Prozent) übt zwei oder mehr Berufstätigkeiten parallel aus. In diesem Ergebnis kommt zum einen die Struktur des Kulturarbeitsmarktes zum Ausdruck, auf dem Teilzeitstellen, befristete Arbeitsverträge und häufig wechselnde Auftraggeber und Aufträge üblich sind, sowie zum Teil auch der Wunsch nach Unabhängigkeit und Vielseitigkeit.

In Vollzeit beschäftigt sind vor allem die Absolventen, die im Berufsfeld PR und Marketing als einem Sonderbereich des Kulturmanagements tätig sind. Dies zeigt, dass es hier offensichtlich feste Stellen gibt, in denen ausreichend verdient wird. Auf der anderen Seite haben diejenigen, die hauptberuflich im Bereich der künstlerischen Produktion tätig sind, mehrheitlich mindestens noch einen weiteren Job, was vor allem auf die Schwierigkeit hinweist, allein von künstlerischer Tätigkeit leben zu können. Die befragten Diplom-Kulturpädagogen und Kulturwissenschaftler arbeiten in folgenden Tätigkeitsbereichen:

Tätigkeitsbereiche	Anteil in Prozent
Künstlerische Produktion	20
Kunstvermittlung, künstlerische Vermittlung	15
Kulturmanagement einschließlich PR und Marketing	15
Journalismus	12
Kulturelle Bildungsarbeit und Soziokultur	10
wissenschaftliche Tätigkeiten	5
Rehabilitation, Kunst- und Musiktherapie	4
Kulturpolitik und Kulturverwaltung	3
Sonstiges: Sozialpädagogik, Lehramt, Tourismus, Computerbranche	16

Entsprechend dem ästhetischen Schwerpunkt des Hildesheimer Studiengangs liegen die dominierenden Berufstätigkeiten im Bereich der künstlerischen Produktion (20 Prozent) und der Kunstvermittlung (15 Prozent). Die Grenzen zwischen beiden Bereichen sind zum Teil fließend, etwa in der Dramaturgie oder der Ausstellungskonzeption. Künstlerische Produktion bezeichnet neben der genuin freien künstlerischen Tätigkeit etwa als Schriftsteller, Musiker, Bildender Künstler oder Schauspieler, von der nur die wenigsten leben können und die darum oft von weiteren Jobs begleitet wird, vor allem Tätigkeiten im Bereich Regie und Dramaturgie im Theater, Tätigkeiten als Lektor in Verlagen, als Kurator und Ausstellungsmacher in Museen und Galerien sowie als Produzent und Regisseur von Musik- und Filmproduktionen. Tätigkeiten in der Kunstvermittlung sind vor allem in der Theaterpädagogik und in der Museumspädagogik angesiedelt, künstlerische Vermittlung betreiben die Absolventen vor allem an Musikschulen und in Jugendkunstschulen. Auffällig ist, dass die

Musikpädagogik ebenso wie die Kunstpädagogik sehr häufig als Nebentätigkeit angegeben wird, wohingegen in der Theaterpädagogik und in der Museumspädagogik viele hauptberuflich tätig sind und sich diese Bereiche offensichtlich als reguläre, ganztägige Berufstätigkeiten institutionalisieren konnten.

Auffällig hoch ist der Anteil derjenigen, die im Kulturmanagement arbeiten (15 Prozent), einem Berufsfeld, das sich in Deutschland erst in den vergangenen 15 Jahren als eigenständige Tätigkeit etabliert hat. Hier sind die Absolventen in vorwiegend privatwirtschaftlichen Bereichen tätig, in Agenturen, die sie zum Teil selbstständig leiten, in Künstlervermittlung, Kultursponsoring, Unternehmensberatung, Festival- und Event-Management. Deutlich dominierend sind PR und Marketing. Ebenfalls hoch ist der Anteil derjenigen, die im Journalismus Kulturvermittlung im weitesten Sinne betreiben (zwölf Prozent) und zwar relativ gleichmäßig verteilt auf die Medien Tageszeitungen, Fachzeitschriften, Hörfunk und Fernsehen sowie die Online-Redaktionen. Das Feld der kulturellen Bildungsarbeit, in dem zehn Prozent der Befragten tätig sind, geht über die künstlerische Vermittlung und Kunstvermittlung hinaus. Absolventen sind hier als Bildungs- und Kulturreferenten oder als Leiter für unterschiedlichste gemeinnützige Institutionen der Kulturpädagogik, der Medienpädagogik und der Soziokultur tätig. Fünf Prozent der Absolventinnen und Absolventen sind in der wissenschaftlichen Forschung und Lehre tätig, vorwiegend an Hochschulen und Fachhochschulen, einige auch in wissenschaftlichen Archiven sowie freiberuflich für kunst- und literaturhistorische Projekte. Vier Prozent haben in der kulturpädagogischen Arbeit mit physisch und psychisch Kranken eine Stelle inne, die überwiegend hauptberuflich ausgeübt wird. In der öffentlichen Kulturverwaltung sowie in der kulturpolitischen Verbandsarbeit arbeiten drei Prozent, davon immerhin vier der Befragten als Leiter eines kommunalen Kulturamtes. Tätigkeiten der Absolventen in eher artfremden Bereichen finden sich vor allem im Tourismus, in der Computerbranche oder in sozialpädagogischen Arbeitsbereichen. Einige Absolventen ergriffen nach einem Zusatzstudium den Beruf des Lehrers.

Die Arbeitszeitmuster und der Verdienst sind je nach Berufsfeld sehr unterschiedlich. Im Durchschnitt entspricht die Gesamtarbeitszeit jedoch dem Bundesdurchschnitt, das Gesamteinkommen liegt zwischen 1 200 und 2 500 Euro netto im Monat. In den Bereichen Journalismus und Kulturmanagement wird am meisten verdient, in den Bereichen künstlerische Produktion und künstlerische Vermittlung am wenigsten. Überdurchschnittlich häufig sind Arbeitszeiten von über 44 Stunden in der Woche im Journalismus, in PR und Marketing und in der künstlerischen Produktion anzutreffen. Bei der Berufswahl ebenso wie beim Einkommen sind geschlechtsspezifische Unterschiede erkennbar: Männer wählen am häufigsten die Bereiche Journalismus, künstlerische Produktion und Kulturmanagement; Frauen sind am häufigsten in der künstlerischen Produktion, der künstlerischen Vermittlung und der kulturellen Bildungsarbeit tätig. Frauen finden sich häufiger in den niedrigen Einkommensklassen als Männer.

Bei 81 Prozent der Befragten dauerte die Suche nach der ersten Stelle weniger als ein Jahr. 34 Prozent gaben sogar an, quasi sofort nach dem Studium ihren ersten Job gefunden zu haben. Zu den in vielen Fällen nahtlosen Übergängen trägt wesentlich der hohe berufspraktische Anteil im Studium bei. 78 Prozent aller Befragten waren über die drei Pflichtpraktika des Studiengangs hinaus bereits während ihres Studiums beruflich tätig, vor allem im Bereich der Kunst- und Kulturvermittlung. Der Einstieg in den Arbeitsmarkt gelang am häufigsten über Empfehlungen und am schnellsten über ein vorangegangenes Praktikum. Auffällig ist, dass die Empfehlung von Bekannten häufiger zum Erfolg führte als Bewerbungen auf Stellenausschreibungen. Als wichtigste Einstellungskriterien der Arbeitgeber für Berufsanfänger nannten die Befragten „berufspraktische Erfahrungen", gefolgt von „guten Kontakten" und „überzeugender Persönlichkeit". Das Diplomzeugnis ist demgegenüber nachrangig.

Vor dem Hintergrund des wirtschaftlichen Strukturwandels wird der Kultur- und Mediensektor zunehmend als zukunftsträchtiger Arbeitsmarkt- und Wirtschaftsfaktor entdeckt. „Der Kultursektor mit seinen verschiedenen Sparten spielt in der Europäischen Union wirtschaftlich wie sozial eine bedeutende Rolle", so formulierte es ein Arbeitspapier der Europäischen Kommission vom Mai 1999. Eine neue Statistik zeigt sogar, dass in der EU gegenwärtig auf dem kulturellen Sektor dreimal so viele Arbeitsplätze entstehen wie in der restlichen Wirtschaft. Die Erwerbstätigkeit im kulturellen Feld entwickelt sich insgesamt positiv. Das Berufsfeld Kultur expandiert, so auch die Einschätzung der Bundesanstalt für Arbeit.

Der Kulturarbeitsmarkt zeichnet sich zusammenfassend vor allem durch folgende Besonderheiten aus: Keine festen Berufsbilder, Training on the Job, lebenslanges Lernen oder ständige Weiterbildungen; hoher Anteil an Freiberuflern und Selbstständigen, die unterschiedliche professionelle Tätigkeiten parallel ausüben, sowie an Beschäftigten, deren Status in der Grauzone zwischen Selbstständigkeit und abhängiger Lohnarbeit anzusiedeln ist; befristete Verträge, Arbeit in Teams und flexiblen Netzwerken, häufig niedrige Bezahlung und ehrenamtliche Arbeit, Verwischen der Grenzen zwischen Arbeit und Freizeit; Einstiege weniger durch Ausschreibungen und Bewerbungen als durch Kontakte und Netzwerke.

Perspektiven für Berufe der Kulturvermittlung

In der zukünftigen Dienstleistungs- und Wissensgesellschaft werden immer weniger Menschen für den eigentlichen Produktionsprozess benötigt. An die Stelle der Arbeit tritt die Sammlung, Auswertung und Verwendung von Wissen; Wissen wird zur entscheidenden Produktivkraft. Während in den traditionellen Industrien auf der einen Seite Stellen verloren gehen, erschließen sich in der neuen Dienstleistungsgesellschaft auf der anderen Seite neue Märkte und Arbeitsfelder. Nach Auffassung der Enquete-Kommission „Zukunft der Medien" wird insbesondere der Anteil der Dienstleistungen in den Bereichen Planung,

Forschung, Entwicklung, Organisation, (Weiter-)Bildung, Beratung und Information steigen. Diese Tätigkeiten wiederum verlangen hohe Qualifikationen. Eine Studie des Instituts für Arbeitsmarkt- und Berufsforschung der Bundesanstalt für Arbeit prognostiziert für die „Arbeitslandschaft 2010": „Der Personalbedarf insbesondere bei den Anbietern von Bildungs- und Unterhaltungsdienstleistungen wird sich erhöhen. (...) Mit einem besonders starken Ausbau der Erwerbstätigen ist in den Tätigkeitsfeldern Publizieren, Künstlerisch Arbeiten sowie anderen Beratungs- und Ausbildungstätigkeiten zu rechnen." (Weidig / Hofer / Wolff / Institut für Arbeitsmarkt und Berufsforschung 1999, S.16 / S.52) Der Freizeitforscher Opaschowski kommt zu einem ähnlichen Ergebnis: „Eine expansive, erlebnisorientierte Freizeitwirtschaft entwickelt sich als Anbieter von Tourismus-, Medien-, Kultur-, Sport- und Unterhaltungsdienstleistungen." (Opaschowski 1998, S.67)

Lebenslange Beschäftigungen in einem Unternehmen werden ausgewechselt durch lebenslanges Lernen, um seine persönlichen Dienstleistungen heute diesem, morgen jenem Unternehmen zur Verfügung zu stellen. „Nur wenige Arbeitnehmer werden zukünftig ihr Arbeitsleben in dem Beruf oder der Tätigkeit beenden, in der sie es begonnen haben", prognostiziert das Institut für Arbeitsmarkt- und Berufsforschung. Hohe Selbstverantwortung und Ergebnis- statt Zeitorientierung sind gefordert, die Tätigkeiten sind zunehmend weniger von einem bestimmten Arbeitsort abhängig. „Der traditionelle Arbeitnehmerstatus wird in der Informationsgesellschaft immer mehr an Bedeutung verlieren", meint der Deutsche Kulturrat (Zimmermann / Schulz / Deutscher Kulturrat 1999, S.113). „Immer häufiger geht es nicht mehr darum, auf der Basis einer festen Anstellung einer einzigen Beschäftigung nachzugehen, sondern flexibel und gut organisiert verschiedene Tätigkeiten zu verbinden und so ein individuelles Portfolio von existenzsichernden Tätigkeiten zu unterhalten." (Gross 2000, S.350). Horst Opaschowski erklärt weiter: „Es ergibt sich das Bild einer neuen Arbeitspersönlichkeit: Selbstständigkeit entwickelt sich, in Verbindung mit Selbstvertrauen, zur wichtigsten Arbeitstugend der Zukunft. (...) Der neue Selbständige ist gefragt, der sich nicht in jedem Fall selbständig machen muss, um selbständig zu sein. Doch sein persönlicher und unternehmerischer Freiraum am Arbeitsplatz wird immer größer." (Opaschowski 1998, S.76).

Eine Studie des Wissenschaftszentrums Berlin beschreibt zusammenfassend für die Zukunft der Arbeit: „Die Arbeitsplätze der Zukunft werden sein: mehr selbstbestimmt und kompetitiv, wechselhafter in Art und Umfang des Beschäftigungsverhältnisses und in stärkerem Maße projekt- oder teamorientiert, zunehmend in Netzwerken und weniger in Betrieben integriert, mit vielfältigeren und wechselnden Arbeitsaufgaben, die zu lebenslangem Lernen anspornen, aber auch mit schwankender Entlohnung und kombiniert mit anderen Einkommensquellen oder unbezahlter Eigenarbeit." (Haak / Schmidt / Wissenschaftszentrum Berlin 2000, S.33)

Viele im Kulturbereich Tätige haben schon immer unter Bedingungen gearbeitet, die nun auf die gesamte Arbeitswelt zukommen: „Der Kultur- und Medienbereich ist wie kaum ein anderer Sektor auf die Veränderungen der Arbeitsgesellschaft vorbereitet. Kultur- und Medienberufler kommen seit jeher aus unterschiedlichen Bereichen und haben diskontinuierliche Berufsbiografien. Weiterbildung und Training on the Job gehören zu den Selbstverständlichkeiten dieses ungeregelten Sektors", stellt der Deutsche Kulturrat in einer Studie über Qualifizierungsmaßnahmen im Kulturbereich fest (Zimmermann / Schulz / Deutscher Kulturrat 1999, S.145/146). Die Strukturen des Kulturbetriebs sind also flexibel genug, um mit neuen ökonomischen und gesellschaftlichen Verhältnissen umgehen zu können. „Künstler- und Kulturarbeitsmärkte können zu den dynamischsten Teilarbeitsmärkten gezählt werden. Sie haben zukünftig weitere gute Wachstumschancen und scheinen auch weniger anfällig für offene Arbeitslosigkeit oder anpassungsfähiger gegenüber starkem Strukturwandel zu sein", so auch das Ergebnis einer Untersuchung des Wissenschaftszentrums Berlin.

Der Kunst- und Kulturbereich wird also als eine Art Trendsetter beim Umgang mit neuen Formen von Berufstätigkeit begriffen. Mehr noch wird ihm auch eine wichtige Katalysatorrolle beim Prozess des Übergangs in neue gesellschaftliche Lebens- und Arbeitszusammenhänge zugeschrieben: „Kunst und Kultur sind Teil des Wandels von der Industrie- über die Dienstleistungs- zur Wissensgesellschaft. Künstlerinnen und Künstler gestalten als Inhaltslieferanten die Informationsgesellschaft in großem Umfang." (Zimmermann / Schulz / Deutscher Kulturrat 1999, S.19). Kreativität, neue Ideen und neue Problemlösungen sind mehr denn je gefragt. „Der Wandel von der produktions- zur konsum- und dienstleistungsorientierten Gesellschaft führt auch dazu, dass der menschlichen Kreativität eine sehr viel größere Bedeutung zukommt. Der Kultursektor gehört darum zu den neuen Wachstumssektoren des Arbeitsmarktes." (European Commission 2001, S.23). Auch die Kommission für Zukunftsfragen billigt dem Kunst- und Kulturbereich einen hohen Stellenwert zu: „Für den Übergang zur unternehmerischen Wissensgesellschaft ist die Pflege von Kunst und Kultur von herausragender Bedeutung. Kunst und Kultur erschließen Kreativität in einer Bevölkerung. Daher sind Aufwendungen für sie auch kein bloßer Konsum, sondern unverzichtbare Investitionen in die Entwicklung einer Gesellschaft." (Kommission für Zukunftsfragen der Freistaaten Bayern und Sachsen 1988, S.120).

Die kulturpädagogischen Berufsverbände prognostizieren insbesondere für die kulturelle Bildung wichtige Funktionen bei den anstehenden gesellschaftlichen Umwandlungen von der Produktions- zur Wissensgesellschaft. Kulturelle Kompetenz werde zu einer zentralen Schlüsselqualifikation. Die Beschäftigung mit Kunst und Kultur fordere in besonderer Weise Kreativität, Flexibilität und das Finden neuer, ungewöhnlicher Lösungen – Fähigkeiten und Kompetenzen, die für Menschen in der neuen zukünftigen Arbeitswelt zentral wichtig werden. Die Kulturpolitische Gesellschaft und das Institut für Kultur und Bildung an der Bundesakademie Remscheid untersuchen im

Rahmen eines mehrjährigen Modellprojekts „Kultur und Arbeit" den Einfluss künstlerischer Arbeitsweisen und kultureller Kreativität auf die Arbeitswelt und das Alltagsleben. Sie initiieren Projekte des bewussten Transfers kultureller Kompetenzen in die verschiedensten Bereiche der Arbeit, um die besondere Bedeutung von Kunst, Kultur und ästhetischen Prozessen „bei der aktiven Gestaltung und subjektiven Verarbeitung des Wandlungsprozesses der Arbeit zu zeigen" (Institut für Kulturpolitik der Kulturpolitischen Gesellschaft, Bonn, November 2000, S.2). Kultur kann also eine bedeutsame Rolle bei der Herausbildung von Schlüsselqualifikationen spielen, die für die Berufe der Zukunft immer wichtiger werden, und Kultur kann Sinn stiften in zukünftig eventuell immer mehr freier Zeit, die nicht von Berufstätigkeit bestimmt ist. Einiges spricht damit dafür, dass der Bedarf an professionellen Kulturvermittlern zunehmen wird. Folgende Wachstumsfelder zeichnen sich dabei vor allem ab.

Kulturvermittler auf dem wachsenden Freizeitmarkt

Die nicht mit Erwerbsarbeit ausgefüllte Zeit nimmt immer mehr zu. Dadurch werden mehr Angebote im Freizeitsektor benötigt, zu dem auch der Kulturbereich zählt. Das Interesse an Kultur als Freizeitbeschäftigung ist seit den achtziger Jahren deutlich gewachsen. Die zunehmende Durchlässigkeit der Grenzen zwischen E- und U-Kultur, das Zusammenwachsen von Hoch- und Massenkultur, die Annäherung von Kunst, Design und Konsum, kurz: der Trend zum Event, die Tendenz zur Kommerzialisierung und Popularisierung von Kultur weisen auch auf das große Bedürfnis nach Kulturerlebnissen hin. Dieses Marktpotenzial muss nicht allein der Unterhaltungsindustrie überlassen werden. Private Massenkaufkraft kann auch auf qualifizierte künstlerische Produkte und kulturelle Prozesse gelenkt werden, wenn entsprechende Vermittlungs- und PR-Strategien im Dienste der Kulturvermittlung eingesetzt werden. Für die Kulturpädagogik im engeren Sinne, die sich bislang vor allem mit der Zielgruppe Kinder befasst hat, bedeutet dies unter anderem eine Ausweitung ihrer Zielgruppen auf Erwachsene und vor allem auf die so genannten „jungen Alten".

Auch im Bereich Tourismus postulieren Freizeitwissenschaftler Kultur als einen zentralen Angebotsfaktor. Für Kulturvermittler tut sich hier ein großes Arbeitsfeld auf, sowohl im Bereich der kompetenten, über Faktenwissen hinausgehenden Vermittlung von Kunst, Architektur, Kultur- und Sozialgeschichte, wie auch im Bereich der Animation von Urlaubern zu kreativem Schaffen.

Kulturvermittler in Wirtschaftsbetrieben

Bei einigen großen Firmen gibt es bereits erste Ansätze, kulturpädagogische Arbeit systematisch in die Lehrlingsausbildung einzubinden, weil man erkannt hat, dass dadurch die erforderten Schlüsselkompetenzen maßgeblich gefördert werden. Der Rückgang der öffentlichen Kulturfinanzierung bietet darüber hinaus mehr Raum und Anreiz für ein Engagement der Wirtschaft im Kulturbereich. Dabei fällt auf, dass die großen Firmen ihre Kulturförderung zunehmend professionalisieren und dafür Kulturexperten brauchen. Auch hier ergibt sich nicht nur ein neuer Arbeitsmarkt für Kulturvermittler, sondern möglicherweise auch ein kulturpädagogischer Wirkungsbereich. Es ist gut möglich, dass Firmen zukünftig nicht mehr ausschließlich in Hochkulturereignisse investieren, da deren PR-Kraft sich verbraucht, sondern sich mit entsprechend kompetenter Beratung auch in soziokulturellen Bereichen engagieren.

Kulturvermittler in den neuen (und alten) Medien

Gemäß diverser Studien steigt der Arbeitskräftebedarf der Medien im Bereich Publizieren, Informieren, Unterhalten beständig. Immer neue Programmanbieter auf dem Massenmedienmarkt müssen ihre Sendungen und Sites mit Inhalten füllen, und dafür brauchen sie Menschen, die sich mit Inhalten auskennen und diese, den Nutzern entsprechend, aufbereiten können. Auch auf dem großen Markt der Neuen Medien und der Computersoftware bieten sich neue Einsatzmöglichkeiten für Kulturvermittler. Warum nicht kulturpädagogische Spielangebote auf CD-ROM? Eine Studie der EU prognostiziert die größten Jobchancen in den Bereichen, die kulturelle Inhalte mit neuen technischen Möglichkeiten und kommunikativen Dienstleistungen verbinden. „Wir kommen auf mindestens 6,8 Millionen neue inhalts- und kreativitätsorientierte Jobs innerhalb der Neuen Technologien in der EU in den nächsten 10 Jahren, Positionen, die mit Kulturarbeitern besetzt werden könnten." (European Commission 2001, S.165). Die neuen Kommunikationstechnologien stimulieren die kreativen Berufe und wirken sich positiv auf das Kulturleben aus, indem sie etwa neue Vermittlungsformen für Kultur bieten, von denen besonders jüngere Menschen angesprochen werden, und die eine stärkere Partizipation der Rezipienten ermöglichen, zum Beispiel in Form von interaktiven Installationen in Museen, wie die EU-Studie weiter ergab. Darüber hinaus wird die Nachfrage nach kulturellen Ereignissen an Orten gesteigert, an denen besonders viele Dienstleister der Neuen Medien leben.

Mehr Kulturvermittler in die Hochkultureinrichtungen

In Zeiten knapper Kassen ist eine stärkere Publikumsorientierung erkennbar, auch in traditionellen Hochkultureinrichtungen wie den Theatern und Museen. Erschienen die Rezipienten im voll subventionierten Kulturbetrieb manchmal geradezu als Störenfriede, so rückt nun mit der Forderung, Teile des Budgets durch höhere Auslastungszahlen selbst zu erwirtschaften, das Publikum in den Vordergrund. Damit werden auch Vermittlungsleistungen wichtiger. Insofern dürften in den Institutionen Bereiche wie die Theaterpädagogik oder Museumspädagogik in Kooperation mit den Stellen für Öffentlichkeitsarbeit aufgewertet werden.

Kulturvermittler in der Öffentlichkeitsarbeit

Tätigkeiten im Bereich Public Relations expandieren seit einigen Jahren. Werden Marketing und Öffentlichkeitsarbeit nicht nur als Verkaufsinstrument, sondern als Heranführen an Kunst und Kultur begriffen, so eröffnet sich in der Öffentlichkeitsarbeit ein großes Feld für Mittler zwischen Künstlern, Kunstprojekten und Publikum oder Teilnehmern. Dabei werden sie ihre Kulturvermittlungsleistungen zunehmend als selbstständige Unternehmer oder Agenturen auf dem freien Markt anbieten.

Kulturvermittler in sozialen Bereichen

Tätigkeiten zwischen Kulturarbeit und sozialer Arbeit werden vermutlich an Bedeutung gewinnen. Zunehmend wird in sozialen Bereichen auf die Individualität stärkende Kraft von Kunst und Kultur gesetzt. In der Regel besteht in der Sozialarbeit ein an Defiziten orientiertes Bild des Menschen, während es in der Kulturarbeit immer darum geht, die Stärken des Menschen in den Vordergrund zu stellen. Mehr noch als nur kulturelle Methoden in die Sozialarbeit zu übernehmen, werden Kulturpädagogen selbst seit wenigen Jahren verstärkt in Kliniken, Rehabilitationszentren oder Behindertenwerkstätten eingesetzt.

Kulturvermittler in der Schule

Sollte man sich endlich auch in Deutschland zu der seit langem überfälligen Etablierung von Ganztagsschulen mit Freizeitangeboten entschließen, entstünde ein weites, wirkungsvolles Einsatzfeld für Kulturpädagogen. Sie arbeiten nicht als Lehrer, sondern betreiben kulturpädagogische Projektarbeit in einem von Reglementierungen und Leistungsdruck freien Bereich.

Fazit

Es gibt eine Fülle von neuen und alten Aufgaben und Einsatzbereichen, die sich zukünftige Kulturvermittler mit Tat- und Überzeugungskraft erschließen können. „Der Kulturarbeitsmarkt wird, wie alle Dienstleistungsbereiche, zunehmen, wenn es den Kultur-Arbeitenden gelingt, der Gesellschaft nachhaltig klarzumachen, dass der Kulturbereich genuiner Bestandteil des menschlichen, täglichen Lebens ist." (Ulrich Krempel in

Mandel / Prisor / Witt 1998, S.84) Dabei ist vor allem eine hohe Eigeninitiative der Absolventen von Kulturstudiengängen gefragt, damit aus dem prognostizierten gesellschaftlichen Bedarf tatsächlich auch bezahlte Stellen für Kulturvermittler entstehen. „Was ein Kulturwissenschaftler, ein Kulturpädagoge oder ein Medienberater, ein Kulturwirt, ein Kulturmanager oder ein Magister in Kulturanthropologie ist und für welche Aufgaben man ihn einsetzen kann, dies müssen die Absolventen all dieser Studiengänge ihren potentiellen Arbeitgebern erst deutlich machen." (Bundesanstalt für Arbeit 1994, S.4).

Es gibt nur wenige Stellen, die darauf warten, von ausgebildeten Kulturvermittlern besetzt zu werden. Vielmehr müssen zukünftige Kulturvermittler diesen Bedarf selbst erst schaffen, müssen eigene Kulturvermittlungsprogramme entwickeln und öffentlichkeitswirksam anbieten, müssen Mitstreiter und Fürsprecher finden. Kultur ist ein Wachstumsmarkt, doch das Ausmaß dieses Wachstums hängt entscheidend davon ab, inwieweit es zukünftigen Kulturvermittlern gelingt, neue Einsatzbereiche durch innovative Projekte und Modellversuche zu erschließen und ihre Leistungen auf dem Markt zu positionieren.

3. Qualifizierung für Kulturberufe

Schlüsselqualifikationen und Kernkompetenzen

Nicht nur Kunst kommt von Können, auch Kunst- und Kulturvermittlung ist eine Profession, die profunde Qualifizierung verlangt. Wodurch zeichnet sich Professionalität in der Vermittlungsarbeit aus? Welche Qualifikationen sollten zukünftige Kulturvermittler haben? Welches Anforderungsprofil formulieren Experten für Kulturvermittler der Zukunft? „Zukünftige ‚Kulturarbeiter' sollten in mehr als einer Kunstform zu Hause sein, sie sollten in der Lage sein, interdisziplinär zu denken und zu handeln. Neben ihrer ästhetischen Kompetenz sollten sie über technisches Grundlagenwissen im Bereich der Neuen Medien sowie über soziale und kommunikative Kompetenzen wie Marketing, PR, Moderation, Präsentation verfügen", so ein Positionspapier der Europäischen Kommission (European Commission 2001, S.148).

In einer Expertenrunde der Tagung „Kulturelle Berufsfelder im Wandel" wurden folgende Qualifikationen für zukünftige Kulturvermittler postuliert:

⇨ „Der Kulturvermittler der Zukunft sollte sich stärker als bisher als Dienstleister für den Bürger verstehen und Methoden entwickeln, diesem den Zugang zu kulturellen Angeboten zu erleichtern. Er muss verstärkt Management- und Führungsqualitäten entwickeln, um besser auf sich ändernde gesellschaftliche und kulturelle Rahmenbedingungen eingehen zu können." Kerstin Schmidt, Fachbereichsleitung Kultur, Bertelsmann Stiftung.

⇨ „Der Kulturvermittler der Zukunft muss noch stärker als in der Vergangenheit immer schneller werdende gesellschaftliche und kulturelle Veränderungen wahrnehmen und in Vermittlungskonzeptionen umsetzen. Er muss verstärkt Managementqualitäten entwickeln, Wirtschaftlichkeitsziele erreichen

können und die Ziele und Qualitätskriterien der Kulturvermittlung klar definieren können." Reinhard Richter, Kulturbe-
rater.

  „Sensibilität für künstlerisch-kulturelle Produktionsprozesse, Management-, Marketing- und Moderationskompe-
tenz, gesellschaftliche Parkettfähigkeit mit entsprechendem
persönlichen Auftritt sind Voraussetzungen für erfolgreiche
Kulturvermittlung." Klaus Siebenhaar, Leiter des Studiengangs Kultur- und Medienmanagement der Hochschule für
Musik Hanns Eisler, Berlin.

  „Beobachtungsgabe, die Fähigkeit zur filigranen Wahrnehmung dessen, was sich kulturell, sozial und politisch im
Umfeld einer Kultureinrichtung abspielt und wie dies in
geeignete Angebote umgeformt werden kann." Peter Ben-
dixen, Leiter des Studiengangs Kulturmanagement an der
Hochschule für Musik, Hamburg.

  „Das Kunststück der Kulturvermittlung besteht im Entdecken der Bedürfnisse, Interessen und Fähigkeiten aller
am Vermittlungsprozess Beteiligten. Dafür sind breite und
genaue Kenntnisse der Künste, ihrer Traditionen und Gegenwart, ihrer Techniken und Verfahren die Voraussetzung.
Ebenso wichtig ist es, diese Kenntnisse zu transferieren und
vermittelnd anwenden zu können." Hajo Kurzenberger, Institut für Theater, Studiengang Kulturwissenschaften und
Ästhetische Praxis, Universität Hildesheim.

  „Ein Kulturvermittler sollte flexibel, mutig, selbstbewusst,
kontaktfreudig, kreativ, neugierig, belastbar, begeisterungsfä-
hig sein. Er sollte Menschenkenntnisse, Organisationstalent,
Sprachbegabung, eine gute Allgemeinbildung, Verständnis
und Begeisterung für künstlerische Prozesse, aber auch Lust
zum Management und wirtschaftlichen Handeln haben und
Dienstleistung als positive Herausforderung ansehen. Er sollte wissen, dass nur etwa 10 Prozent seiner Arbeit unmittelbar

mit der Kunst zusammenhängt und sich vor romantischen Erwartungen schützen." Dieter Buroch, Leiter des Künstlerhauses Mousonturm, Frankfurt am Main.

⇒ „Vor allem die ästhetische Kompetenz ist für kulturvermittelnde und kulturorganisierende Berufe bedeutsam. Wer nicht gut Bescheid weiß, was er ‚verkaufen' möchte, könnte genauso gut Strümpfe oder Würstchen verkaufen." Ulrich Krempel, Direktor des Sprengel Museums Hannover.

⇒ „Der Kulturvermittler als Universaldilettant ist mit Sicherheit ein Auslaufmodell. Ästhetische Fachkompetenzen sind für Vermittlungsberufe unerlässlich." Deliane Rohlfs, Leiterin der Jugendkunstschule Oldenburg.

⇒ „Deutlich ist, dass anders als in den rein künstlerischen Professionen, die Kulturvermittler den ästhetischen Prozess öffnen, Beteiligung ermöglichen müssen – also neben der künstlerischen auch eine kommunikative Kompetenz haben müssen. In welchem Maße sich die Organisation oder das Management dieser Prozesse als eigenständige Profession herausbildet, hängt stark von der Größe eines Kulturbetriebs ab und sollte sich als Entlastungsfunktion für die eigentliche Kulturarbeit verstehen, nicht aber als deren Herzstück. Von daher ist die ästhetische Kompetenz die unabdingbarste Größe im Kulturbetrieb." Petra Brandes, PR-Agentur, Hannover.

⇒ „Wichtigste Voraussetzung ist, nicht nur oberflächliches Interesse an den Künsten und der Kultur zu haben. Nur wer sich von seiner ‚Sache' durchdringen lässt und von ihr durchdrungen ist, emotional, sensitiv, wissenschaftlich, künstlerisch-praktisch, wird sie anderen mitteilen und sich beruflich durchsetzen können." Hajo Kurzenberger, Institut für Theater, Studiengang Kulturwissenschaften und Ästhetische Praxis, Universität Hildesheim.

(Alle Zitate aus Mandel / Prisor / Witt 1998, S.87 ff.)

Befragt nach den Kernkompetenzen, die in ihrem aktuellen Beruf verlangt werden, nannten die Absolventen des Hildesheimer Studiengangs Kulturwissenschaften an erster Stelle Managementkompetenz, an zweiter Stelle Vermittlungskompetenz / didaktische Kompetenz und an dritter Stelle künstlerisch-ästhetische Kompetenz.

Managementaufgaben machen in fast jedem Beruf gut 80 Prozent aller Tätigkeiten aus. Das Organisieren und Managen gehören zum Kern der beruflichen Aufgaben, und zwar auch in Tätigkeiten außerhalb des Managements im engeren Sinne. Eine strukturierte und effiziente Herangehensweise ist gerade im Kulturbereich, wo mit wenigen finanziellen Mitteln viel geleistet werden muss, unumgänglich. Wichtig sind darum Grundlagenkenntnisse der Kulturorganisation, des Zeit-, Projekt- und Personalmanagements, der Betriebswirtschaft und des Controllings sowie im Bereich Marketing und Öffentlichkeitsarbeit. Gefragt sind außerdem juristische Basiskenntnisse sowie Wissen um Strukturen und Funktionsweisen öffentlicher Kulturverwaltung und Kulturpolitik, da öffentliche Institutionen oftmals als Förderer kultureller Projekte einbezogen werden müssen.

Vermittlungskompetenz ist für alle Kulturbereiche sehr wichtig, nicht nur um künstlerische Techniken zu vermitteln, sondern auch um zu „übersetzen", zu moderieren zwischen künstlerischen Anliegen und einer breiten Öffentlichkeit, um kulturelle Bildungsprozesse zu initiieren, um Politiker und Geldgeber zu überzeugen von den eigenen Ideen oder den Ideen und Zielen einer Einrichtung. Grundkenntnisse pädagogischer, psychologischer und soziologischer Prozesse sind hier von Wert, verbunden mit didaktischen und methodischen Kompetenzen und praktischen Erfahrungen in der Anleitung kultureller Prozesse.

Künstlerisch-ästhetische Kompetenz ist die Grundlage, um Kunst und Kulturprojekte beurteilen und auswählen zu können, um sich einzufühlen in künstlerische Belange und zu wissen, was jeweils die besten Rahmenbedingungen sind. Kunstvermittlung im engeren Sinne, also die Vermittlung von künstlerischen Techniken in der bildenden Kunst, in der Musik, beim Theaterspiel ist ohne eigene künstlerische Fähigkeit nicht leistbar.

Hinzu kommen **Sprachkenntnisse**, denn die Arbeit im Kulturbereich ist in der Regel nicht auf den eigenen Sprachraum begrenzt; es gibt viele internationale Projekte mit Künstlern aus verschiedenen Ländern.

Gute **EDV-Kenntnisse** sind inzwischen in allen Berufen Voraussetzung. Im Kulturbereich ist es nützlich, auch mit Grafikprogrammen umgehen zu können, da hier in der Regel wenig finanzielle Mittel vorhanden sind, so dass etwa Werbemittel auch mal selbst gestaltet werden müssen.

Zusammenfassend lässt sich sagen, dass die meisten Experten eine grundlegende Sachkompetenz in künstlerisch-kulturellen Inhalten für unabdingbar halten. Darüber hinaus plädieren sie stark für Management- und Vermittlungskompetenz, das heißt für die Fähigkeit, sich in die verschiedensten Zielgruppen hineinzuversetzen, ihre soziale Situation und jeweiligen Bedürfnisse einschätzen zu können und mittels entsprechend pädagogisch-didaktischer Methodenkompetenz Angebote entwickeln und vermitteln zu können. Des Weiteren wurden die folgenden **Schlüsselqualifikationen** genannt, die sicherlich für fast alle mit Verantwortung ausgestatteten akademischen Berufe Relevanz haben: Kreativität, Fähigkeit zu interdisziplinärem Denken und Arbeiten, Realitätsbewusstsein und Innovationsfreudigkeit, Flexibilität, Selbstständigkeit, kommunikative Kompetenz / Fähigkeit zu Moderation und Präsentation, soziale Kompetenz / Mitarbeiterführung, Verhandlungsgeschick, Durchsetzungsfähigkeit, Beobachtungs- und Analysefähigkeit, Konzeptionsfähigkeit, Belastbarkeit, Organisations- und Improvisationsfähigkeit, schließlich Glaubwürdigkeit und Überzeugungskraft. An zukünftige Kulturvermittler werden hohe Anforderungen gestellt. Es werden Menschen gebraucht, die künstlerisch-kulturelle und kommunikative Qualitätsstandards in allen Bereichen der Kulturvermittlung wahrnehmen und durchsetzen. .

Qualifizierungswege

Wie erwirbt man die notwendigen Qualifikationen für Berufe der Kulturvermittlung? Da die Berufszugänge im Kulturbereich weitgehend offen sind, gibt es vielfältige Wege und Möglichkeiten, sich zu qualifizieren. Grundsätzlich gilt für den Kulturberuf ein akademisches Grundstudium inzwischen als selbstverständlich. Berufsausbildungen im Sinne einer „Lehre" gibt es im Kulturbereich nur für eher handwerkliche Berufe wie Tonmeister oder Beleuchter oder im Kunsthandwerk. Ansonsten sind die Berufe kaum definiert und die Zugänge nicht reglementiert, doch ohne ein hohes Bildungsniveau haben Bewerber für Kulturberufe kaum eine Chance. Ein Studium in der Kultur bietet, neben dem Erwerb von Schlüsselqualifikationen, genügend Raum und Zeit, sich die entscheidenden kulturwissenschaftlichen und eventuell auch künstlerisch-praktischen Grundlagen anzueignen. Praxiserfahrungen vor und während des Studiums sind für die Qualifizierung sehr wichtig und können über Praktika, Hospitanzen oder Volontariate erworben werden. Spezialisierungen für einen bestimmten Kulturberuf, die am konkreten Bedarf der Praxis orientiert sind, werden entweder „on the job" erlernt oder durch (berufsbegleitende) Fort- und Weiterbildungen ermöglicht. Auch die Mehrheit (57 Prozent) der Absolventen des Hildesheimer Studiengangs Kulturwissenschaften und Ästhetische Praxis hat sich nach dem Studium systematisch weitergebildet. Am häufigsten erfolgten Weiterbildungen in den Bereichen Datenverarbeitung (20 Prozent), Sprachen (17 Prozent) und Kulturmanagement (13 Prozent).

„Professionalität in Kulturberufen ist keine feste Größe, sondern beschreibt eine prozessorientierte Eigenschaft, die sich im beruflichen Handeln ausdrückt. Um dieses professionelle Handeln erfüllen zu können, sollten

- ein fundiertes Ausbildungs- und Fortbildungswissen in einem künstlerischen, kulturwissenschaftlichen oder kulturpädagogischen Fach,

- berufspraktische Kenntnisse und praxisgesättigtes Erfahrungswissen,

- (bei Berufsgruppen ohne künstlerische Erstausbildung) eine Sensibilität für die jeweiligen künstlerischen/kulturellen Inhalte, Arbeitsprozesse und -formen

- und eine Feldkompetenz für das jeweilige kulturelle Praxisfeld vorhanden sein",

so das Fazit der Kulturpolitischen Gesellschaft nach einer Befragung von Kulturschaffenden (Liebald / Wagner 1995, S.50). Inzwischen gibt es in Deutschland circa hundert Aus- und Fortbildungsinstitutionen für Kulturvermittlungsberufe sowie circa zehn grundständige Kulturstudiengänge, die Anteile von Kulturpädagogik in ihrem Curriculum aufweisen. Hinzu kommen Studiengänge im Bereich der Sozial- und Freizeitpädagogik.

Kulturwissenschaftliche und kulturvermittelnde Studiengänge als Grundlage für Kulturberufe

Während sich die erste Generation von Kulturvermittlern häufig aus Lehrern rekrutierte, die aus ihrem Ursprungsberuf ausgestiegen waren, um neue Formen freier und selbstbestimmter Kulturarbeit auszuprobieren, gibt es seit Ende der siebziger Jahre neben den vielen Fort- und Weiterbildungen auch einige grundständige Studiengänge, die sich auf Kulturwissenschaften und Kulturvermittlung im weitesten Sinne spezialisiert haben. Beispielhaft werden vier ganz unterschiedliche Ansätze des Studiums für Kulturberufe kurz vorgestellt:

- Studiengang Angewandte Kulturwissenschaften, Universität Lüneburg:

Der Studiengang verbindet auf der Basis eines sehr weiten, interdisziplinären Kulturbegriffs die Fächer Wirtschafts- und Sozialgeografie / Tourismus, Betriebswirtschaftslehre, Fremdsprachen und Datenverarbeitung mit Kommunikationswissenschaften und Kunst- und Kulturgeschichte. Die Absolventen zeichnen sich vor allem durch hohe Managementkompetenz aus.

↔ Studiengang Kulturarbeit, Fachhochschule Potsdam:
Der Studiengang basiert auf den drei Säulen Kultur- und Sozialgeschichte, Kulturmanagement sowie kulturelle Projektarbeit und Kulturvermittlung und ist damit stark an der Praxis der soziokulturellen Kulturarbeit orientiert.

↔ Studiengang Kulturwissenschaft, Humboldt Universität Berlin:
Der Studiengang vermittelt vor allem übergreifende philosophische und historische Grundkenntnisse etwa zur Geschichte der Ästhetik und zur Theorie der Kultur. Er beschäftigt sich auf hohem wissenschaftlichen Niveau fast ausschließlich theoretisch mit Kultur in einem weit gefassten Kulturbegriff.

↔ Studiengang Kulturwissenschaften und Ästhetische Praxis (vormals Kulturpädagogik), Universität Hildesheim:
Der Studiengang setzt zentral auf die Herausbildung eigener künstlerisch-ästhetischer Kompetenz durch das Studium in zwei verschiedenen Künsten. Neben künstlerischer Praxis und Studium in den Kunstwissenschaften sind Grundlagen der Kulturpolitik und des Kulturmanagements sowie Grundlagen in Soziologie, Psychologie und Pädagogik für alle verbindlich.

Neben diesen interdisziplinären Kulturstudiengängen gibt es viele geisteswissenschaftliche Studiengänge wie Germanistik, Kunstgeschichte, Musikwissenschaft oder Theaterwissenschaft, die ebenfalls für Kulturvermittlungsberufe qualifizieren können.

Seit Ende der achtziger Jahre gibt es einige Aufbaustudiengänge für den Bereich Kulturmanagement, die Absolventen aus geisteswissenschaftlichen Studiengängen zusätzlich für Managementaufgaben im Kulturbereich qualifizieren, so etwa der Studiengang Kulturmanagement an der Hochschule Ludwigsburg, der Studiengang Kulturmanagement an der Hochschule für Wirtschaft und Politik in Hamburg oder an der Hochschule für Musik in Hamburg sowie der Studiengang Kultur- und Medienmanagement an der Hochschule für Musik Hanns Eisler Berlin.

Fort- und Weiterbildungen für den Beruf

Fortbildungen sind in einem Arbeitsfeld, das sich in ständiger Bewegung befindet, von zentraler Bedeutung, da sie schnell und flexibel auf den Praxisbedarf reagieren können. Mit dem sprunghaften Wachstum des Kulturbereichs entwickelte sich seit Anfang der achtziger Jahre in der Bundesrepublik Deutschland eine geradezu unüberschaubare Vielfalt von Aus-, Fort- und Weiterbildungen für das Feld der Kultur. Die Kulturpolitische Gesellschaft machte für das Jahr 1995 insgesamt 122 Angebote aus. Die inhaltliche Bandbreite reicht von kulturpädagogischen Angeboten etwa in der Theaterpädagogik, Spielpädagogik, Medienpädagogik und Stadtteilkulturarbeit bis zur Kulturmanagement-Ausbildung für unterschiedlichste Bereiche wie Kultursponsoring, PR, Medienmanagement. Weiterbildungen werden sowohl berufsbegleitend angeboten wie auch als ein- bis zweijährige Vollzeitmaßnahme, die häufig vom Arbeitsamt finanziert wird. Voraussetzung ist meist ein abgeschlossenes Hochschulstudium. Eine Reihe von Bildungsträgern bietet darüber hinaus kurzzeitige Workshops und Seminare an. Auf dem Weiterbildungsmarkt findet sich eine Vielzahl heterogener Anbieter, vertreten sind private Einrichtungen, Zentren, Akademien und Stiftungen. Die größte Datenbank für den Bereich Weiterbildung ist im Internet unter http://www.kursdirekt.de zu finden.

Praxiserfahrung

Da sich die Qualität kultureller Dienstleistungen objektiv schwer messen lässt, zählen Erfahrungen in unterschiedlichsten Stellen des Kulturbereichs weit mehr als formale Qualifikationen. Auch von Berufsanfängern werden nicht in erster Linie gute Diplom-Zeugnisse erwartet als vielmehr bereits Berufspraxis an unterschiedlichen Stellen des Kulturbetriebs. Unabdingbar für die Qualifizierung sind also Praktika und Hospitanzen bereits während des Studiums. Aus der Hildesheimer Absolventen-Studie geht hervor, dass ein entscheidender Grund für den relativ problemlosen Einstieg der Absolventen in den Kulturberuf darin liegt, dass 78 Prozent der Befragten bereits während ihres Studiums über die drei Pflichtpraktika hinaus berufspraktisch tätig waren, vor allem im Bereich der Kunst- und Kulturvermittlung. So arbeiteten sie etwa als Dozenten an Volkshochschulen, in Jugendkunstschulen, waren ehrenamtlich tätig bei der Programmplanung und -durchführung in Kulturzentren oder schrieben Kulturrezensionen für lokale Zeitungen. Auch nach dem Studium sind viele Berufseinsteiger bereit, gering bezahlte Praktika, Volontariate oder Trainee-Programme als Brücke in den Beruf anzunehmen. Nur auf diesem Wege lassen sich praktische Erfahrungen sammeln und vor allem Kontakte knüpfen, die auf dem Kulturarbeitsmarkt weit wichtiger für den Berufseinstieg sind als Bewerbungen auf Stellenausschreibungen. Die Karrierechancen auf dem Kulturarbeitsmarkt erhöhen sich mit zunehmender Praxiserfahrung, die jeweils neue Kenntnisse und Kontakte vermittelt. Hier ist es also keineswegs von Nachteil, immer mal wieder die berufliche Tätigkeit zu wechseln.

Fazit

Es lässt sich also festhalten, dass viele unterschiedliche Wege in den Kulturberuf führen. Grundvoraussetzung ist in der Regel ein Hochschulstudium, das eine solide kulturspezifische Grundlage bietet. Unabdingbar hinzukommen müssen Praxiserfahrungen an verschiedenen Stellen des Kulturbetriebs.

4. Tätigkeitsfelder für Kulturvermittler

Überblick

Da für den Kulturarbeitsmarkt kaum feste Berufsbezeichnungen existieren, gibt es auch keine verbindlichen Kategorien, nach denen das Berufsfeld untergliedert werden kann. Die nachfolgende Einteilung basiert zum einen auf der Gliederung der Sektionen des Deutschen Kulturrats, die sich an Kunstsparten orientiert, ergänzt um neu entstandene Dienstleistungen im Bereich Kulturvermittlung und Kulturmanagement. Zum anderen werden Erkenntnisse aus der Absolventenuntersuchung des Hildesheimer Studiengangs Kulturwissenschaften und Ästhetische Praxis herangezogen. Zwangsläufig führen alle Systematisierungen in diesem stark interdisziplinären Bereich zu Überschneidungen. Folgende zentrale Tätigkeitsfelder lassen sich unterscheiden:

Die professionelle **künstlerische Produktion** in den verschiedenen Künsten Theater, Literatur, Bildende Kunst, Film und Fernsehen, Musik sowie in genreüberschreitenden, interdisziplinären Kunstformen stellt den Kernbereich kultureller Berufsfelder dar. Ausgenommen werden hier die angewandten Künste im Bereich Design und Architektur. Um den Bereich des eigentlichen künstlerischen Schaffens hat sich eine Fülle von vermittelnden Dienstleistern etabliert: die Lektoren, die Dramaturgen, die Kuratoren, die dem Kern künstlerischer Produktion mittels eigener kreativer Leistungen zur Entfaltung verhelfen; die Organisatoren, die Intendanten, die Festivalleiter, die künstlerischen Produktionsbüros, die Kulturmanager als weitere wichtige „Ermöglicher" von Kunstproduktion; schließlich die Kunstvermittler, Theater-, und Museumspädagogen, die verstärkt seit den siebziger Jahren Einzug in die Stätten künstlerischer Produktion gehalten haben.

Das Organisieren und „Managen" künstlerischer und kultureller Prozesse gehört seit jeher zu den Kulturberufen, ohne explizit

Beachtung gefunden zu haben. Mit knapper werdenden öffentlichen Ressourcen für Kultur seit Ende der achtziger Jahre ist **Kulturmanagement** auch in Deutschland zur eigenständigen Profession geworden. Organisations- und Konzeptionsleistungen werden nicht mehr nebenbei erledigt, sondern von Managementexperten, die sich größtenteils wiederum auf Bereiche wie Marketing, Presse- und Öffentlichkeitsarbeit, Betriebswirtschaft spezialisiert haben. Häufig sind Kulturmanager nicht fest in einer Institution angestellt, sondern arbeiten als externe, selbstständige Dienstleister.

In einem Land wie Deutschland, wo Kultur traditionell unter staatlicher Obhut und öffentlicher Förderung steht, nimmt der Bereich der **Kulturverwaltung und Kulturpolitik** einen breiten Raum ein. Wurden die Tätigkeiten in diesem Bereich früher von Verwaltungsbeamten und Juristen ausgeführt, so gibt es dort seit einigen Jahren im Zuge der Reformierung der Kulturverwaltung unter dem Stichwort „Dezentrale Ressourcenverantwortung" Bedarf an Experten für Kunst und Kultur. Diese sollen nicht nur verwalten, sondern gestalten, gezielt kulturelle Projekte initiieren und fördern, Kulturentwicklungspläne aufstellen und Politiker kompetent beraten.

Der **Kulturjournalismus** gehört zu den traditionellen Arbeitsbereichen der Absolventen von Kulturstudiengängen. Umfangreiche Sachkenntnisse in den Künsten sind notwendig, um Kunst kompetent zu rezensieren, sowohl im Sinne eines Feedbacks für die Künstler wie auch als Auswahl- und Verstehenshilfe für die potenziellen Kunstrezipienten. Mit der Etablierung immer neuer Medienanbieter auf dem Markt vom Hörfunk über Fernsehen bis zum Internet hat sich der Wirkungsbereich des Kulturjournalisten immer mehr ausgedehnt. Zugleich ist eine Spezialisierung auf ein Medium erforderlich, denn jeder Medienbereich hat seine eigenen Ausdrucksregeln und Wirkungsweisen. Neben Tätigkeiten im öffentlich-rechtlichen und im privaten Medienbereich finden Kulturjournalisten ihren Einsatzbereich auch in Verlagen, Agenturen und anderen Organisationen.

Die Bedeutung der **Neuen Medien** hat in den letzten Jahren in sämtlichen Tätigkeitsbereichen stark zugenommen, so auch in kulturellen Feldern. Neben dem größten Einsatzbereich, dem Online-Journalismus, haben sich neue vermittelnde Jobs herausgebildet wie der Content-Manager, der für die Auswahl und Koordination der Inhalte (etwa in den vielen Kulturservern) im Netz zuständig ist, sowie auch Jobs, die sich kreativ mit Formen von Kunst und Kunstvermittlung im Netz beschäftigen.

Das Arbeitsfeld der **Soziokultur** entwickelte sich im Zuge der Reformpolitik der siebziger Jahre. Nicht mehr nur Kultur für alle, sondern auch Kultur von allen wurde Ziel einer fortschrittlichen Kulturpolitik. Soziokulturelle Arbeit will das kulturelle Schaffen einer breiten Gruppe von Laien fördern und in seiner Ausdrucksvielfalt ernst nehmen. Inzwischen haben sich viele Stätten soziokulturellen Schaffens institutionalisiert etwa in Form von soziokulturellen Zentren, Malschulen, Bürgerradios. Was in der Anfangsphase oftmals von Ehrenamtlichen initiiert und von „Betroffenen" selbstverwaltet wurde, wird inzwischen von Kulturprofis geleistet, zum einen im Organisationsbereich, zum anderen in der direkten künstlerischen Vermittlungsarbeit mit verschiedenen Zielgruppen. Als kulturelle Bildungsarbeit lassen sich alle Tätigkeiten in der außerschulischen Kulturarbeit bezeichnen, zum Beispiel in Volkshochschulen, in Kulturakademien, in gewerkschaftlich oder konfessionell organisierten Bildungseinrichtungen. Die Kulturpädagogik wendet sich vor allem an die Zielgruppe Kinder und Jugendliche. Der Bereich der Kinder- und Jugendkulturarbeit kann zum einen als ein zielgruppenspezifischer Aufgabenbereich der kulturellen Bildung und der Soziokultur begriffen werden. Andererseits ist er jedoch insofern von besonderer Bedeutung, als die Förderung von Kindern und Jugendlichen als existenziell wichtig für die Zukunft unserer Gesellschaft gilt. Auch die Kinder- und Jugendkulturarbeit hat sich als eigenständiger Tätigkeitsbereich erst Ende der siebziger Jahre etabliert, als man den Wert von kreativer selbstbestimmter Tätigkeit, wie sie dem künstlerischen Schaffen immanent ist, für die Entwicklung der kindlichen

Persönlichkeit entdeckte und Kinder sowohl als Produzenten wie Rezipienten von Kultur ernst nahm.

Das Arbeitsfeld der Kunst- und Musiktherapie gibt es bereits seit Anfang des Jahrhunderts in der therapeutischen Arbeit mit psychisch Kranken. Es erfordert sowohl eine profunde psychologische Qualifikation wie Zusatzkenntnisse in den jeweiligen Kunstbereichen. Neu ist der Einsatz von **Kulturpädagogik in der Rehabilitation und Therapie**. Dabei geht es nicht um gezielte therapeutische Arbeit, sondern um Unterstützung des Gesundungsprozesses in Form von Anregung zum eigenen schöpferischen Tun. Ziel ist die Entdeckung der eigenen Ausdrucksmöglichkeiten und das Freisetzen positiver Energien während des kreativen Schaffens.

Die **Kulturvermittlung und Kulturpädagogik im Tourismus** nimmt stetig an Bedeutung zu. Kulturwissenschaftler sind traditionell im Bereich der wissenschaftlichen Reiseleitung tätig, führen durch Kulturgeschichte, Kunst und Architektur eines bereisten Landes. Darüber hinaus sind sie im Zeitalter des Massentourismus auch bei Nicht-Bildungstouristen als Kulturanimateure in Clubs und großen Hotels im Einsatz. Ihre Aufgabe ist es, den Urlauber zu kreativer Eigentätigkeit anregen, sei es im Bereich Malen, Tanzen oder Schauspielen, und dabei außergewöhnliche Erfahrungen und Erlebnisse des Urlaubers zu befördern.

Die Tätigkeitsfelder im Einzelnen

Theater

Das Theater, ein kulturelles Arbeitsfeld mit langer Tradition, hat sich in seiner Geschichte zunehmend ausdifferenziert. Wirft man einen Blick in die Statistik des Deutschen Bühnenvereins von 2000/01, so werden dort insgesamt gut 90 verschiedene Theaterberufe ausgewiesen. Für theaterbegeisterte Kulturvermittler sind vor allem die Dramaturgie und die Theaterpädagogik herausfordernde Einsatzbereiche. Berufe am Theater sind schon aufgrund der Arbeitszeiten in besonderer Weise einnehmend und fordern hohe Präsenz und Identifikation.

Der Ursprung unseres heutigen Theatersystems liegt im 18. Jahrhundert. Theater fand damals hauptsächlich am adeligen Hof statt. Mit der Loslösung der bürgerlichen Welt von der höfischen entstanden in vielen deutschen Städten die Vorläufer der heutigen staatlichen Bühnen. Bis heute kennen wir die Modelle der Staatstheater, Landesbühnen und Stadttheater, die sich als weit verzweigtes Netz über das gesamte Bundesgebiet erstrecken. Die unterschiedlichen Namen verweisen auf die finanziellen Hauptträger der deutschen Theater, nämlich auf die öffentliche Hand in Form von Bund, Ländern und Kommunen. Heute existieren circa 900 institutionalisierte Theater in Deutschland.

Seit den sechziger Jahren des 20. Jahrhunderts gibt es daneben eine Bewegung im Theaterbereich, die sich bewusst von den staatlichen Bühnen distanziert und dies sowohl in ästhetischer als auch in organisatorischer Hinsicht umsetzt. Die so genannten freien Gruppen sind Zusammenschlüsse freier Theaterschaffender, oftmals ohne feste Häuser, ohne feste Gehälter, ohne Theaterapparat. Der 1990 gegründete Bundesverband Freier Theater, kurz BUFT, nennt circa 2 000 freie Theater, die die etablierte Theaterlandschaft vielfältig ergänzen. Freie Gruppen finanzieren sich über Zuwendungen von staatlichen wie auch privaten Förderern und Sponsoren und natürlich über Eintrittsgelder.

Gab es früher zwischen den etablierten Bühnen und der freien Szene große Gegensätze, so sind heute Annäherungsversuche beider Seiten zu beobachten. In Zeiten des erhöhten Legitimationsdrucks gegenüber der Öffentlichkeit nutzen beide Theatermodelle die jeweiligen Qualitäten des anderen in Form von Kooperationen. Die freien Theater profitieren vom gut ausgestatteten Theaterapparat der großen Häuser, die großen Theater profitieren von neuen ästhetischen Formen, die sich in den flexiblen, durchlässigen Arbeitsstrukturen der freien Theatern viel besser entwickeln können.

Darüber hinaus wird die deutsche Theaterlandschaft von einer großen Anzahl von Privat- und Tourneetheatern geprägt. Im Gegensatz zu den Theatern der Öffentlichen Hand verdanken diese ihre Gründung einer Privatinitiative und arbeiten wirtschaftlich unabhängig. In folgenden Bereichen findet Kulturvermittlung am Theater statt:

Der Einzug des Dramaturgenberufs in die deutschen Theater wird stets mit dem Namen Gotthold Ephraim Lessing (1729-81) in Verbindung gebracht. Lessing benannte in der „Hamburgischen Dramaturgie" nicht nur die Funktion eines **Dramaturgen**, sondern übte sie auch selbst als Theaterdichter und Kritiker am Hamburger Nationaltheater aus. Hatte der Dramaturg früher die Aufgabe eines Autors und Wächters über die Textfassungen von Dramen, ist er heute ein wichtiger Berater für literarisch-künstlerische Belange und die Inszenierung eines Stückes sowie dessen öffentlichkeitswirksame Aufbereitung. Deutschlandweit sind rund 600 Festanstellungen im Bereich der Dramaturgie an öffentlichen Theatern verzeichnet. Hinzu kommen die Engagements freiberuflicher Gastdramaturgen. In der freien Szene findet man Dramaturgen eher selten. Die dramaturgische Arbeit wird hier kollektiv geleistet.

Die Hauptaufgaben des Dramaturgen bestehen in der Auswahl von geeigneten Stücken, deren Bearbeitung und Übersetzung, sowie in der Recherche von Hintergrundmaterial und Sekundärliteratur. Voraussetzung ist die Fähigkeit, kritisch und analytisch mit Texten umgehen zu können. Eine weitere Aufgabe ist die Suche nach geeigneten Autoren und Regisseuren, die zum Profil des jeweiligen Theaters passen. Wenn Dramaturgen während einer Produktionsphase sehr eng mit dem Regisseur zusammenarbeiten, werden sie als Produktionsdramaturgen bezeichnet. Sie nehmen an den Proben teil, erstellen Spielfassungen und beteiligen sich an der Realisierung der Inszenierung. Der Dramaturgie kommt in künstlerischen Prozessen eine immer größere Bedeutung zu. Häufig entstehen langjährige Arbeitsbeziehungen mit einem Regisseur. Der Dramaturg ist auch für die Öffentlichkeitsarbeit verantwortlich. Er erstellt die Texte für Programmhefte, Monatszeitschriften und andere Werbeträger. Und auch die Gestaltung von Rahmenprogrammen am Theater, wie etwa Diskussionen, Matineen und Vorträge, gehört zum Beruf des Dramaturgen.

Die **Öffentlichkeitsarbeit** im Theater hat sich aus dem Arbeitsfeld der Dramaturgie zu einem heute eigenständigen Tätigkeitsfeld entwickelt. Die Kommunikation mit Presse, Publikum, Künstlern und Sponsoren sowie die Entwicklung von Werbestrategien gehören dazu. Gemeinsam mit dem Produktionsdramaturgen werden Texte zusammengestellt und Programmhefte gestaltet. Ein weiterer wichtiger Arbeitsbereich ist die Besucherbetreuung, so etwa die Organisation von Publikumsdiskussionen oder Führungen hinter die Kulissen eines Theaters. Nicht zuletzt ist die Öffentlichkeitsarbeit auch für den internen Kommunikationsfluss aller Mitarbeiter des Theaters untereinander zuständig. In Abhängigkeit von der Organisationsstruktur des Hauses ist die Öffentlichkeitsarbeit entweder der Intendanz oder der Verwaltungsleitung zugeordnet. Die Öffentlichkeitsarbeit ist ein Bereich, der am Theater zunehmend wichtiger wird. Aufgrund knapper werdender öffentlicher Mittel und des zunehmenden Konkurrenzdrucks durch andere Kulturanbieter ist ein professionell kommuniziertes, profiliertes Erscheinungsbild überlebensnotwendig für ein Theater.

Die Arbeit der **Regie** wird in erster Linie von künstlerischen und weniger von kulturvermittelnden Aufgaben bestimmt. Doch auch ohne den Hintergrund eines Regiestudiums ist dieser Bereich heutzutage für Kulturwissenschaftler mit Ehrgeiz, Talent und viel Glück zugänglich. Wichtige Voraussetzungen für den Einstieg sind eigene Erfahrungen in der Theaterpraxis, zum Beispiel als Regieassistent oder -hospitant oder durch die Mitarbeit in freien Projekten. Der Regisseur übernimmt die Gesamtleitung des Produktionsprozesses in enger Absprache mit der Intendanz eines Theaters. Seine Arbeit umfasst die Konzeption und Inszenierung von Theaterstücken und Projekten. In der Analyse und Interpretation dramatischer Texte überschneidet sich sein Aufgabenfeld zum Teil mit dem des Dramaturgen. Gemeinsam mit den Darstellern werden künstlerische Inhalte und die mögliche darstellerische Umsetzung erarbeitet.

Am Anfang der Berufslaufbahn werden meist nur kurzzeitige Engagements von bis zu zwei Jahren angeboten. Die ersten beiden Engagementjahre gelten als „Anfängerjahre" mit geringer Gage. Viele Regisseure werden für eine oder mehrere Spielzeiten an einer öffentlichen Bühne verpflichtet. Andere arbeiten freiberuflich als Gastregisseur an öffentlichen Bühnen oder in Produktionen bei Tournee- und Privattheatern, bei Festspiel- und Freilichtaufführungen oder bei freien Gruppen. Die Gesamtzahl der Regisseure ist wegen vieler Teilzeitverträge von Gastregisseuren, freiberuflich Tätigen und der Dunkelziffer der Arbeitslosen nicht exakt zu erfassen. Es kann beobachtet werden, dass der Anteil weiblicher Regisseure seit den achtziger Jahren beträchtlich gestiegen ist.

Einen Einstieg nicht nur in den Bereich der Regie, sondern auch in sämtliche andere Arbeitsbereiche des professionellen Theaterlebens kann eine **Regieassistenz** bieten. Am Theater gilt der Regieassistent im Verständnis der Intendanz oft noch als Auszubildender. Dennoch ist die Arbeit der Regieassistenz als eigenständiges Berufsbild anerkannt. Die Assistenz stellt die Verbindung zwischen Regieteam, Schauspielern und allen anderen an der Produktion Beteiligten her und garantiert den reibungslosen Ablauf einer Theaterproduktion. Sie übernimmt die Probenbetreuung durch die Disposition der Arbeitsphasen und der Probeneinrichtung mit Bühnenbild und Requisite sowie durch die genaue Probenmitschrift und Führung des Regiebuches. Für viele Regisseure ist die Assistenz auch ein wichtiger Austauschpartner in künstlerischen Fragen. Nach der Premiere übernimmt die Assistenz die Abendregie, ist also verantwortlich für einen reibungslosen Aufführungsablauf. Laut Statistik arbeiten an deutschen Theatern sowohl im Schauspiel wie im

Musiktheater durchschnittlich ein bis zwei Regieassistenten in fester Anstellung. In der freien Theaterszene arbeitet der Regieassistent als Freiberufler und ist somit stets nur für eine Produktion vertraglich gebunden.

Die **Theaterpädagogik** ist ein junges Arbeitsgebiet, das sich seit den siebziger Jahren zu einem eigenständigen Beruf entwickelt hat. Theaterpädagogen arbeiten an Theatern, in theaterpädagogischen Zentren, in sozialpädagogischen Einrichtungen oder sind freiberuflich für verschiedener Projektträger tätig. Ziel von Theaterpädagogik ist es, unterschiedliche Zielgruppen an Theater und eigenes Rollenspiel heranzuführen. Dabei können pädagogische Gesichtspunkte, wie die Herausbildung sozialer Kompetenzen im Rollenspiel, oder kunstbetonte Aspekte, wie etwa die Herausbildung schauspielerischer oder inszenatorischer Fähigkeiten, im Vordergrund stehen. Mitzubringen für den Beruf sind in jedem Fall sowohl pädagogische und kommunikative Kompetenz wie auch theater- und literaturwissenschaftliche Grundlagen und natürlich vielfältige Erfahrungen mit eigenem Theaterspiel.

Theaterpädagogen, die an einem festen Theater tätig sind, arbeiten in der Regel spielplanbezogen; das heißt, der Jahresspielplan des Theaters bildet den thematischen Rahmen für ihre Aktivitäten. Zu den Aufgaben gehört es zum Beispiel, Schüler in die Thematik der Inszenierungen einzuführen, Eindrücke nach dem Theaterbesuch mit Gruppen auszuwerten und Publikumsdiskussionen zu leiten. Darüber hinaus entwickeln Theaterpädagogen eigenständige Theaterproduktionen zum Beispiel mit dem Jugendclub eines Theaters. Neben der spielpädagogischen Tätigkeit ist es auch Aufgabe der Theaterpädagogik, sich um neue Zielgruppen für das Theater zu bemühen, also etwa Kontakte zu Schulen, Kindergärten oder Freizeitheimen zu knüpfen.

Freischaffende Theaterpädagogen haben unterschiedliche Arbeitsgebiete und -schwerpunkte. In ihren Projekten sind sie zum Beispiel tätig in Kunst- und Kultureinrichtungen, in sozialen, pädagogischen und ökologischen Einrichtungen, für politische und sportliche Vereine oder auch in Wirtschaftsbetrieben, die Theaterspiel einsetzen, um die kreativen und sozialen Kompetenzen ihrer Mitarbeiter zu fördern. Im Bundesverband Theaterpädagogik e.V., kurz BUT, haben sich die freischaffenden Theaterpädagogen zusammengeschlossen, um im Rahmen dieses Netzwerkes Kooperationsmöglichkeiten und Koordinierungsstrategien zu festigen und auszubauen. Der Beruf des Theaterpädagogen erfährt zunehmende Anerkennung. Dies zeigt auch die aktuelle Diskussion um die Einführung des Schulfachs „Theater" / „Darstellendes Spiel" in fast allen Bundesländern. Sollte es dazu kommen, würde der Bedarf an qualifizierten Theaterpädagogen erheblich steigen.

Literaturauswahl

Brauneck, Manfred / Schneilin, Gerard (Hrsg.). Theaterlexikon: Begriffe und Epochen, Bühnen und Ensembles. Hamburg 1992

Bundesanstalt für Arbeit (Hrsg.). Blätter zur Berufskunde: Regisseur / Dramaturg / Theaterpädagoge. Bielefeld 1998. Bestellnummer: 2-XIC07

Bundesanstalt für Arbeit (Hrsg.). Kunst und Beruf. Heft 35, Nürnberg 2000

Deutscher Bühnenverein (Hrsg.). Berufe am Theater. 3. überarbeitete Auflage, Köln 2000

Fischer-Lichte, Erika. Kurze Geschichte des deutschen Theaters. Tübingen und Basel 1999

Genossenschaft Deutscher Bühnen-Angehöriger (Hrsg.). Deutsches Bühnenjahrbuch: Das große Adressbuch für Bühne, Film, Funk, Fernsehen. Hamburg 2000/01

Die Deutsche Bühne. Theatermagazin, Monatszeitschrift des Deutschen Bühnenvereins

Theater heute. Die deutsche Theaterzeitschrift

Theater der Zeit. Zeitschrift für Politik und Theater

Schriften der Dramaturgischen Gesellschaft. Dramaturgische Gesellschaft (Hrsg.)

Korrespondenzen. Bundesverband Theaterpädagogik e.V. (BUT) / Gesellschaft für Theaterpädagogik e.V. (GfT) (Hrsg.)

OFF-Informationen. Bundesverband Freier Theater (BUFT) (Hrsg.)

**Deutscher Bühnenverein –
Bundesverband deutscher
Theater**
St.-Apern-Str. 17-21
50667 Köln
Tel.: 0221 / 20 81 20
Fax: 0221 / 20 81 228
http://www.buehnenverein.de

**Deutscher Kulturrat /
Rat für Darstellende Künste
c/o Deutscher Bühnenverein –
Bundesverband deutscher
Theater**
St.-Apern-Str. 17-21
50667 Köln
Tel.: 0221 / 20 81 20
Fax: 0221 / 20 81 228
http://www.kulturrat.de

**Bundesverband
Freier Theater e.V.**
Güntherstr. 65
44143 Dortmund
Tel.: 0231 / 5 57 52 116
Fax: 0231 / 5 57 52 129
http://www.th-net.de/buft/

**Bundesverband
Theaterpädagogik e.V.**
Genter Str. 23
50672 Köln
Tel.: 0221 / 9 52 10 93
Fax: 0221 / 9 52 10 95
http://www.but.bkj.de

Literaturauswahl

Adressen

**Bundesarbeitsgemeinschaft
Spiel und Theater e.V.**
Falkenstr. 20
30449 Hannover
Tel.: 0511 / 4 58 17 99
http://www.BAG-online.de

Dramaturgische Gesellschaft
Tempelherrenstr. 4
10961 Berlin
Tel.: 030 / 6 93 24 82
*http://www.forum-
dramaturgie.de*

**Genossenschaft Deutscher
Bühnen-Angehöriger**
Feldbrunnenstr. 74
20148 Hamburg
Tel.: 040 / 44 51 85
Fax: 040 / 45 93 52
*http://www.buehnengenossen
schaft.de*

Unter Mitarbeit von Aline Fischer

Literatur

Literatur macht Spaß. So viel ist klar. Den Menschen, die gerne lesen und denen, die Literatur als Schwerpunkt eines kultur- oder geisteswissenschaftlichen Studiengangs wählen. Literatur ist wichtig, auch das ist klar, als bedeutender Wirtschaftsfaktor und unerlässlicher Bestandteil kultureller Vielfalt. Aber ist Literatur auch ein bedeutendes Berufsfeld? Etwa 4 500 Adresseinträge weist das Literaturbuch von 1993/1994 auf, dessen Herausgeber, der Deutsche Kulturrat, es sich zur Aufgabe gemacht hat, möglichst umfassende Informationen über das literarische Leben und über Berufe im Bereich der Literatur zusammenzutragen. 4 500 Einrichtungen, Vereine und Verbände, die in irgendeiner Art und Weise das literarische und kulturelle Geschehen in Deutschland mitbestimmen und gestalten. Dabei sind Verlage und Buchhandlungen gar nicht mit aufgenommen. Lässt man die Berufe, die durch einen festgelegten Ausbildungsweg zu erreichen sind, wie etwa im Bibliothekswesen und im Buchhandel, und jene, die weitgehend journalistisch geprägt sind, sowie auch die, die in andere Gebiete der künstlerischen Produktion eingehen, wie zum Beispiel am Theater, außer Acht, kann man den Sektor Literatur in drei Bereiche aufteilen:

Zunächst gibt es die Berufe, die im engen oder weiteren Sinn mit dem herstellenden Buchhandel in Verbindung stehen, also solche in Verlagen und Agenturen. Tätigkeiten in Literaturhäusern und -vereinen als Einrichtungen der Literaturförderung und -vermittlung bilden den zweiten Teilbereich; dem dritten sind Tätigkeiten und Berufe im Sektor der literarischen Aus- und Fortbildung zuzurechnen.

Die Zahl von etwa 80 000 Buchneuerscheinungen pro Jahr in Deutschland gibt einen Eindruck von der Mannigfaltigkeit der Aktivitäten des herstellenden Buchhandels, zu dem die Buchverlage zählen, die von den der journalistischen Presse zugehörigen Zeitungs- und Zeitschriftenverlagen unterschieden werden. Die wirtschaftliche Interessenvertretung der meisten deutschen Verlage ist der Börsenverein des Deutschen Buchhandels e.V. Der Börsenverein sieht sich selbst als Wirtschaftsverband, aber auch als kulturelle Institution, er verleiht unter anderem den Friedenspreis des Deutschen Buchhandels und veranstaltet die Frankfurter Buchmesse. Von derzeit insgesamt 6 986 Mitgliedsfirmen sind 2 035 Verlage. Die Verlage bieten breit gefächerte Arbeitsmöglichkeiten, von denen im Folgenden die Bereiche Lektorat, Presse- und Öffentlichkeitsarbeit sowie Werbung vorgestellt werden.

Die Aufgaben eines **Verlagslektors** sind von Verlag zu Verlag sehr unterschiedlich. Generell kann man aber folgende Tätigkeiten festhalten: Neben der Auswahl des Buchprogramms steht vor allem die Bearbeitung der Manuskripte bis zum Zustand der Druckreife im Vordergrund. Der Lektor betreut seine Buchprojekte vom ersten Lesen eines eingereichten Manuskripts bis zur technischen Fertigstellung. Dabei vertritt er diese Projekte sowohl innerhalb des Verlages, als auch nach außen. Es ist auch üblich, dass Lektoren Bücher von sich aus initiieren. Weiterhin zählt die Betreuung der Autoren zu den Aufgaben des Lektors. Kann in kleinen Verlagen auch die Presse- und Öffentlichkeitsarbeit und die Bewerbung des Produktes in seinen Tätigkeitsbereich fallen, gibt es in größeren Unternehmen hierfür meistens eigene Abteilungen. Voraussetzungen für den Beruf des Lektors sind vor allem solide inhaltliche Kenntnisse des jeweiligen Fachgebietes. Überblickskenntnisse über technische Herstellungsverfahren der Buchproduktion und kaufmännisches Grundwissen sind keine Vorbedingung, aber sehr von Nutzen. Da viele Verlage die Lektoratsarbeit ganz oder teilweise ausgliedern, arbeiten immer mehr Lektoren auch freiberuflich. Der Verband der freien Lektorinnen und Lektoren nennt als Aufgabenbereiche neben der Arbeit am Text Projektmanagement, Producing, Übersetzung, journalistische Tätigkeiten, Korrektorat und Ghostwriting.

Die **Presse- und Öffentlichkeitsarbeit** im Buchverlag sorgt dafür, dass die Medien, also Presse, Funk und Fernsehen, über Autoren und ihre Bücher, vor allem über Neuerscheinungen, berichten. Die Arbeit beinhaltet die Erstellung von Pressematerial zum Verlagsprogramm in Form von Kurztexten, biografischen Daten, Inhaltsangaben. Da viele dieser Texte schon erarbeitet werden müssen, bevor die Bücher gedruckt vorliegen, ist ein enger Kontakt zum jeweiligen Lektor sehr wichtig. Weitere Aufgaben sind der Vertrieb von Rezensionsmaterial, die Ausrichtung von Pressekonferenzen und Buchpräsentationen sowie die Organisation von Lesungen oder Lesereisen. Auch für die innerbetriebliche Kommunikation und Informationsweitergabe ist diese Abteilung zuständig. Günstige Voraussetzungen für diese Aufgaben sind ausgeprägte Kontaktfreudigkeit und eine gute schriftliche Ausdrucksfähigkeit.

Im Bereich **Marketing und Werbung** werden alle Maßnahmen koordiniert, die die Vermarktung eines Buches vorantreiben. Im ersten Schritt überprüft man mit Hilfe von Marktanalysen, ob ein Buch überhaupt geeignet scheint, einen ausreichend großen Käuferkreis zu erreichen. Werbung im Verlag umfasst zum einen die Händlerwerbung, zum anderen die Publikumswerbung. Bei der Händlerwerbung wird das neue Programm zunächst dem Buchhändler näher gebracht, damit dieser neue Titel in sein Sortiment aufnimmt. Dies geschieht durch Anzeigen in der buchhändlerischen Fachpresse, durch Besuche von Vertretern, durch die Versendung von Verlagsankündigungen und anderen Werbemitteln, zum Beispiel für die Schaufensterwerbung. Publikumswerbung wendet sich dagegen direkt an den Leser, etwa in Form von Anzeigen in Zeitungen und Zeitschriften oder durch die Organisation von Lesungen und Signierstunden. Da Kostenkalkulation und Budgetierung einen wesentlicher Teil der Arbeit ausmachen, sind kaufmännische Kenntnisse wichtig.

In den angloamerikanischen Ländern sind **Literaturagenturen** aus dem Literaturbetrieb nicht mehr wegzudenken, im deutschsprachigen Raum steckt dieser Tätigkeitsbereich noch in den Anfängen. Es werden grundsätzlich drei Typen von Agenturen unterschieden. Neben denen, die vorrangig Lizenzgeschäfte tätigen, gibt es weitere, die in Zusammenarbeit mit Verlagen ganze Programme zusammenstellen und schließlich solche, die Autoren und Autorinnen an Verlage vermitteln. Letztere wählen aus den ihnen angebotenen Manuskripten Erfolg versprechende aus und bieten sie den passenden Verlagen an. Gelingt die Vermittlung, sind sie prozentual am Honorar des Autors beteiligt. Manche der Agenturen verstehen sich nur als Vermittler zwischen Autor und Verlag, in anderen hingegen wird auch lektoriert. Neben guten literarischen Kenntnissen und einem Gespür für literarische Strömungen sind grundlegende Kenntnisse der Verlagslandschaft und des Literaturbetriebs erforderlich.

Im Gegensatz zur kommerziellen Ausrichtung der Firmen im ersten großen Teilgebiet der Literaturberufe, sind die Einrichtungen, um die es nun gehen soll, fast ausnahmslos der Gemeinnützigkeit verpflichtet. **Institutionen der Literaturförderung und -vermittlung** sehen es als ihre Aufgabe an, die gesellschaftliche Bedeutung von Literatur insgesamt zu stärken sowie Kenntnisse von Literatur und deren Produktionsprozessen zu verbreiten. **Literaturbüros** arbeiten auf Vereinsbasis, als freie Initiativen oder in Trägerschaft von Kulturämtern. Sie nehmen eine Vermittlerrolle zwischen Autoren und literarischer Öffentlichkeit wie Verlagen, Veranstaltern, Medien und

Publikum ein. Die Förderung der freien Literaturszene und die Auseinandersetzung mit junger Literatur ist Schwerpunkt der meisten Literaturbüros. Die Aufgaben der Literaturbüros sind im Einzelnen:

⟜ Förderung des allgemeinen Interesses an der Literatur und des literarischen Lebens in der Region

⟜ Planung, Organisation und Durchführung literarischer Veranstaltungen, wie zum Beispiel Lesungen, Autoren- und Kritikergespräche, Seminare, Schreibwerkstätten, Tagungen

⟜ Beratung und Förderung von Autoren und Förderung des schriftstellerischen Nachwuchses

⟜ Beratung und Hilfestellung bei der Planung und Durchführung von Literaturveranstaltungen durch externe Veranstalter, etwa durch Vermittlung von Verlagskontakten

⟜ Weitergabe von Informationen zum Literaturbetrieb zum Beispiel über die Vergabe von Stipendien und die Teilnahme an Literaturwettbewerben

⟜ Veröffentlichung von Veranstaltungskalendern, Anthologien und Autorenverzeichnissen, meist mit regionalem Bezug

Die Stellen- und Arbeitssituation ist von Einrichtung zu Einrichtung unterschiedlich und richtet sich nach der finanziellen Ausstattung. Meistens sind die Mitarbeiter fest angestellt. Darüber hinaus vergeben viele Literaturbüros auch Werkverträge an freiberufliche Mitarbeiter, gute Einstiegsmöglichkeiten bieten hier Praktika.

Neben den Literaturbüros gibt es noch viele weitere Institutionen der Literaturförderung, dazu zählen vor allem **Fördervereine, Freundeskreise sowie wissenschaftliche Arbeitskreise**. Neben wenigen großen Einrichtungen, bei denen zumindest die

Stelle der Geschäftsführung hauptamtlich besetzt ist, gibt es unzählige kleine mit vorrangig ehrenamtlichen Mitarbeitern. Man kann die Literarischen Gesellschaften und Vereine am besten nach dem Gegenstand ihrer inhaltlichen Arbeit unterscheiden. Am weitesten verbreitet sind die Namensgesellschaften, die das Leben und Werk eines Autors in den Mittelpunkt stellen. Sie decken in der Bundesrepublik nahezu den gesamten Bereich der deutschen Literaturgeschichte seit dem Mittelalter ab. Weiterhin gibt es die Neuen Gesellschaften für Literatur, bei denen es sich um regional ausgerichtete Literaturforen und literarische Vereinigungen handelt, und schließlich solche Gesellschaften, die sich bestimmten literarischen Gattungen oder Figuren widmen, zum Beispiel die Europäische Märchengesellschaft oder der Erste Deutsche Fantasy-Club e.V.

Einige der Einrichtungen sind wissenschaftlich geprägt, andere eher literaturvermittelnd. Zu ihren Aufgaben gehört neben der Popularisierung von Schriftstellern in Form von Lesungen und Tagungen auch die Herausgabe von Schriftenreihen, die Neuauflage vergriffener Ausgaben, die Organisation von Vorträgen und Exkursionen, sowie oft auch die Einrichtung und der Erhalt von Gedenkstätten und Museen. Viele der Literarischen Gesellschaften Deutschlands sind in der ALG, der Arbeitsgemeinschaft Literarischer Gesellschaften e.V., zusammengefasst. Von 26 Mitgliedsvereinigungen im Jahr 1986 stieg die Zahl auf heute 149. Hieran lässt sich ablesen, dass auch kleinen Vereinen die Bedeutung einer Lobby bewusst geworden ist. Ähnliche Aufgaben wie die Literarischen Gesellschaften erfüllen oft auch andere Institutionen wie Geschichtsvereine und Stadtteilbüros, zum Beispiel durch die Herausgabe von Anthologien oder die Einrichtung von Archiven.

Das dritte große Aktionsfeld für Literaturberufe ist das der **Aus- und Fortbildung für kreatives Schreiben**. Im Gegensatz zu den USA gibt es in Deutschland bisher nur einen recht kleinen Sektor der beruflichen Aus- und Fortbildung für Schriftstellerinnen und Schriftsteller. Auch allgemeine Angebote zur

Qualifizierung des beruflichen Schreibens sind bisher dünn ge-
sät. Generell kann man die wenigen Institutionen, die staatlich
anerkannte Ausbildungswege offerieren, von dem relativ großen
Bereich der Erwachsenenbildung unterscheiden, der meist auf
Ebene der Volkshochschulen angeboten wird.

Inhalt der Aus- und Weiterbildungsangebote auf beiden Ebenen
ist neben der Verbesserung des handwerklichen Könnens durch
Werkstätten und Schreibkurse – oft in Hinblick auf bestimmte
Genres oder Themen – auch die Weitergabe von Informationen
über den Literaturbetrieb und dessen Einzelgebiete, wie etwa das
Verlagsrecht. Weiterhin werden Kurse zu Themen wie Literatur-
kritik, -wissenschaft oder Kulturjournalismus, aber auch solche
zum literarischen Übersetzen oder zum therapeutischen Schreiben angeboten. Vermittelt werden auch didaktische Fähigkeiten
zur Anleitung von Schreibwerkstätten und Seminaren. Darüber
hinaus gibt es Fortbildungskurse im Schreiben auch für Nicht-
Literaten, so etwa Schreibtrainings für Manager.

Tätigkeiten in der Aus- und Fortbildung werden überwiegend in
Form freier Mitarbeit, selten in Festanstellung ausgeübt – dann
meist im Rahmen der universitären oder schulischen Ausbildungsgänge. Den einfachsten Einstieg in die Lehrtätigkeiten im Bereich
Literatur bieten sicherlich die Volkshochschulen. Als Qualifikation gelten literarische und literaturwissenschaftliche Fähigkeiten
und Kenntnisse sowie eigene Schreiberfahrungen, die durch Teilnahme an Werkstätten und Schreibgruppen belegt sind.

Eine Zukunftsprognose für die Literaturberufe ist aufgrund
des uneinheitlichen Bildes, das sich in diesem großen Bereich
bietet, nur mit Einschränkungen zu machen. Trotz der Einführung der elektronischen Medien ist das von vielen Seiten
prophezeite „Büchersterben" bisher nicht eingetroffen. Die Anzahl der Neuerscheinungen nimmt ungeachtet des wachsenden
wirtschaftlichen Drucks auf die Verlage weiter zu. Veranstaltungen im Literaturbereich werden in Zeiten von Kürzungen
der öffentlichen Mittel nicht weniger, sondern mehr. Erkennbar

ist gerade in den Bereichen der Literaturförderung und der Aus- und Fortbildung ein zunehmendes Maß an Professionalisierung. Dieses findet auch in der Zunahme der Ausbildungswege und Studienmöglichkeiten, die zu Literaturberufen hinführen, seine Entsprechung.

Arbeitsgemeinschaft der literarischen Gesellschaften in Deutschland e. V. (Hrsg.). Literarische Gesellschaften in Deutschland: Ein Handbuch. Bearbeitet von Christiane Kussin. Berlin 1995

Börsenverein des Deutschen Buchhandels e.V. (Hrsg.). Börsenblatt für den Deutschen Buchhandel. Frankfurt (Zeitschrift, erscheint zweimal wöchentlich)

Deutscher Kulturrat im Auftrag der Fördergesellschaft für kulturelle Bildung des deutschen Kulturrates e.V. (Hrsg.). Das Literaturbuch 1993/1994: Literarisches Leben in der Bundesrepublik Deutschland. Baden-Baden 1993

Reifsteck, Peter. Handbuch Lesungen und Literaturveranstaltungen: Konzeption, Organisation, Öffentlichkeitsarbeit. Reutlingen 1994

Röhring, Hans-Helmut. Wie ein Buch entsteht: Einführung in den modernen Buchverlag. 6. aktualisierte und überarbeitete Auflage, Darmstadt 1997

Uschtrin, Sandra (Hrsg.). Handbuch für Autorinnen und Autoren: Adressen und Informationen aus dem deutschen Literatur- und Medienbetrieb. 5. erweiterte und überarbeitete Auflage, München 2001

Literaturauswahl

Adressen

**AG der Literaturräte
der Bundesrepublik
c/o Literaturrat
Niedersachsen e.V.**
Sophienstr. 2
30159 Hannover
Tel: 0511 / 9 80 58 20
Fax: 0511 / 9 88 75 13
*http://www.kulturserver.de/
home/Literaturrat-Nds/
home.htm*

**Arbeitsgemeinschaft
Literarischer Gesellschaften
und Gedenkstätten e.V.**
Am Sandwerder 5
14109 Berlin
Tel: 030 / 80 49 02 07
Fax: 030 / 80 49 02 35
http://www.alg.de

**Börsenverein des deutschen
Buchhandels e. V.**
Großer Hirschgraben 17 -21
60311 Frankfurt a.M.
Postfach 10 04 42
60004 Frankfurt a.M.
Tel: 069 / 1 30 60
Fax: 069 / 1 30 63 00
http://www.boersenverein.de

Deutsche Literaturkonferenz
Köthener Str. 44
10963 Berlin
Tel. 030 / 2 61 38 45
Fax: 030 / 2 61 38 79
Gemeinnütziger Lobbyverband
der am literarischen Leben in
Deutschland maßgeblich betei-
ligten Verbände und Institutio-
nen

**Deutscher Volkshoch-
schulverband e.V.**
Obere Wilhelmstr. 32
53225 Bonn
Tel: 0228 / 9 75 69 - 0
Fax: 0228 / 9 75 69 - 30
http://www.dvv-vhs.de

http://www.lektoren.de
Verband der freien Lektorinnen
und Lektoren

Unter Mitarbeit von Christine Raudies

Bildende Kunst

Ob in Museen, Kunstvereinen, Kunsthallen, Atelierhäusern, Galerien, Kreditinstituten oder Kulturämtern, überall wird Kunst
präsentiert. Dafür braucht es Menschen, die mit Sachverstand
Organisations- und Vermittlungsarbeit leisten. Zum Teil übernimmt der bildende Künstler selbst diese Aufgaben; in der Regel

sind hier jedoch Kunsthistoriker, Kunstwissenschaftler und Kulturvermittler tätig. Etwa zehn Prozent der circa 5 000 deutschen Museen sind **Kunstmuseen**. Dazu gehören auch Architektur-, Kunsthandwerk-, Keramik-, Film- und Fotografiemuseen sowie Museen für kirchliche Kunst. Neben den Museen bieten **Kunstvereine** und **Kunsthallen** Ausstellungsmöglichkeiten. Im Gegensatz zu Museen verfügen Kunstvereine über keine eigenen Sammlungen, sondern fungieren als Ausstellungsveranstalter, oft im Bereich der zeitgenössischen Kunst.

In fast jeder größeren Einrichtung kann man zwei Gruppen von Mitarbeitern unterscheiden: Die Fachwissenschaftler kümmern sich hauptsächlich um die Pflege und Erschließung der Bestände; die **Museumsmanager** und **Museumspädagogen** sind überwiegend in den Bereichen Ausstellung, Vermittlung und Öffentlichkeitsarbeit tätig. Die **wissenschaftliche und kuratorische Tätigkeit** im Museum beginnt in der Regel mit einem zweijährigen Volontariat oder einem Werkvertrag. Einigen gelingt der Einstieg als „ideenreicher Seiteneinsteiger", doch in der Regel ist ein abgeschlossenes Hochschulstudium der Kunstgeschichte notwendig, oft wird die Promotion vorausgesetzt.

Der **Kurator** stellt die Verbindung zwischen wissenschaftlichem Arbeiten, dem praktischen Umgang mit Exponaten und der Erwartungshaltung der Rezipienten her. Zu seinen Aufgaben gehören vor allem die wissenschaftliche Konzeption und Recherche einer Ausstellung sowie deren Inszenierung einschließlich der Gestaltung eines Rahmenprogramms. Er erstellt und pflegt den Katalog, der die Sammlungsbestände eines Hauses beschreibt, indem er alle verfügbaren Quellen, Vergleichsstücke und Fachliteratur heranzieht. Darüber hinaus verfasst er Texte zu Exponaten der Sammlung für Bücher und Fachzeitschriften sowie Ausstellungskataloge. Schließlich fällt auch die Kontaktaufnahme mit anderen Museen, die Planung von Ausstellungstourneen und deren Betreuung vor Ort in seinen Aufgabenbereich. Routiniertes wissenschaftliches Arbeiten in einem oft knapp bemessenen Zeitrahmen gehört zum Berufsalltag. Eine fachliche Spezialisierung auf bestimmte Sammlungsgebiete ist nur in großen Museen möglich, während in den kleinen Museen, Kunsthäusern und -vereinen wie in den privat finanzierten Einrichtungen eher Generalisten gefragt sind. Die Anzahl der Festanstellungen in diesem Berufsfeld ist rückläufig, eine Festanstellung direkt nach dem Studium eher ungewöhnlich. Nicht wenige der Aufgaben, die ehemals von fest angestellten Kuratoren ausgeführt wurden, werden inzwischen in Form von projektgebundenen Werkverträgen an Freiberufler vergeben.

Den Beruf des **Kustos** oder **Konservators** gibt es nur an Museen. Er ist dafür zuständig, die Kunstobjekte im Museum zu verwalten und fachwissenschaftlich zu betreuen. An größeren Museen übernimmt er in der Regel ein bestimmtes Referat, das heißt, er ist für einen speziellen Teil der Sammlung verantwortlich. In kleineren Museen müssen hingegen ganz verschiedenartige Objekte betreut werden. Zu den Aufgaben des Kustos oder Konservators gehören sowohl die Verwaltung als auch die sachgemäße Lagerung, Erhaltung und Pflege der Sammlungsobjekte: So müssen etwa die Ausstellungs- und Depoträume bezüglich Klima und Luftfeuchtigkeit auf die Objekte abgestimmt werden. Gegebenenfalls veranlasst der Kustos notwendige Präparationsarbeiten und Restaurationen. Dafür muss er in der Lage sein, Originale von Fälschungen zu unterscheiden und Erhaltungszustände und Veränderungen zu erkennen und zu beurteilen. Hierbei werden Kenntnisse verlangt, die im Studium nur ansatzweise vermittelt werden. Die Tätigkeit des Kustos setzt in der Regel eine lange praktische Erfahrung voraus. Darüber hinaus gehört zu seinen Aufgabenbereichen Verwaltungsarbeit, das Aufstellen von Kostenplänen und deren Überwachung. Im Ausstellungsbereich können sich die Aufgaben von Kustos und Kurator überschneiden. Während der Kurator für die inhaltliche und organisatorische Leitung verantwortlich ist, übernimmt der Kustos eher die Umsetzung und Durchführung.

Der zentrale Tätigkeitsbereich von Kulturvermittlern im Museum ist die **Museumspädagogik**. Da sich diese jedoch nicht nur auf den Bereich der Bildenden Kunst bezieht, wird sie im Anschluss an diesen Teil gesondert dargestellt.

Artotheken werden in der Regel von kommunalen Galerien oder Kunstvereinen betrieben. Gegen eine geringe Leihgebühr können Privatpersonen ein Kunstwerk für einen bestimmten Zeitraum entleihen. Das Ziel von Artotheken liegt darin, Verständnis für zeitgenössische Kunst zu wecken und diese zu fördern. Die Tätigkeit in einer Artothek ist vergleichbar mit der in einer Bibliothek, dazu gehört also die Auswahl der ausleihbaren Exponate, die Dokumentation und Pflege des Bestandes und die Beratung der Besucher.

Galeristen arbeiten als selbstständige Unternehmer. Der Galeriebetrieb ist ein Geschäft, das Unternehmergeist und Risikobereitschaft voraussetzt. Die Erfahrung zeigt, dass frühestens nach fünf Jahren finanzielle Gewinne möglich sind. Nach einer Statistik des Bundesverbands Deutscher Galerien (BVDG) gibt es 600 professionelle Galerien; das Zentrum für Kulturforschung spricht in einer Studie von 1994 von knapp 2 000 Galerien. Die so genannten Erstgalerien widmen sich der Entdeckung und Förderung junger Kunst, während Zweitgalerien bereits am Markt etablierte Künstler betreuen und deren Kunst weiter verbreiten. Darüber hinaus gibt es Art Consultants und Händler, die ohne eigene Ausstellungsräume potenzielle Sammler beraten und Kunst zumeist auf Kommissionsbasis verkaufen.

Als Galerist muss man die Kunst „an den Käufer bringen". Neben der Entdeckung, der Förderung und dem Aufbau noch unbekannter Künstler braucht ein Galerist auch kaufmännisches Geschick, um mit den verschärften Bedingungen des Preiskampfes am Kunstmarkt Schritt halten zu können. Der Galerist ist Kaufmann, Berater der Künstler und vor allem Vermittler der Kunst an Kunden und interessierte Öffentlichkeit. Sachverstand und Kommunikationstalent sind dafür gefragt. Außerdem verfasst der Galerist Katalogtexte und erstellt Expertisen, die Herkunft und Echtheit eines Werkes eindeutig kennzeichnen. Eine Gewinn bringende Zusammenarbeit zwischen Galerist und Künstler ist auf Langfristigkeit angelegt (mindestens fünf bis zehn Jahre) und basiert auf einem vertrauensvollen Verhältnis.

Wer sich mit einer Galerie selbstständig machen möchte, sollte die hohen Fixkosten für Räumlichkeiten und Versicherungen sowie die bei Ausstellungen anfallenden Rechnungen für Transporte, Ausstattung und Werbung/PR bedenken ebenso wie die unverzichtbaren Teilnahmekosten an renommierten Kunstmessen. Der Galerist ist idealerweise Ausstellungsmacher, Kurator, Marketingspezialist, Steuer-, Rechts- und Versicherungskaufmann und Kunstvermittler in einem und besitzt möglichst ein finanzielles Polster für dürre Zeiten.

Die Zukunft des Galeriebetriebs liegt in der umfassenden Dienstleistung, im Service und in der fachkundigen Beratung. Dazu gehören auch Know-how und Kontakte zur internationalen Kunstszene. In der Akquisition und Organisation großer Kunst-am-Bau-Projekte oder externer Kunst-Events könnten neue Aufgaben liegen. Weitere Betätigungsfelder sind Kunstausstattungen zum Beispiel in Firmen- oder Hotelräumlichkeiten oder der Aufbau firmeneigener Kunstkollektionen, etwa für große Wirtschaftsunternehmen.

Bei den folgenden Tätigkeiten im Bereich Bildende Kunst spielt der kreative und vermittelnde Aspekt eine untergeordnete Rolle. Dennoch sollten sie als mögliche Arbeitsfelder in diesem Zusammenhang erläutert werden.

In Deutschland gibt es nur wenige große **Versicherungsgesellschaften**, die sich der Kunstsammlungen, Galerien und Ausstellungen annehmen. Um Versicherungsprämien für einen Kunstgegenstand zu ermitteln, beschäftigen die Versicherungen Kunstexperten. Sie beschreiben das jeweilige Kunstwerk, legen dessen Wert fest und versuchen die Risiken abzuschätzen, denen es ausgesetzt ist. Danach wird eine Versicherungsprämie errechnet und ein Vertrag abgeschlossen. Oft ist eine Promotion

Voraussetzung für einen Job in diesem Bereich, darüber hinaus sind Überzeugungskraft und Selbstvertrauen in Verhandlungen und eine Affinität zur Versicherungsbranche erforderlich. Grundwissen in Restaurierungs-, Konservierungs- und Sicherungstechniken sowie im Speditions- und Ausstellungswesen sind hilfreich.

Die **Verwertungsgesellschaft Bild-Kunst** vertritt den Künstler, wenn es um Urheberrechte geht. Sie kümmert sich darum, dass der Künstler bei Abdruck und Publikation seines Werkes ein ihm zustehendes Honorar erhält. Darüber hinaus recherchiert die VG Bild-Kunst selbstständig, wo Kunstwerke in Printmedien, im Internet oder im Fernsehen abgebildet werden. Dann erhält der Künstler anteilig Tantiemen. Für Tätigkeiten in diesem Bereich sind juristische Kenntnisse von hoher Bedeutung.

Bundesanstalt für Arbeit (Hrsg.). Blätter zur Berufskunde: Kunsthistoriker/Kunsthistorikerin. Bielefeld 1998. Bestellnummer: 3-XJ02

Fesel, Bernd. Galerien und ihre Berufsbilder: Chancen und Risiken für mehr Beschäftigung im Wandel des Kunstmarktes 1999. In: Kanz, Robert. Kunstgeschichte und Beruf: Gegenwart und Zukunft eines Studienfaches auf dem Arbeitsmarkt. 2. Auflage, Weimar 2000

Staatliche Museen zu Berlin – Preußischer Kulturbesitz, Institut für Museumskunde (Hrsg.). Statistische Gesamterhebung an den Museen der Bundesrepublik Deutschland für das Jahr 1999. Heft 53, Berlin 2000

Wilde, Marc. Gestreute Perspektiven: Erkundungen über die Berufssituation im Museumsbereich. In: Kanz, Robert. Kunstgeschichte und Beruf. Gegenwart und Zukunft eines Studienfaches auf dem Arbeitsmarkt. 2. Auflage, Weimar 2000

Literaturauswahl

Adressen

Arbeitsgemeinschaft Deutscher Kunstvereine e.V. im Hause Kunstverein Lingen
Lingen Kunsthalle
Kaiserstraße
49809 Lingen
Tel.: 0591 / 59 99 5
Fax: 0591 / 59 90 5

Verband Deutscher Kunsthistoriker e.V. c/o Zentralinstitut für Kunstgeschichte
Meierstr. 10
80333 München
Tel.: 089 / 55 34 88
Fax: 089 / 54 50 52 21

Bundesverband Deutscher Galerien e.V.
St.-Apern-Str. 17-21
50667 Köln
Tel.: 0221 / 25 74 93 9
Fax: 0221 / 25 74 98 4
E-Mail: bvdg.koeln@ t-online.de
http://www.bvdg.de

Institut für Museumskunde Staatliche Museen zu Berlin – Preußischer Kulturbesitz
In der Halde 1
14195 Berlin
Tel.: 030 / 8 30 14 60
http://www.smb.spk-berlin.de

http://www.museumsbund.de
Homepage des Deutschen Museumsbundes, die aktuelle Stellenangebote an deutschen Museen aufführt

http://www.kunstmarkt.de
Informationen zu Berufsbildern, Weiterbildungen und Jobs im Kunstbetrieb

http://www.galerienindeutsch land.net/kunststellenmarkt/
Freie Stellen und Praktika bei Galerien und Auktionshäusern, in Museen oder auch Kunstversicherungs- und vereinen. Betreiber der Seite ist der „Bundesverband Deutscher Galerien" in Kooperation mit dem „Praxisforum Berufsorientierung" und der „Arbeitsgemeinschaft deutscher Kunstvereine".

http://www.kuenstersozial kasse.de
Informationen zu Einkommen, Arbeitsbedingungen, Krankenversicherung für Künstler

Unter Mitarbeit von Birte Teiler und Tanja Göbl

Museumspädagogik

Die Museumspädagogik leistet einen wesentlichen Beitrag zum Verstehen, zur Vermittlung und Kommunikation musealer Inhalte. In über 94 Prozent der deutschen Museen wird zumindest ansatzweise museumspädagogisch gearbeitet. Umso erstaunlicher ist es, dass sie in der öffentlichen Darstellung der Museen gegenüber der Präsentation von Ausstellungen und Sonderschauen oft in den Hintergrund gerät. Nur selten findet die Arbeit der Museumspädagogen, zum Beispiel in der Tagespresse, angemessene Beachtung.

Um dieses Missverhältnis zu beseitigen und die Position der Museumspädagogik insgesamt zu stärken, gründete sich 1991 der Bundesverband Museumspädagogik e.V. (BVMP) als Dachverband von sieben regionalen Einzelverbänden. Ziel der Interessenvertretung ist es, die Museumspädagogik über das breite Spektrum aller Museumstypen und -gattungen zu fördern. Der BVMP bietet auch Aus- und Weiterbildungsmaßnahmen in diesem Tätigkeitsfeld an, häufig in Zusammenarbeit mit verschiedenen Bildungseinrichtungen.

Die Entwicklung der Museumspädagogik in Deutschland steht in Zusammenhang mit der Geschichte der Reformpädagogischen Bewegung, die seit Beginn des 20. Jahrhunderts zunehmend an Einfluss gewann. Volksbildung und enge Zusammenarbeit mit schulischen Einrichtungen waren damals die Hauptziele der Museumspädagogik. Nach dem jähen Abbruch der pädagogischen Reformbemühungen nach der Machtergreifung der Nationalsozialisten lebte die Museumspädagogik erst Ende der sechziger Jahre im Zuge der neuen Kulturpolitik und ihrer Forderung nach Öffnung der „Hochkultureinrichtungen" für ein breites Publikum wieder auf. In der pädagogischen Arbeit stand dabei vor allem die Bildungsfunktion des Museums im Vordergrund.

Heute versteht sich das Museum zunehmend als Ort der Kommunikation. Eine lebendige Museumskultur soll den Austausch zwischen Ausstellungsbesuchern und Objekten, zwischen den Besuchern untereinander und zwischen den Veranstaltern und Rezipienten anregen, fördern und unterstützen. Museumspädagogik richtet sich dabei verstärkt, aber nicht nur, an Kinder. Trotz der Zusammenarbeit mit Schulen unterscheidet sie sich aber wesentlich von der schulischen Pädagogik. Es geht nicht primär um den Erwerb von Wissen, sondern darum, die (museale) Welt und ihre Inhalte erfahrbar zu machen. Auch das soziale Lernen, also die Entwicklung von Kommunikationsfähigkeit, die Steigerung von Interaktionsfähigkeit und Handlungskompetenz und die Entwicklung der eigenen Persönlichkeit sind wichtige Zielvorstellungen der Museumspädagogik. Leistungskontrollen und Lernabfragen gibt es nicht.

Grundsätzlich ist jede museumspädagogische Arbeit Vermittlungsarbeit, wobei man zwischen verschiedenen Formen der Vermittlung unterscheiden kann. Eine wichtige Rolle kommt der konkreten personalen Vermittlungsarbeit zu. Ein Beispiel hierfür ist die Führung, die für unterschiedliche Zielgruppen jeweils spezifisch konzipiert werden muss – sei es für Kindergruppen oder für ein erwachsenes Fachpublikum. Daneben entwickeln Museumspädagogen Workshops, Spiel-, Mal- und Werkangebote zu bestimmten Themen und Ausstellungsbereichen. Eine Rallye durch das Museum kann ebenso Gegenstand der Arbeit sein wie das Herstellen von Kleidungsstücken zu einer Ausstellung über Mode oder andere Formen der künstlerischen Auseinandersetzung. Auch Elemente des darstellenden Spiels werden von der Museumspädagogik genutzt. Das kostümierte Nachspielen historischer Bildinhalte bietet ebenso wie die anderen Methoden einen viel direkteren Zugang zu anderen Lebensumständen und -zusammenhängen als reine Reflexion und Erklärung.

Darüber hinaus wird das Museum und seine Arbeits- und Präsentationsweisen häufig selbst zum Thema museumspädagogischer Auseinandersetzungen. Durch das Anlegen und die anschließende Präsentation einer eigenen Sammlung – zum Beispiel zu einer Sonderausstellung – können Kinder und Erwachsene die Bedeutung der musealen Grundsätze des Sammelns, Erforschens, Bewahrens und Präsentierens besser nachvollziehen. Generell soll hier mehr Verständnis für die Anliegen und Inhalte musealer Arbeit geschaffen werden und die (jungen) Menschen sollen langfristig an das Museum als lebendigen, vielfältigen Ort kultureller Kommunikation gebunden werden. In diesem Sinne gehört auch das Ausrichten von Kindergeburtstagen und anderen Sonderveranstaltungen zum Alltag des Museumspädagogen. Und auch die Konzeption und Durchführung von ausstellungsbegleitenden, wissenschaftlich geprägten Angeboten wie Vortragsreihen oder Tagungen können Teil des Arbeitsfeldes sein.

Ein weiterer wichtiger Teilbereich ist die eher indirekte Vermittlung musealer Inhalte anhand der Erarbeitung und Gestaltung verschiedener didaktischer Materialien für unterschiedliche Zielgruppen. Sie schließt das Erstellen von Arbeitsmappen für den schulischen Gebrauch, das Anfertigen von Malbüchern und Bastelbögen ebenso ein, wie die Mitarbeit an Ausstellungskatalogen und anderen Veröffentlichungen. Zunehmend werden dabei Möglichkeiten, die sich durch die neuen Medien bieten, in die Vermittlungsarbeit einbezogen, zum Beispiel das Konzeptionieren und Erarbeiten von Websites und anderer medialer Präsentationsformen, wie zum Beispiel virtueller Ausstellungen. Eine dritte Form der Vermittlung besteht darin, die Konzeption und Gestaltung von Ausstellungen didaktisch zu begleiten. Hier können Museumspädagogen dazu beitragen, geeignete Darstellungsformen zu finden, um ein breites Publikum zu erreichen; diese Möglichkeit wird aber noch längst nicht in allen Museen berücksichtigt. In diesem Zusammenhang sind besonders die nach amerikanischem Vorbild in Deutschland zunehmend entstehenden Kindermuseen zu erwähnen, die in allen Planungsschritten museumspädagogisch durchdacht sind und nicht nur bei der Zielgruppe Kinder gut ankommen. Sie basieren auf dem „Hands-on-Prinzip": Anfassen, mitmachen, mit allen Sinnen Kunst und Kultur erleben.

Museen stehen, wie andere Kulturbereiche auch, immer stärker unter dem Druck des Freizeitmarktes und der Sparpolitik. Dabei ist die Stellung der Museumspädagogik im Museum selbst am wenigsten gefestigt. Dies spiegelt sich auch in den Anstellungsverhältnissen wieder. Bundesweit gibt es zurzeit etwa 600 fest angestellte Museumspädagogen. Der weitaus größte Teil der Arbeit wird von freiberuflichen Mitarbeitern und museumspädagogischen Diensten geleistet, die nicht an ein bestimmtes Museum gebunden sind. Diese Struktur bietet aber gleichzeitig eine gute Chance für den Berufseinstieg. Praktika, freie Mitarbeit und Projektverträge ermöglichen einen relativ einfachen Zugang zu einem spannenden Arbeitsfeld.

Literaturauswahl

Arbeitskreis Museumspädagogik Norddeutschland (Hrsg.). Vermittlung im Museum: Konzepte und Konkretes zur Aus- und Weiterbildung in der Museumspädagogik. Bonn 1991

Bundesverband Museumspädagogik e.V. (Hrsg.). Standbein, Spielbein. Museumspädagogische Fachzeitschrift (erscheint dreimal jährlich)

Fast, Kirsten (Hrsg.). Handbuch museumspädagogischer Ansätze. Opladen 1995 (Berliner Schriften zur Museumskunde, Band 9)

Schuck-Wersig, Petra. Die Lust am Schauen oder müssen Museen langweilig sein? Berlin 1986

**Bundesverband Museums-
pädagogik e.V. (BVMP)**
*http://www.museums
paedagogik.org*
Der Vereinssitz wechselt in
einem Turnus von drei Jahren.
Auskunft über die aktuelle
Anschrift gibt der Deutsche
Kulturrat.

Deutscher Kulturrat e. V.
Burgstraße 27
10178 Berlin
Tel: 030 / 24 72 80 14
Fax: 030 / 24 72 12 45
http://www.kulturrat.de
Kulturpolitisches Forum und
Interessensverband für Einrich-
tungen der Kunst- und Medi-
enberufe, der Kulturwirtschaft,
der Kunstwissenschaft, der
kulturellen Bildung und der
Kulturvermittlung. Mehr als 200
Bundesverbände haben sich in
acht Sektionen dem Deutschen
Kulturrat angeschlossen.

**Bundesakademie für
kulturelle Bildung**
Postfach 1140
38281 Wolfenbüttel
Tel: 05331 / 80 84 11
Fax: 05331 / 80 84 13
*http://www.bundes
akademie.de*
Die Bundesakademie in
Wolfenbüttel bietet berufsbe-
gleitende Fortbildungskurse
und ein Programm zur Quali-
fizierung in kommunikativen
Arbeitsfeldern der Museen
(QuAM) mit wechselnden
Themenschwerpunkten.

Adressen

Unter Mitarbeit von Christine Raudies

Film und Fernsehen

Die Medienbranche boomt: über 50 000 Arbeitsplätze in
Deutschland stehen direkt oder indirekt mit der TV- und Film-
Branche in Verbindung. Darunter fallen allein 30 000 feste An-
stellungen bei Fernsehanstalten und circa 4 200 weitere Stellen
bei privaten Produktionsunternehmen. Der Mediensektor ist
weit verzweigt: Er umfasst die Film- und Fernsehproduktion bei
öffentlich-rechtlichen und privaten Produktionsunternehmen sowie Dienstleistungsunternehmen für die Filmtechnik, Medienfor-
schungsunternehmen und Werbeagenturen. In Deutschland ist

die Filmproduktion eng mit den Fernsehanstalten verbunden, die verstärkt ihre Aufträge in den expandierenden privatwirtschaftlichen Bereich ausgliedern. Demnach bietet dieser zukünftig vermutlich bessere Berufsaussichten als die öffentlich-rechtlichen Sendeanstalten.

Trotz der vielen Jobs, die die Medienbranche bietet, ist die Konkurrenz um Stellen groß, denn die glitzernde Welt von Stars und Sternchen zieht viele Bewerber an. Umso wichtiger sind möglichst viele praktische Erfahrungen im „Filmbiz" in Form von Praktika und Hospitanzen als Einstieg in den Job. Die für Kulturwissenschaftler interessanten Arbeitsfelder liegen vor allem im Bereich der Produktion, der Dramaturgie und Drehbuchentwicklung sowie im Film-Marketing.

Der Bereich der **Filmproduktion** umfasst Tätigkeiten, die in der vorwiegend organisatorischen Planung und Umsetzung einer Idee in ein audiovisuelles Werk liegen. Produktion bedeutet Filme herstellen. Gemeint ist damit die Aufgabe, ein Filmprojekt unter Abwägung von kreativ-künstlerischen und organisatorisch-kaufmännischen Gesichtspunkten zum Erfolg zu führen. Produktionsaufträge können nicht nur Spielfilme, Fernsehspiele oder Serien sein, sondern auch Werbespots, Porträtdarstellungen von Wirtschaftsunternehmen und Lehrfilme. Die Spannweite der Produktionstätigkeiten ist groß und kann je nach Unternehmen und Schwerpunkt variieren. Die Gestaltung des Drehbuchs und die Auswahl der Schauspieler gehören ebenso zu den Aufgaben der Produktion wie die finanzielle Planung und Überwachung eines Projektes. Die Produktion von Filmen ist extrem kostenintensiv und die Akquirierung der finanziellen Mittel nimmt einen großen Raum ein. Dafür werden zum Beispiel Sponsoren geworben und Anträge auf Filmförderung gestellt. Dies erfordert zähes Verhandlungsgeschick und Kenntnisse des Subventions- und Förderungssystems in Deutschland. Neben cineastischen braucht man auch kaufmännische Kenntnisse. Aber auch Risikobereitschaft und eine gleichzeitige gute Einschätzung des potenziellen Marktes sind notwendig, um die Balance zwischen den künstlerischen Ansprüchen des Regisseurs und der wirtschaftlichen Rentabilität eines Filmes zu halten.

Die Produktion bietet Arbeitsplätze sowohl bei Fernsehanstalten und deren Tochterfirmen wie bei freien Produktionsunternehmen. Generell wird im Filmbereich sehr häufig freiberuflich für immer neue Projekte gearbeitet. Der Programmbedarf der TV-Sender ist immens; Produzenten, deren Produktionen gleichermaßen kostengünstig sind, den Zeitgeist und den Publikumsgeschmack treffen, haben gute Zukunftsaussichten.

Der Arbeitsbereich **Dramaturgie und Drehbuchentwicklung** befasst sich mit den inhaltlichen Komponenten eines Filmes. Bei den öffentlich-rechtlichen Sendeanstalten übernimmt die Spielfilm-/Serienredaktion die dramaturgische Betreuung eines Fernsehspiels oder einer Serie. Der Dramaturg, beim Film auch „Producer" genannt, arbeitet eng mit der Produktion zusammen und vertritt ihr gegenüber die künstlerisch-ästhetische und die inhaltliche Filmkonzeption. In Zusammenarbeit mit Drehbuchautoren wird der Stoff für einen Film oder Fernsehbeitrag entwickelt. Dazu werden alle angebotenen Filmideen auf ihre ästhetische Umsetzbarkeit ebenso wie auf Aktualitätsbezug und potenzielle Publikumswirksamkeit hin untersucht bevor die eigentliche Arbeit am Drehbuch beginnt. Generell gehört es zu den Aufgaben der Dramaturgie, ständig Ausschau nach interessanten Themen zu halten und ein Gespür für Zeitströmungen und Trends zu entwickeln.

Während der Dreharbeiten achtet die Dramaturgie insbesondere bei Serien auf die sinnvolle Weiterführung der Handlungsstränge und unterstützt die Drehbuchautoren bei der Fortsetzung und Überarbeitung des Drehbuches, an dem bei größeren Produktionen oder Serien oft mehrere Autoren arbeiten. Hier koordiniert und vermittelt die Dramaturgie zwischen den einzelnen Autoren, damit am Ende ein schlüssiges Handlungskonzept entsteht. Sie achtet dabei auf Schwächen in der Erzählstruktur oder überprüft die Charakterisierung der Figuren. In den öffentlich-rechtlichen Sendeanstalten fallen oft noch die Programmzusammenstellung sowie die Erstellung von Programmankündigungen in das Aufgabengebiet der Dramaturgie. Auch im privatwirtschaftlichen Bereich kommen weitere produktionsbezogene und publizistische Tätigkeiten hinzu, zum Beispiel die Konzeption von Drehbüchern oder die Presse- und Öffentlichkeitsarbeit für ein Filmprojekt.

Die öffentlich-rechtlichen Sendeanstalten weisen Planstellen für Dramaturgen/Redakteure in den Abteilungen Fernsehspiel, Jugend- und Kinderfunk, Unterhaltung, Dokumentar-Feature und Theateraufzeichnung aus. Im privatwirtschaftlichen Sektor findet man Arbeitsstellen bei Studiobetrieben und Produktionsunternehmen sowie bei Tochtergesellschaften der Fernsehanstalten. Zu den Berufsaussichten im Bereich Dramaturgie lässt sich tendenziell feststellen, dass durch die Verlagerung der Drehbuchentwicklung von den Sendern zu den Produktionsunternehmen ein steigender Bedarf im privatwirtschaftlichen Sektor zu verzeichnen ist. Oftmals führt der Weg in die Filmdramaturgie über eine vorangegangene Dramaturgie beim Theater.

Die erfolgreiche Vermarktung eines Films beschäftigt ein ganzes Team von **Marketing- und PR-Fachleuten**. Sie beginnt mit ersten Pressemaßnahmen bereits zu Beginn einer Produktion, um schon langfristig auf ein Filmprojekt aufmerksam zu machen. Verantwortlich für das eigentliche Filmmarketing sind in der Regel jedoch nicht die Produzenten, sondern die Verleihfirmen, die die Streifen ins Kino bringen. Sie erstellen nach Einschätzung des zu erwartenden Absatzpotenzials ein Marketingbudget, von dem abhängt, welche Maßnahmen in welchem Umfang durchgeführt werden können. Dazu gehören die Produktion von Werbetrailern für Kinos, Fernsehen und Radio, Plakatwerbung, Anzeigenschaltung, Internetseiten zum Film, die Pressearbeit. Bei besonders großen und populären Filmprojekten gehört zum Filmmarketing auch die Entwicklung von Merchandising-Artikeln, die als „Cross-Promotion" in Zusammenarbeit etwa mit der Spielzeugindustrie, Textilherstellern oder Fast-Food-Ketten produziert und vertrieben werden.

Einen Film bekannt zu machen heißt, ein Gefühl für das potenzielle Publikum zu haben. Was sind die genauen Zielgruppen für einen Film und auf welchem Wege, mit welchen Mitteln und welcher Ästhetik lassen sich diese am besten erreichen? Die Konkurrenz auf dem Filmmarkt ist groß, circa 400 Filme starten jährlich in deutschen Kinos und wenn es einem Film nicht gelingt, gleich in den ersten zwei Wochen zum Publikumserfolg zu werden, wird er unerbittlich aus dem Kinoprogramm gestrichen. Häufig wird die **Presse- und Öffentlichkeitsarbeit** an externe Agenturen weitergegeben, die sich auf Film-PR und Marketing spezialisiert haben. Ihre Aufgabe besteht vor allem darin, dem Filmtitel über das Fernsehen und die einschlägigen Publikumszeitschriften zu einem möglichst hohen Bekanntheitsgrad zu verhelfen. Vor dem eigentlichen Kinostart gibt es die Pressevorführung, damit die Frühkritik das Publikum schon am ersten Abend ins Kino lockt; außerdem müssen publicityträchtige Filmpremieren mit entsprechender Party organisiert werden.

Die Arbeit im Filmgeschäft ist für Kulturwissenschaftler eine Balance zwischen Kunst und Kommerz: Kulturvermittlung bedeutet hier, die kulturellen Inhalte und den künstlerischen Anspruch einer Produktion mit der Absatzorientierung des Filmgeschäftes zu kombinieren. Nur Filme, die sich verkaufen lassen, kommen in den Verleih oder ins Fernsehprogramm und haben damit die Chance, überhaupt ein Publikum zu erreichen. Vermittlungskompetenz ist auch im Sinne von Teamfähigkeit gefragt: Ein Film ist immer ein Produkt gemeinschaftlicher Arbeit der unterschiedlichsten Gruppen (Schauspieler, Technik, Produktionsleitung, Kostüme, Bühnenbild). Die verschiedenen Interessen in Einklang zu bringen und eine arbeitsfördernde Atmosphäre zu schaffen ist eine der wichtigsten Voraussetzungen für das Gelingen eines Filmes.

Literaturauswahl

Bundesanstalt für Arbeit (Hrsg.). Blätter zur Berufskunde: Regisseur / Regisseurin, Dramaturg / Dramaturgin, Theaterpädagoge / Theaterpädagogin. Bielefeld 1998. Bestellnummer: 2-XIC07

Glaubitz, Uta / Dornseif, Andrea. Jobs für Filmfreaks. Frankfurt / New York 2001

Iljine, Diana. Der Produzent: Das Berufsbild des Film- und Fernsehproduzenten in Deutschland. München 1997

Schümchen, Andreas. Karriere in den Medien: TV und Video. 100 Berufe im öffentlich-rechtlichen und privaten Fernsehen und in Produktionsunternehmen. 6. neu bearbeitete Auflage. München 1999

Adressen

Deutscher Kulturrat
Sektion Film und Medien
Friedrichstraße 15
70174 Stuttgart
Tel: 0711 / 20 18 - 107
Eine der acht Sektionen in diesem kulturpolitischen Forum und Interessensverband, siehe im Serviceteil für „Museumspädagogik"

Bundesverband Deutscher
Fernsehproduzenten e.V.
Barer Str. 9
80333 München
Tel.: 089 / 28 62 83 85
http://www.tvproduzenten.de

Bundesverband
Deutscher Film-
und AV-Produzenten e.V.
Kreuzberger Ring 56
65205 Wiesbaden
Tel.: 0611 / 7 78 91 37

Bundesverband der Fernseh-
und Filmregisseure in
Deutschland e. V.
Brienner Str. 52
80333 München
Tel.: 089 / 34 01 91 09

http://www.horizont.de
Zeitung für die Medienbranche, unter anderem mit Stellen- und Praktikumsangeboten

*http://www.medienstudien
fuehrer.de*
Medienstudium und Medienberufe, alle Studiengänge und Aufbaustudiengänge im Bereich Medien mit Links zu den anbietenden Institutionen

http://www.wuv.de
Internetauftritt der Zeitschrift „Werben & Verkaufen": Informationspool für die Werbebranche mit aktuellen Themen und Jobs

http://www.filmabc.de
Internetdatenbank mit rund 20 000 Adressen aus der Filmbranche

http://www.regie.de
Unter anderem Praktikumsstellen für Filmschaffende

Unter Mitarbeit von Christina Wolf

Musik

Musik ist aufgrund ihrer Unmittelbarkeit und ihres Emotionsgehalts in nahezu allen Kulturen und zu allen Zeiten das am häufigsten verwendete ästhetische Kommunikationsmittel. In fast allen Bereichen des täglichen Lebens spielt Musik eine Rolle, folglich ist die Nachfrage nach musikalischen Konsumgütern groß, ebenso das Bedürfnis nach Auseinandersetzung mit musikalischen Inhalten. Mindestens 300 000 Menschen arbeiten in Deutschland in Berufen, die im engeren Sinn mit Musik zu tun haben. Die jährliche Musikförderung der öffentlichen Hand in Deutschland von circa 2,2 Milliarden Euro – das sind über 25 Prozent aller öffentlichen Kulturmittel in der Republik – und die rund 340 Verbände, Gesellschaften und Vereinigungen zum Musikleben belegen die bedeutende Stellung der Musik. Daneben stellt die Musikwirtschaft mit circa 15 Milliarden Euro Umsatz einen großen Beschäftigungsbereich dar.

So breit gefächert die Einsatzbereiche und Wirkungsweisen von Musik heute sind, so unterschiedlich sind auch die Tätigkeitsbereiche rund um die Musikvermittlung. Dazu gehören sowohl der Pädagoge, der privat unterrichtet oder in der musikalischen

Früherziehung arbeitet, als auch der Großveranstalter, der Konzerte von Robbie Williams oder Madonna auf die Bühne bringt ebenso wie der Mitarbeiter im städtischen Kulturamt, der jährlich ein Festival mitorganisiert.

In der folgenden Auflistung wird bei den einzelnen Tätigkeitsbeschreibungen auf eine Unterteilung in verschiedene Musikstile – Pop & Rock, Jazz, Kunstmusik, Avantgarde – verzichtet. Die jeweiligen Aufgaben treffen für alle Bereiche zu, wenn auch die Umstände andere sind: So erfordert zum Beispiel die Produktion elektronischer Avantgarde-Musik andere Vorkenntnisse und bietet andere Voraussetzungen – öffentliche Akzeptanz, Finanzierung, Vermarktungsmöglichkeiten – als die Produktion eines Webber-Musicals. Im Bereich der Musikwirtschaft werden die Unterschiede besonders deutlich, wenn man den Marktanteil der Konzerte internationaler Popchartgrößen mit dem der zeitgenössischen Kunstmusikszene vergleicht. Folgende Tätigkeitsfelder sind im Bereich der Musik und ihrer Vermittlung möglich:

Die **Musikpädagogik** als intensive Auseinandersetzung mit dem „Wie" der Vermittlung musikalischer Praxis begann gegen Mitte des 18. Jahrhunderts, als lehrende Musiker erstmals Methoden des Instrumental- oder Gesangunterrichts in umfassender Weise niederschrieben. Eines der bekanntesten Beispiele dafür ist C. Ph. E. Bachs „Versuch über die wahre Art das Clavier zu spielen" von 1753. Eine Institutionalisierung von praktischem Musikunterricht fand mit der Gründung von Jugendmusikschulen erst in den zwanziger Jahren statt. In diese Zeit fällt auch die Einführung einer staatlichen Prüfung für Privatmusiklehrer.

Obwohl für die Arbeit als Instrumental- oder Gesangslehrer eigentlich eine eigenständige Ausbildung an Musikhochschule oder Konservatorium erwartet wird, gibt es viele Instrumental- und Gesangspädagogen, die nicht diesen herkömmlichen Weg beschritten haben. Doch es wird zunehmend schwieriger, ohne das Musikerzieherdiplom eine feste Anstellung oder einen Lehrauftrag an einer Musikschule oder anderen musikalisch ausbildenden Einrichtungen zu bekommen. Der Überschuss an ausgebildeten Musikpädagogen ist groß. Eine andere Möglichkeit ist privater Unterricht, der unabhängig von Einrichtungen oder anderen Organisationen angeboten wird und häufig von Musikern als Nebenerwerbsquelle genutzt wird. Schwankendes Einkommen und geringe soziale Absicherungen erschweren es jedoch, ausschließlich davon zu leben.

Die Aufgabe eines Instrumental- oder Gesangslehrers ist es, den Schülern in Kleingruppen- oder Einzelunterricht technische und gestalterische Kenntnisse beim Spielen eines Instrumentes beziehungsweise beim Ausbau der Gesangstimme zu vermitteln. Einfühlungsvermögen ist eine Hauptvoraussetzung, da die Lehrgeschwindigkeit dem Alter, dem Aufnahmevermögen und dem musikalischen Ziel der Schüler angepasst werden muss. Sinnvoll als zusätzliche Grundlage für diese Tätigkeit ist eine musikpädagogische Ausbildung, die sowohl an Hochschulen wie auch in diversen Weiterbildungsangeboten der musik- und kulturpädagogischen Verbände möglich ist.

Das Arbeitsgebiet der musikalischen Früherziehung kann ebenfalls durch eine Ausbildung an der Musikhochschule oder einer vergleichbaren Institution erschlossen werden, jedoch gibt es auch hier viele Autodidakten; dasselbe gilt für die Arbeit als Chor- und Ensembleleiter kleinerer Laiengruppen. In beiden Fällen gibt es kaum hauptamtlich arbeitende Kräfte, die Bezahlung ist entsprechend der wenigen Wochenstunden gering. Musikalische Früherziehung wird hauptsächlich in Musikschulen angeboten, manchmal in Kindergärten, Kirchengemeinden oder anderen sozialen Einrichtungen. Sie richtet sich an Kleinkinder bis zum sechsten Lebensjahr und findet gewöhnlich in regelmäßigem Gruppenunterricht statt, je nach Alter mit oder ohne Begleitung der Eltern. Das Aufgabenfeld beinhaltet das spielerische Erlernen von Rhythmen, Melodien und Improvisation, das Training der Koordination von Musik und Bewegung, den ersten Kontakt mit Musikinstrumenten sowie den Ausbau der Sprech- und Singstimme. Fortschreitende Erkenntnisse der musikpädagogischen Forschung über die entwicklungsfördernde Wirkung musikalischer Praxis in der ersten Lebensphase führen dazu, dass sich dieses Arbeitsfeld immer mehr etabliert.

Über vier Millionen Laienmusiker sind in Vereinen und Verbänden Deutschlands registriert. Die Leitung dieser Chöre und Instrumentalensembles erfordert Grundkenntnisse des Dirigierens, ein gutes Gehör, eine sichere Stimme und bei Chören Grundkenntnisse der Stimmbildung und idealerweise die Fähigkeit zur Klavierbegleitung. Die Aufgaben umfassen die Auswahl und das Einstudieren der Stücke, bei Chören das Einsingen, außerdem Proben- und Konzertplanung. Dazu gehört die Kontaktpflege zu potenziellen Veranstaltern und Förderern aus Stadt, Gemeinde und lokaler Wirtschaft.

Wirtschaftlich gesehen ist der Bereich der Musik zweifellos der bedeutendste innerhalb der Kulturindustrie. Durch den Verkauf von gut 262 Millionen Tonträgern wurde im Jahr 2000 ein Umsatz von über 5 Milliarden Mark erzielt. Somit steht Deutschland im internationalen Vergleich an dritter Stelle nach den USA und Japan. Rund 37 000 Menschen sind in der Tonträgerindustrie und den zugehörigen Plattenläden, 10 000 bei Musikverlagen und 5 000 in Konzertagenturen oder Managementbüros tätig. Seit 1997 hat die Branche mit einer Absatz- und Umsatzflaute zu kämpfen. Hauptsächlich wird dafür Musikpiraterie, also illegales Kopieren, Downloads aus dem Internet und Ähnliches verantwortlich gemacht, was einen Schaden von 645 Millionen Mark im Jahr 2000 verursacht haben soll. Die Musikunternehmen reagieren darauf mit einem verstärkten Aufwand im Marketingbereich. Dadurch entwickelt sich das **Musikmarketing** zu einer der Kernkompetenzen der Musikindustrie. In der Musikwirtschaft findet man eine Vielzahl weiterer Arbeitsfelder, sowohl in Musikverlagen, Rundfunk- und Fernsehsendern, Plattenfirmen, Künstleragenturen, Konzertdirektionen oder Tourneeveranstaltern. Für manche Berufe existieren zwar spezielle Ausbildungswege, wie die von Plattenfirmen seit 1998 angebotene Ausbildung zum Kaufmann für audiovisuelle Medien. Hauptsächlich sind dort jedoch Studienabsolventen mit Kenntnissen in Kulturmanagement sowie zahlreiche Quereinsteiger beschäftigt. Die Qualifikation durch „Learning-by-doing" ist hier üblich, Praktika und Aushilfsjobs sind eine unverzichtbare Voraussetzung für Berufseinsteiger. Leider baut die Branche zurzeit Stellen ab, die durch zahlreiche Unternehmensfusionen überflüssig geworden sind. Hoffnungsträger bleiben hier die neuen Medien, in deren Umfeld viele attraktive Arbeitsplätze entstehen.

Der deutsche Tonträgermarkt wird deutlich von den so genannten „Majors", den fünf größten **Plattenfirmen** (Polygram, BMG, Warner Music, Emi Electrola und Sony) dominiert. Sie konnten nach Übernahme kleinerer Konkurrenten einen Marktanteil von circa 85 Prozent erreichen. Daneben existiert eine große Zahl kleiner Independent-Labels, gemeint sind Plattenfirmen, die sich vom Mainstream abheben und eine Alternative bieten wollen. Leider sind sie häufig wirtschaftlich nicht erfolgreich. Auch haben sie in der Regel keine Möglichkeiten des Exportes ihrer Produkte ins Ausland. Hinzu kommt, dass die Majors durch stetige Ausweitung ihrer Plattenveröffentlichungen immer mehr in den Independent-Markt drängen. So ist die Lebensdauer der meisten kleinen Plattenfirmen relativ kurz.

Die Hauptaufgaben der Plattenfirmen sind Herstellung, Vertrieb und Vermarktung eines Tonträger-Repertoires. Von zentraler Bedeutung für das Unternehmen sind die A&R-Manager, zuständig für „Artists & Repertoire". Sie suchen gezielt nach neuen Künstlern, prüfen und bearbeiten vorliegendes Demomaterial auf Marktpotenzial und Marketingmöglichkeiten. Bevor die Produktion beginnt, muss der A&R-Manager den Produktmanager von seinen Marketingvisionen überzeugen. Nach Vertragsabschluss laufen alle Entscheidungen über den Produktmanager. Er ist dafür verantwortlich, den Künstler am Markt zu etablieren. Dazu wird ein Marketingplan erarbeitet, in dem das Timing von Werbemaßnahmen, Verkaufsbeginn, Auftritte des Künstlers in Fernsehsendungen etc. bestimmt wird. Der Produktmanager achtet auf die Einhaltung des Zeitplans und der Finanzkalkulation.

Neben A&R- und Produktmanagern beschäftigen die Labels unter anderem Logistikspezialisten, Controller, Marktanalysten und Sales Manager. Diese Berufe erfordern eine betriebswirtschaftliche oder kaufmännische Ausbildung.

In Deutschland sind knapp 420 Verlage im Deutschen Musikverlegerverband organisiert. Zu den größten gehören die **Musikverlage**, die den oben genannten Majors angegliedert sind, aber weitgehend eigenständig arbeiten. Marketing und Management haben in Musikverlagen im Vergleich zu anderen Verlagen ein besonderes Gewicht. Musikverlage treffen eine Auswahl von Titeln eines Künstlers und schlagen diese einer Plattenfirma zur Produktion vor. Sie handeln Künstlerverträge mit Plattenfirmen aus, besorgen Roadmanagement für Liveauftritte, verhandeln Tourneeverträge mit Tourneeveranstaltern oder Konzertdirektionen, beraten die Künstler in Lizenz- und Steuerfragen, melden Produktionen bei Verwertungsgesellschaften an und vergeben darüber hinaus eigene Kompositionsaufträge. Sehr gute Kontakte zu Plattenfirmen und Redakteuren von Printmedien, Funk und Fernsehen sind daher von zentraler Bedeutung. Weiterhin setzen sie sich für den Schutz der musikalischen Werke gegen Rechtsverletzungen Dritter ein.

Wie bei Musikverlagen und Plattenfirmen existieren auch für Berufe bei **Rundfunk- und Fernsehsendern** nur wenige direkt qualifizierende Ausbildungsmöglichkeiten. Derzeit entstehen jedoch eine Reihe von Medienstudiengängen, denn immer häufiger wird ein akademischer Abschluss verlangt. Besondere Beachtung verdient die fortschreitende Entwicklung des Marktes im Bereich der Digitalisierung und der Präsentation über das Internet. Rundfunk und Fernsehsender nutzen das Internet verstärkt als Ergänzungsmedium und richten daher häufig spezielle Online-Redaktionen ein. In der Musikwirtschaft nehmen die Medien die entscheidende Mittlerrolle zwischen den Konsumenten und den Tonträgerherstellern ein, weshalb einige Tonträgerhersteller Kooperationen mit Funkanstalten eingehen.

Ein **TV- oder Radiopromoter** ist das entscheidende Bindeglied zwischen einer Funkanstalt und der Plattenfirma, bei der er angestellt ist. Er ist dafür verantwortlich, dass die von seiner Firma eingesendeten Tonträger in den möglichst günstigen Sendezeiten platziert sind und der Künstler dem Marketingkonzept entsprechend in den Medien vertreten ist. Seine Ansprüche stehen jedoch nicht selten im Widerspruch zu den Wünschen des Musikredakteurs eines Senders. Häufig beklagen Plattenfirmen, dass vor allem die Radiosender nur Altbekanntes senden wollen und das Risiko, das mit neuen Künstlern verbunden ist, scheuen.

Die bei den Sendern angestellten **Musikredakteure** sind für die inhaltliche Konzeption einzelner Sendungen verantwortlich, sind Gesprächspartner für Regisseure, Produzenten und Autoren und stehen speziell beim Hörfunk im engen Kontakt mit den Tontechnikern. Meist beginnen sie ihre Tätigkeit als Redaktionsassistenten und qualifizieren sich erst später zum Musikredakteur, der wiederum dem Musikchef des Senders untersteht. Neben der Produktion und Ausstrahlung von Programmen veranstalten die 16 öffentlich-rechtlichen Landesfunkanstalten Festivals – wie zum Beispiel den MDR Musiksommer – und unterhalten zehn Sinfonieorchester sowie andere Orchester und Chöre mit insgesamt 1 600 Musikern.

Die **Künstleragentur** arbeitet im Gegensatz zur **Konzertdirektion** künstlerorientiert, das heißt, sie vertritt die Interessen der Künstler, die bei ihr unter Vertrag sind. Deutschlandweit gibt es rund 670 Künstleragenturen, sowie neun Künstlervermittlungsdienste der Bundesanstalt für Arbeit. Die klassischen Aufgaben der Agentur sind das Buchen von Liveauftritten, Vertragsverhandlungen mit den örtlichen Veranstaltern, sowie die Absprache finanzieller und organisatorischer Details mit den Künstlern, manchmal kommt auch die PR-Arbeit hinzu. Während ein Künstleragent per prozentualer Beteiligung am eingespielten Honorar der Band bezahlt wird, aber kein unternehmerisches, das heißt durch Auslagen bedingtes finanzielles Risiko trägt, streicht ein Tourneeveranstalter einen Großteil der Gewinne ein, garantiert aber auch für alle Gagen und Kosten.

Die Arbeit eines **Tourneeveranstalters** ist im Vergleich zur Tourorganisation einer Künstleragentur wesentlich umfassender. Neben der Wahl der Veranstaltungsorte, die auf technische Details, wie Stromanschlüsse, Bühnengröße, Garderoben, Zufahrtsmöglichkeiten und vieles mehr geprüft werden müssen, erstellt der Tourneeveranstalter einen Tourneeplan unter Berücksichtigung der Freitermine und der geografischen Faktoren, sowie ein Konzept für Werbung und PR-Maßnahmen. Da Tourneen zeitlich auf die Plattenveröffentlichungen abgestimmt werden, ist die Koordination mit den Produktmanagern der Plattenfirmen und die Angleichung der Werbestrategien von Bedeutung. Vor Ort müssen Ton, Licht- und Bühnenfirmen, Sicherheitsdienste, Cateringservice sowie entsprechende Techniker, Roadies und die Begleitcrew engagiert werden.

Im Gegensatz zum Tourneeveranstalter und der Künstleragentur wird eine **Konzertdirektion** von Firmen oder Institutionen beauftragt, für einen bestimmten Termin ein Veranstaltungsprogramm nach Vorgaben des Kunden zu entwickeln und zu organisieren. Für diese Veranstaltung stellt der Auftraggeber ein Gesamtbudget zur Verfügung, von dem die beauftragten Künstler, die Konzertdirektion selbst und Dekoration, Technik und Cateringfirmen bezahlt werden müssen. Bei den Veranstaltungen kann es sich sowohl um Werbeveranstaltungen für Autohersteller handeln wie auch um Konzertzyklen in Opernsälen.

Ein großer Teil des Konzertlebens wird realisiert von Veranstaltungshäusern oder Organisationen, die nicht gewinnorientiert arbeiten und auf finanzielle Unterstützung durch die öffentliche Hand, durch Stiftungen und immer mehr durch private Firmen – Sponsoren – angewiesen sind. Sehr häufig steht hinter einer **gemeinnützigen Musikveranstaltungseinrichtung** ein Verein als Träger, dessen Mitglieder bei der Finanzierung ebenfalls eine große Rolle spielen.

Konzerthäuser wie die Philharmonie oder das Konzerthaus in Berlin, die Tonhalle in Zürich oder die Liederhalle in Stuttgart findet man nur in großen Städten. Einzelne Aufgabenbereiche sind die **künstlerische Leitung**, die **kaufmännische** und die **geschäftsführende Direktion** mit jeweils einer Person, außerdem das **künstlerische Betriebsbüro**, **PR** und **Marketing**. Kleinere Veranstaltungshäuser mit Schwerpunkt auf Konzerten, wie etwa die über 500 Jazzclubs in Deutschland, werden mit nur sehr wenigen Ausnahmen von Vereinen getragen. Je nach den finanziellen Mitteln der Einrichtung werden feste Mitarbeiter für die Organisation eingestellt, gerade in vielen kleinen Clubs allerdings erledigen kaum mehr als zwei fest angestellte Personen alle anfallenden Arbeiten in den Bereichen Dramaturgie, Konzertorganisation, Marketing und Finanzen. Ohne ehrenamtliche Arbeit in diesem Sektor würden viele musikalische Angebote nicht existieren. Darüber hinaus leisten die vielen öffentlich getragenen Kulturämter einen großen Beitrag zum Musikveranstaltungsangebot, indem sie neben vorwiegend verwaltenden Tätigkeiten auch selbst Kultur veranstalten.

Es gibt in Deutschland über 140 Sinfonieorchester – wovon über 90 zu öffentlich subventionierten und mehr als 15 zu privaten Musiktheatern gehören –, über 80 beim Deutschen Musikrat registrierte Kammerorchester, 160 ebenfalls dort verzeichnete Ensembles für zeitgenössische Musik und 130 für alte Musik. Die Orchester, die nicht an feste Institutionen gebunden sind, sowie größere Ensembles, die viel und international konzertieren, brauchen Musikvermittler, die sich um die organisatorischen Belange, also um das **Orchester- oder Ensemblemanagement** kümmern. Selbst wenn die Formation mit einer Agentur zusammenarbeitet, gibt es gerade bei größeren Klangkörpern einen oder mehrere Arbeitskräfte, die von Buchhaltung über Sponsorensuche und -pflege, Fundraising, Personalverwaltung, Werbung, Öffentlichkeits- und Archivarbeiten bis eventuell zur Organisation von Gönnervereinen verschiedene Einsatzgebiete haben können.

Die 84 in Deutschland ansässigen Kulturstiftungen – davon sind etwa ein Viertel reine Musikstiftungen – sollen in der Aufzählung der Musikveranstalter nicht unerwähnt bleiben, sind sie doch häufig neben Subventionsgebern auch (Mit-)Veranstalter von Musikwettbewerben, Konzerten oder Kongressen. Zum Beispiel organisiert die Deutsche Stiftung Musikleben das Bundes-Jazz-Orchester, das Bundes-Jugend-Orchester sowie den Wettbewerb „Jugend musiziert"; die Stiftung Niedersachsen realisiert in Hannover einen der größten internationalen Violinwettbewerbe. Für eine Mitarbeit an derartigen Projekten werden meist befristete Arbeitsverträge an Kulturmanager vergeben.

Literaturauswahl

Fleing, Elke. Live is life: Booking und Promotion von Konzerten und Tourneen. Bergisch Gladbach 1995

Jakoby, Richard, in Zusammenarbeit mit Inter Nationes und dem Deutschen Musikrat (Hrsg.). Musikszene Deutschland. Kassel 1997

Moser, Rolf / Scheuermann, Andreas (Hrsg.). Handbuch der Musikwirtschaft. München 1992

Verband deutscher Musikschulen (Hrsg.). Neue Wege in der Musikschularbeit. Bonn 1996

Adressen

http://www.vdkd.de
Verband der deutschen Konzertdirektionen

http://www.musik branchenbuch.de
Links und Kontaktadressen zum Thema Musik

http://www.musikmarkt.de

http://www.mediabiz.de

http://www.musikhandel-online.de
Wirtschaftsmagazin für den Musikmarkt mit Sitz in Bonn, herausgegeben vom Deutschen Musikverlegerverband e.V. und dem Gesamtverband Deutsche Musikgeschäfte

http://www.das-musikinstrument.de

http://www.musik-links.de

http://www.musik pressedienst.de
Unabhängiger Presse- und Informationsdienst der Entertainmentbranche in Musik und Multimedia mit Sitz in Bad Segeberg

http://www.nmz.de
Das auflagenstärkste Musikfachblatt mit Stellenmarkt

http://www.radioberufe.de
Ausbildungsadressen zum Beispiel für Volontäre bei Rundfunk- und Fernsehanstalten in Deutschland, in Europa und weltweit

Deutsches Musikinformationszentrum
Weberstr. 59
53113 Bonn
Tel.: 0228 / 20 91 - 180
Fax: 0228 / 20 91 - 280
http://www.miz.org
Umfangreiche Datenbanken zu allen Bereichen des Musiklebens, unter anderem auch Jobbörsen

Deutscher Musikrat
Weberstr. 59
D-53113 Bonn
Tel.: 0228 / 20 91 - 0
Fax: 0228 / 20 91 - 200
http://www.deutscher-musikrat.de
Der Deutsche Musikrat vereinigt die wichtigsten überregional tätigen Fachverbände, um die Interessen aller Musikbereiche bundesweit zu koordinieren und zu vertreten

DMV Deutscher Musikverleger-Verband e.V.
Friedrich-Wilhelm-Str. 31
53113 Bonn
Tel.: 0228 / 5 39 70 - 0
Fax: 0228 / 5 39 70 - 70
http://www.dmv-online.com
News aus der Musikwirtschaft und Links zu Verbänden, Messen und Zeitschriften

Bundesverband der Phonographischen Wirtschaft e.V. / Deutsche Landesgruppe der IFPI e.V.
Grelckstr. 36
22529 Hamburg
http://www.ifpi.de
Informationen über die Musikwirtschaft in Deutschland, Jahreswirtschaftsbericht

Gesamtverband Deutscher Musikfachgeschäfte e.V. (GDM)
Friedrich-Wilhelm-Str. 31
53113 Bonn
Tel.: 0228 / 5 39 70 - 0
Fax: 0228 / 5 39 70 - 70
E-Mail:
gdm@musikverbaende.de
http://www.gdm-online.com

VUT e.V.
Verband unabhängiger Tonträgerunternehmen Musikverlage und Musikproduzenten
Stahltwiete 13
22761 Hamburg
Tel.: 040 / 890 197 07
Fax: 040 / 890 197 08
http://www.vut-online.de

Unter Mitarbeit von Oliver Driedger und Thorsten zum Felde

Adressen

Festivals

Festivals gehören zu den populärsten Veranstaltungsformen des Kulturbetriebs und haben sich in den letzten Jahren immer mehr ausgeweitet. Kaum eine Stadt oder Region, die nicht ihr eigenes Festival hat. Jährlich gibt es insgesamt circa 1 200 Festivals, womit Deutschland eine der höchsten Festivaldichten weltweit aufweist, vor allem im Bereich Musik mit gut 350 Festivals. Das älteste heute noch bestehende Musikfestival sind die 1870 gegründeten Bayreuther Festspiele. Die meisten gegenwärtigen Festivals wurden jedoch erst im letzten Drittel des 20. Jahrhunderts ins Leben gerufen. Mit dem Trend zum Festival hat sich das neue Tätigkeitsfeld der Festivalmacher und -manager entwickelt.

Ein Festival ist eine Reihe künstlerischer Veranstaltungen, die sich auszeichnet durch einen begrenzten Zeitraum (wenige Tage bis einige Wochen), periodische Wiederkehr zu gleich bleibenden Zeiten, eine hohe Ereignisdichte, ein inhaltlich und qualitativ herausragendes Programm mit wechselndem Motto (zum Beispiel Länderschwerpunkt, Komponistenporträts). Die Besonderheit von Festivals liegt in ihrer Exklusivität, die sich gegen das „alltägliche" Kulturveranstaltungsangebot abhebt. Diese Einzigartigkeit, die sich manifestiert im unverwechselbaren Image eines Festivals, wird erreicht durch die deutliche Festlegung der Einrichtung auf einen Kerngedanken, ein ästhetisches und inhaltliches Gesamtziel, auch „Mission Statement" genannt. So macht jedes Festival eine bestimmte Kunstrichtung oder Thematik zum Profil gebenden Identifikationsmoment. Dies kann von der Independent-Musik über ein internationales Off-Theater-Festival bis zu Festspielen reichen, die bewusst landschaftliche und architektonische Besonderheiten einer Region einbeziehen wie die Brandenburgischen Musikfestspiele. Dieser Anspruch spiegelt sich in allen Elementen der kulturellen Darbietung: Was Aufführungsorte, künstlerische Qualität und Konzept, Rahmenprogramm und inhaltliche Zielsetzung anbelangt, haben Festivals einen besonderen Platz in der Kulturlandschaft und müssen höheren Erwartungen des Publikums gerecht werden.

Festivals nutzen den Event-Charakter zur Vermittlung von Kunst und Kultur an ein breites Publikum und heben sich dadurch von ausschließlich kommerziell orientierten Events ab. Die besondere Atmosphäre und Ereignisdichte eines Festivals bietet die Möglichkeit, ein Publikum auch an ungewöhnliche künstlerische Inhalte heranzuführen. Zudem fördern die zeitliche Kulmination, die oftmals ungewöhnlichen und anregenden Spielorte in idealer Weise die Kommunikation zwischen allen Beteiligten.

Als Träger von Festivals fungieren sowohl private wie auch öffentliche oder gemeinnützige Institutionen wie Stiftungen und Vereine. Entsprechend der Herausgehobenheit von Konzept, Zeitrahmen und Inhalt gestalten sich die einzelnen Tätigkeiten anders als entsprechende Aufgaben in festen Kulturinstitutionen. Die Zahl der Mitarbeiter ist sehr stark von der Größe und der finanziellen Rücklage eines Festivals abhängig. Während beispielsweise das Schleswig-Holstein-Musik-Festival mindestens fünfzehn dauerhafte Mitarbeiter zählt, daneben hunderte freiwillige Helfer und kurzfristig Angestellte während des Sommers, arbeitet ein kleineres Festival wie der Heidelberger Frühling mit nur viereinhalb festen Stellen. Entsprechend mehr oder weniger stark sind die Aufgabenbereiche auf einzelne Mitarbeiter verteilt.

Die **künstlerische Leitung** steht extern wie intern für die Corporate Identity und den Leitgedanken eines Festivals. Meistens findet sich in dieser Position eine Person mit besonders ausgeprägtem künstlerischen Gespür und einer gewissen Bekanntheit in der jeweiligen Kunstsparte. Das Auswählen des Programms und der Künstler sind die Hauptaufgaben der künstlerischen Leitung, und zusätzlich die Repräsentation des Festivals in der Öffentlichkeit.

Das **künstlerische Betriebsbüro** ist das organisatorische Herz des Festivals wie auch jeder anderen Veranstaltungseinrichtung. Hier laufen die Fäden künstlerischer und organisatorischer

Arbeit zusammen: Es werden sämtliche Zeitpläne, Proben-, Dienst-, Raum- und Spielpläne erstellt, vertragliche Regelungen mit der Leitung und den Künstlern beziehungsweise Agenturen ausgehandelt, Buchungen und Terminpläne für festivaleigene oder sonstige VIPs vorgenommen und vieles mehr. Da in dieser Position bei allen größeren Festivals viel mit ausländischen Künstlern, Agenturen und anderen Veranstaltungsorganisationen kommuniziert wird, ist das Beherrschen von Fremdsprachen eine wichtige Voraussetzung.

Die Aufgaben der **Dramaturgie** entsprechen denen anderer Sparten, weshalb hier auf die Ausführungen zum Theater (s. S.58) verwiesen wird.

Der **administrativen Leitung** oder **Geschäftsführung** obliegen alle Belange der Verwaltung, also finanzielle und rechtliche Angelegenheiten. Bei größeren Festivals findet man meist einen Mitarbeiter, der für **Marketing** allgemein zuständig ist. Davon getrennt, aber dem Marketing unterstehend und in engster Zusammenarbeit mit ihm, agiert die **Presse- und Öffentlichkeitsarbeit (Public Relations)**. Oftmals ist auch die **Sponsorenbetreuung** mit einem eigenen Mitarbeiter besetzt, denn Festivals arbeiten weit mehr als feste Institutionen mit privaten Förderern. Dasselbe gilt, je nach Festivalgröße, auch für den Bereich **Fundraising** – dazu gehört auch die Mitgliederbetreuung und -werbung. Ein weiterer eigener Arbeitsbereich im Marketingsektor ist das **Kartenmanagement**.

Lange Vorlaufzeiten und eine auf kürzeste Zeit gedrängte Durchführung kennzeichnen **Produktion** und **Organisation** eines Festivals. Intensive und während des Festivals ununterbrochene Kommunikation zwischen allen Beteiligten ist unerlässlich. Aus diesem Grund spielt hier die interne Koordination, idealerweise eigens von einer Person wahrgenommen, eine wichtige Rolle. Flexibles Handeln und schnelle Entscheidungsfähigkeit sind notwendig, um mit unerwarteten Änderungen schnell umgehen zu können. Außerdem ist große körperliche (kaum Schlaf) und seelische (große Verantwortung, Termin-druck und kaum Pausen) Belastbarkeit während des Festivals gefordert.

Der Bereich **Veranstaltungsplanung** betrifft die Koordination von Bühnenaufbau, Technik und Veranstaltungslogistik. Vom Klavierstimmer über die Blumendekoration, die Orchester-bestuhlung, Licht- und Tonanlage bis zur Verlängerung von Öffnungszeiten nahe liegender Parkhäuser will alles organisiert sein. Dazu gehört auch der intensive Informationsaustausch mit vielen verschiedenen Veranstaltungshäusern. Gerade bei Festivals sind die Aufführungsorte häufig keine professionellen Veranstaltungszentren oder die Show findet im Freien statt, was bedeutet, dass die gesamte Konzertinfrastruktur auf- und da-nach wieder abgebaut werden muss.

Bei der **Künstlerbetreuung** geht es um die Kommunikation mit Künstleragenturen oder den Künstlern selbst, um Hotel- und Reisebuchung und die Koordination von Künstler-Transfers vor Ort. Für diesen Bereich werden häufig Praktikanten eingestellt, die auf diese Weise Einblicke in den Festivalbetrieb und Kon-takte bekommen. Ein weiterer wichtiger Bereich ist die **Back-stage-Koordination**, also die Verantwortung für die reibungslose Ankunft und Abfahrt der Künstler und eventueller Funk- und Fernsehteams, Organisation des Catering, die Sicherstellung von Kommunikationsmöglichkeiten (Funkgeräte), das Erstellen von Backstage-Ausweisen und die Koordination von Auf- und Abbauhelfern. Nicht zu unterschätzen ist auch die Koordination und **Betreuung ehrenamtlicher Mitarbeiter**, die nach amerika-nischem Vorbild bei immer mehr Festivals eine tragende Rolle während der Veranstaltungsdurchführung und bei den Vorberei-tungen an den Veranstaltungsorten spielen.

Da für Festivals immer kurzfristig viele zusätzliche Mitarbeiter gesucht werden, ist der Einstieg über einen Projektvertrag rela-tiv einfach möglich. Wem es gelingt, in stressigen Festivalzeiten, souveräne und professionelle Arbeit zu liefern, der hat gute

Chancen, auch bei zukünftigen Festival-Projekten für zunehmend verantwortlichere Aufgaben engagiert zu werden.

Festivals bieten sehr reizvolle Möglichkeiten für Kulturvermittler: Sie sind eine große Chance für viele bisher vernachlässigte oder unterrepräsentierte Kunstformen, eine Aufsehen erregende Plattform und ungewohnt viele Besucher zu finden. Aufgrund des Überangebotes und der steigenden Erwartungen von Publikum, Sponsoren und öffentlichen Geldgebern wächst die Herausforderung für den Kulturvermittler, nicht nur auf dem Boot der allgemeinen Festivaleuphorie mitzufahren, sondern die Kulturlandschaft wirklich zu bereichern durch innovative Programme und Kultur abseits des Alltäglichen.

Literaturauswahl

Csobadi, Peter (Hrsg.). „Und jedermann erwartet sich ein Fest": Fest, Theater, Festspiele. Salzburg 1999

Eder, Gerhard / Gratzer, Wolfgang (Hrsg.). Der Trend zum Event: Dokumentation Saalfeldner Musiktage. Saalfelden 1998

Getz, Donald. Festivals, Special Events and Tourism. New York 1991

Internationale Musikfestwochen Luzern und Gottlieb Duttweiler Institut (Hrsg.). Das Festival im 21. Jahrhundert. Wabern - Bern 1999

McDonnell, Ian / Allen, Johnny / O'Toole, William. Festival und Special Events Management. Brisbane, New York u.a. 1999

Handbuch Kulturmanagement: Die Kunst, Kultur zu ermöglichen. Raabe Fachverlag für öffentliche Verwaltung. Loseblatt-Ausgabe. Grundwerk. Stuttgart 1992. Darin folgende Aufsätze:

↦ Willnauer, Franz. Ausdruck unseres Zeitgeistes: Festivalkultur im Spannungsfeld zwischen Kunst und Kommerz

↦ Kastner, Peter / Rausch, Helmut. „Summer in the City": Spartenübergreifendes Festival am Beispiel des Esslinger Kultursommers

↦ Hummel, Thomas / Brinker, Claudia. Erfolgreiche Musikfestivalrealisierung

↦ Mandel, Birgit. Festival-PR: Erfolgsbedingungen für die Vermittlung komplexer, außergewöhnlicher Ereignisse

↦ Thomas, Joachim. Marketing nach Noten: Der Marketing-Mix am Beispiel des Schleswig Holstein Musik-Festival

Literaturauswahl

http://www.euro-festival.net
Webservice der Europäischen
Festival-Vereinigung EFU

Adressen

Unter Mitarbeit von Angelika Renz

Kulturmanagement

Künstlerische und kulturelle Prozesse erfordern seit jeher Organisation und Management, ohne dass diese Tätigkeiten als eigener Kulturberuf Beachtung gefunden haben. Erst seit Ende der achtziger Jahre wird Kulturmanagement in Deutschland als eigenständige, professionelle Dienstleistung gewertet, die wie andere Berufe auch eine spezifische Qualifikation erfordert. Organisations- und Konzeptionsleistungen in Kulturbetrieben und -organisationen werden heute von Managementexperten durchgeführt, die sich größtenteils wiederum auf Bereiche wie

Marketing, PR, Controlling, Kulturentwicklungsplanung und anderes spezialisiert haben. Durch die schwierige finanzielle Situation vieler Kulturbetriebe steigt die Nachfrage nach fähigen Managern, die sich zugleich mit den Eigenheiten der künstlerischen und kulturellen Produktionsprozesse auskennen. Kulturmanager können sowohl bei einer Institution fest angestellt sein als auch freiberuflich beziehungsweise selbstständig ihre Dienstleistungen wechselnden Auftragnehmern zur Verfügung stellen. In den letzten Jahren entstanden zahlreiche Kulturmanagement-Agenturen, die verschiedene Leistungen aus dem Bereich des Kulturmanagements anbieten, meist für zeitlich begrenzte Projekte.

Aufgabe des Kulturmanagements ist die möglichst effiziente Organisation von Kultur mit dem Ziel, Strukturen zu schaffen, in denen Kultur ermöglicht und rezipiert werden kann. Es geht dabei nicht nur um die Vermittlung zwischen Kulturschaffenden und ihren Rezipienten, sondern auch um Verhandlungen mit öffentlichen und privaten Geldgebern. Der Kulturmanager befindet sich inmitten eines sehr komplexen Zusammenspiels verschiedener Interessen, Ansprüche und Bedürfnisse, die strukturiert und aufeinander abgestimmt werden müssen. Er muss strategisches Denken und kommunikative Kompetenzen verbinden, um zwischen unterschiedlichen Sprach- und Sinnwelten zu vermitteln. Im Kulturmanagement sind Kenntnisse der Künste und der Medien wie auch der Produktionsbedingungen von Kunst gefordert. Um erfolgreiches Management zu betreiben, muss dieses spartenspezifische Wissen mit Kenntnissen in Betriebswirtschaft, Marketing, Kommunikationswissenschaft, Recht und Kulturpolitik kombiniert werden.

Arbeitsplätze für Kulturmanager gibt es in folgenden Bereichen:

↪ direkt bei den Kulturorganisationen oder -institutionen, beispielsweise in Form einer Festanstellung bei einem Theater oder einem Veranstaltungszentrum,

↪ bei Agenturen, die meist auf Kulturmanagement oder Kultur-/Art-Consulting spezialisiert sind,

↪ bei artfremden Institutionen wie Industrie- und Dienstleistungsunternehmen, die Kultur beispielsweise zur Profilbildung und Imagepflege, für die Öffentlichkeitsarbeit, Standortaufwertung und Mitarbeitermotivation einsetzen.

Die Aufgaben des Kulturmanagements gleichen sich weitgehend in den verschiedenen Arbeitsbereichen. Sie umfassen die Gestaltung von institutionellen, rechtlichen, ökonomischen und organisatorischen Rahmenbedingungen, um Kultur zu ermöglichen durch **Organisation und Beratung**. Dazu gehören zum Beispiel Marktanalysen, Strukturberatung, Finanzierungsmodelle, Konzeption von Programmstrukturen, Controlling, Krisenmanagement. Ein weiterer Aufgabenbereich ist die Planung, Steuerung und Durchführung der Prozesse, die zu konkreten künstlerischen und kulturellen Leistungen führen in Form von **Projektmanagement**, wie etwa beim Festival- und Event-Management. Die Vermittlung künstlerischer und kultureller Leistungen an ein Publikum in Form von **Marketing und PR / Öffentlichkeitsarbeit** ist ein zentraler Einsatzbereich für Kulturmanagement. Hier geht es zum Beispiel um die Entwicklung von Marketing- und Werbekonzepten für Kultureinrichtungen und um die Pressearbeit für Kulturprogramme. Auch in Unternehmen der freien Wirtschaft kann die Gewinnung und Bindung von Zielgruppen in den Aufgabenbereich des Kulturmanagements fallen, nämlich dann, wenn kulturelle Maßnahmen und Events in das Werbe- und Promotionkonzept einer Firma integriert werden. Je nach Schwerpunkt der Tätigkeit sind im Einzelfall unterschiedliche Qualifikationen gefragt. Immer sind Fachkenntnisse in der jeweiligen künstlerischen Sparte erforderlich, da beim Management kultureller Projekte die besonderen Anforderungen der jeweiligen kulturellen Praxis berücksichtigt werden müssen.

Seit Ende der achtziger Jahre wurden in Deutschland einige Aufbaustudiengänge sowie diverse Fort- und Weiterbildungsmaßnahmen im Bereich des Kulturmanagements ins Leben gerufen. Bisher gibt es jedoch keine übergreifenden Interessenvertretungen oder Fachverbände; im Internet existieren allerdings erste Kulturmanagement-Foren und Netzwerke. Im kulturellen Sektor ist – unter anderem durch den Rückgang der öffentlichen Fördergelder – in den kommenden Jahren ein zunehmender struktureller Wandel zu erwarten. Es ist zu vermuten, dass sich im Kulturbereich neue Finanzierungs- und Trägerschaftsmodelle und damit auch neue Vermarktungsstrategien entwickeln werden. Ein gutes Management wird dann zum entscheidenden Überlebensfaktor für Kultureinrichtungen werden.

Literaturauswahl

Handbuch Kultur-Management (Loseblattsammlung). Dr. Josef Raabe Verlags-GmbH (Hrsg.), Stuttgart 1992

Heinrichs, Werner / Klein, Armin. Kulturmanagement von A - Z: 600 Begriffe für Studium und Praxis. München 2001

Heinrichs, Werner. Kulturmanagement: Eine praxisorientierte Einführung. Darmstadt 1999.

Heinrichs, Werner / Klein, Achim (Hrsg.). Deutsches Jahrbuch für Kulturmanagement. Baden-Baden seit 1997

Rauhe, Peter. Kulturmanagement: Theorie und Praxis einer professionellen Kunst. Berlin 1994

Siebenhaar, Klaus (Hrsg.). Karriereziel Kulturmanagement: Studiengänge und Berufsbilder im Profil. Nürnberg 2002

http://www.
kulturmanagement.de
Aus- und Weiterbildungsangebote, aktuelle Literaturangaben
und Jobangebote im Kulturmanagement

http://www.
kulturmanagement.net
Unabhängiges Kulturmanagement Netzwerk GbR mit Sitz
in Weimar, auch zuständig
für Website und Newsletter
www.kulturmanagement.de

European Network of
Cultural Administration
Training Centres ENCATC
Geschäftsstelle
Vestergade 5
DK-145 Copenhagen K
Tel.: 0045 - 33 15 82 14
http://www.encatc.org
Fördert den europaweiten
Austausch von Kulturmanage-
ment-Ausbildern und Studie-
renden

Adressen

Unter Mitarbeit von Mohini Krischke-Ramaswamy

Public Relations

Public Relations oder auch Presse- und Öffentlichkeitsarbeit ist
eine Querschnittaufgabe, die in fast allen Bereichen der Kulturvermittlung zum Einsatz kommt. Ziel von PR-Arbeit ist es, die
Öffentlichkeit über Tätigkeiten und Angebote einer Einrichtung
zu informieren, Interesse zu wecken und langfristig für Akzeptanz zu sorgen. PR ist von reiner Werbung zu unterscheiden, hat
jedoch auch einen werbenden Effekt.

In PR-Berufen, sei es in Agenturen, Unternehmen oder Institutionen, sind die Anforderungen an Qualifikation und Können
vergleichbar mit denen in journalistischen Berufen. Für den
Berufseinstieg ist praktische journalistische Erfahrung häufig
die Voraussetzung. Daneben ist branchenspezifisches Wissen
gefragt. In Kulturinstitutionen werden also Kenntnisse der Kulturwissenschaft und der praktischen Kulturarbeit verlangt.

Tätigkeiten in der PR sind sowohl in Kulturinstitutionen selbst möglich wie auch in PR-Agenturen, die für Kulturinstitutionen tätig sind. PR ist ein Bestandteil des Kulturmanagements. Eine große Zahl der im Kulturmanagement Beschäftigten hat oft sogar ausschließlich mit PR-Aufgaben zu tun. Lange Zeit wurde die Öffentlichkeitsarbeit im Kulturbereich vernachlässigt, bis deutlich wurde, dass auch Kultur der Vermittlung bedarf, dass jedes Kulturangebot seine spezifische Zielgruppe finden und erreichen muss. Die Anbieter müssen – ebenso wie Anbieter einer Ware – auf ihr Angebot aufmerksam machen und ihre Zielgruppe für das Produkt interessieren. PR schafft die hierfür nötige Transparenz, beschreibt die Identität des Produktes und seines Publikums und sorgt für den Informationsfluss in der Öffentlichkeit. In manchen Fällen gilt es, Hemmschwellen abzubauen, wenn sich zum Beispiel eine jüngere Klientel für den klassischen Museumsbesuch interessieren soll oder auch ältere Menschen ein als typisch jugendlich empfundenes Kultur-Event besuchen sollen. Wo Kulturprojekte auf private Finanzierung angewiesen sind, ist gute Öffentlichkeitsarbeit auch für das Finden von Sponsoren und anderen Geldgebern unerlässlich.

Die Öffentlichkeitsarbeit in Kulturbetrieben und -organisationen unterscheidet sich zwar nicht grundlegend von der PR in anderen Betrieben, erfordert jedoch eine Kenntnis der Besonderheiten kultureller Prozesse und Produkte und muss diesen entsprechen, also im Idealfall „maßgeschneidert" sein. „Public Relations" steht für die Kommunikation mit der Öffentlichkeit und den Aufbau von langfristigem Vertrauen und Sympathie. Dafür ist eine umfassende konzeptionelle und strategische Vorgehensweise nötig. Gerade dort, wo öffentliche Gelder in kulturelle Arbeit fließen, muss PR eine überzeugende Antwort auf die immer wieder gestellte Frage nach dem Sinn und dem Nutzen von Kultur geben.

Bei den Aufgaben in der Öffentlichkeitsarbeit ist zu unterscheiden zwischen der langfristigen PR-Betreuung einer Institution /

Organisation (zum Beispiel eines Museums), der kurzfristigen Vermittlung eines einmaligen Projektes (zum Beispiel eines Festivals) und der PR für ein in regelmäßigen Abständen wiederkehrendes Projekt (zum Beispiel eine Biennale). Wichtig ist zunächst, sich umfassend zu informieren: Wie ist das zu betreuende Projekt aufgebaut, was strebt es an, welche Inhalte und Ziele hat es? An welche Termine (Eröffnung, Premiere oder Ähnliches) ist es eventuell gebunden? Wie ist die Institution strukturiert, deren Arbeit vermittelt werden soll? Gibt es Ähnlichkeiten mit anderen Einrichtungen oder Projekten? Welche Zielgruppen sollen angesprochen werden? Hieraus ergibt sich das Image, das in die Öffentlichkeit getragen werden soll, oder auch die so genannte Corporate Identity, die eine Institution prägt und sie von anderen unterscheidet. Diese Identität kann zum einen über die Medien kommuniziert werden, zum anderen kann Aufmerksamkeit durch Mailings, kleine Events, ausgefallene Verteilaktionen oder auch durch eine innovative, gut gepflegte Website erregt werden – hier ist Ideenreichtum gefragt.

Die **Pressearbeit** ist ein umfangreiches Aufgabengebiet in der PR und wendet sich ausschließlich an die Medien als Mittler. Hierzu gehört das Verfassen von Pressemitteilungen, die gezielt an Zeitungen und Magazine, Hörfunk- und Fernsehanstalten, Onlinemagazine aber auch an ausgesuchte freie Journalisten verschickt werden, um ein positives Interesse durch die Medien zu erzielen. Hier kommen die journalistischen Kenntnisse des PR-Mitarbeiters zum Einsatz: Die Mitteilung muss der Presse als Textvorlage dienen können und entsprechend prägnant formuliert sein. Sie muss alle wichtigen Informationen beinhalten und dem Journalisten weitere Recherchearbeiten erleichtern oder ganz abnehmen. Hinzu kommt die Veranstaltung von Pressekonferenzen, bei denen Journalisten und Kritiker die Gelegenheit haben, Veranstalter, Geldgeber und teilnehmende Künstler zu hören und mit ihnen zu diskutieren. Um möglichst viele Medienvertreter zum Event, in die Ausstellung oder die Theaterpremiere zu locken, ist eine gezielte Journalistenansprache wichtig – und hier kommt es auf hohes kommunikatives Talent an. Nur wer sich selbst mit einem Projekt identifiziert, kann am Telefon, per Anschreiben, Fax oder E-Mail glaubhaft vermitteln, warum der Schreiber, Kritiker, Besucher sich gerade dieses Ereignis nicht entgehen lassen darf! Das „Kapital" der PR ist ein umfassender und gut gepflegter Verteiler, der die Adressen der potenziell Interessierten und auf ihrem Gebiet bedeutenden Journalisten enthält. Die PR-Arbeit funktioniert fast ausschließlich über ein verbindliches und persönliches Kontaktieren. Die Bereitschaft, jederzeit und mit überdurchschnittlich hohem Einsatz Interessierten und der Presse alle benötigten Informationen zu beschaffen, zeichnet den PR-Profi aus und sorgt für den ständigen Ausbau des bestehenden Netzwerkes. Kultur braucht also PR. Und zugleich kann Kultur auch selbst Mittel der Öffentlichkeitsarbeit sein: Viele artfremde Industrie- und Dienstleistungsunternehmen binden die Image bildende und Aufmerksamkeit erregende Wirkung künstlerischer und kultureller Aktionen in ihre PR-Konzepte ein, etwa in Form von Kultursponsoring, Kulturstiftungen oder Kulturprogrammen für Mitarbeiter und Kunden.

Die im PR-Bereich Beschäftigten sind in der Deutschen Public Relations Gesellschaft (DPRG) und der Gesellschaft Public Relations Agenturen (GPRG) organisiert. Es gibt außerdem Junioren-PR-Verbände wie die DPRG-Junioren und die European Association of Public Relations Students (CPRP Students). Die Berufsbezeichnung ist weder geschützt noch gibt es einen einheitlich geregelten Ausbildungsweg. Mittlerweile vermitteln einige Universitäten und Fachhochschulen im Rahmen ihrer kommunikations- und geisteswissenschaftlichen Studiengänge die Grundlagen der Presse- und Öffentlichkeitsarbeit; daneben bieten diverse Kollegs und Weiterbildungsstätten Vollzeit- oder berufsbegleitende Ausbildungen an, die mit einem Zertifikat abschließen. Das „Handwerk" aber lernt man am besten in der Praxis, möglichst schon in Praktika während des Studiums, anschließend im ein- bis zweijährigen Volontariat oder einem Traineeship in der Agentur oder der PR-Abteilung einer Institution. Quereinsteiger kommen meist aus dem Journalismus in das aufstrebende Arbeitsfeld PR.

Deutsche Public Relations Gesellschaft (Hrsg.). Qualifikationsprofil Öffentlichkeitsarbeit / Public Relations. Bonn 1998

Deutsche Public Relations Gesellschaft (Hrsg.). PR-Berufsbild der DPRG. Bonn 2001 (Bestellung direkt bei der DPRG)

Bentele, Günter / Szyska, Peter (Hrsg.). PR-Ausbildung in Deutschland: Entwicklung, Bestandsaufnahme und Perspektiven. Opladen 1995

Mandel, Birgit. Kulturelle Öffentlichkeitsarbeit: Eine Kunst für sich. In: Handbuch Kulturmanagement. Düsseldorf 1996

Martini, Bernd-Jürgen / Schulze-Fürstenow, Günther / von Schlippe, Bettina (Hrsg.). Arbeitsplatz PR: Einstieg, Berufsbilder, Perspektiven. Neuwied 1998

Röttger, Ulrike. Public Relations: Organisation und Profession. Wiesbaden 2000

Schlippe, Bettina von. PR Kompaß Aus- und Weiterbildung. Berlin 1998

Literaturauswahl

Deutsche Public Relations Gesellschaft (DPRG)
St. Augustiner Str. 21
53225 Bonn
Tel.: 0228 / 9 73 92 87
http://www.dprg.de
Bietet unter anderem eine Jobbörse

European Association of Public Relations Students
c/o Jamila Bugala
Röntgenstr. 3
10587 Berlin
Tel.: 030 / 34 78 17 71
E-Mail: info@cerpstudents.de

Adressen

Adressen

http://www.pr-guide.de
Online-Service der deutschen
Public Relations Gesellschaft

http://www.prforum.de
Online Service von „PR-Forum", der Fachzeitschrift für
Öffentlichkeitsarbeit und
Kommunikationsmanagement

http://www.netzwege.de/dprg-junioren/prboerse.htm
Praktikumsangebote der
Deutschen Public Relations
Gesellschaft Junioren

Unter Mitarbeit von Andrea Böttcher

Event-Management

Das Event-Management gehört eigentlich zum Tätigkeitsfeld der PR, hat aber in den letzten Jahren eine solche Nachfrage erfahren, dass sich daraus ein lukrativer, vorwiegend privatwirtschaftlich organisierter eigener Arbeitsbereich entwickelt hat. Events sind im Trend. Sie gelten in der PR-Branche als höchst wirkungsvoller Weg, einen Platz in den Köpfen und Herzen potenzieller Kunden zu erobern. Ein Event ist eine außergewöhnliche Veranstaltung mit starkem Erlebnischarakter, die der erfolgreichen PR für eine Firma, Institution oder Produkt dienen soll. Es geht darum, das Image des Unternehmens, des Produkts oder der Institution in den Charakter des Events einzuflechten, beziehungsweise eine Werbebotschaft so aufregend zu inszenieren, dass aus einer normalen Veranstaltung wie zum Beispiel einem Firmenjubiläum, einer Gala oder einer Produktpräsentation ein unvergessliches Ereignis wird. Events sind eine inszenierte Mischung aus Show, Kunst und Kultur und gastronomischer Betreuung.

Die Nachfrage nach guten Event-Managern ist groß, die Auftraggeber kommen aus allen Sparten. Inzwischen gibt es um die 300 Event-Agenturen in Deutschland; einige haben sich spezialisiert, andere sind Allround-Organizer. Größe und Struktur der Agenturen variieren, vom Drei-Personen-Unternehmen bis zur größten Event-Agentur Deutschlands mit knapp 200 Mitarbeitern, die im Jahr circa 350 Events organisieren. In den größeren Agenturen stehen Jahresbudgets beziehungsweise Agenturhonorare von bis zu 20 Millionen Euro bereit.

Das Aufgabenfeld eines Event-Managers umfasst die Konzeption, Organisation und Durchführung von Veranstaltungen. Die Arbeit beginnt in der Regel mit einem Briefing (Informationsgespräch), in dem der Auftraggeber beziehungsweise der Kunde seine Anforderungen an die Event-Agentur formuliert. Gemeinsam mit einem Team von Spezialisten aus verschiedenen Bereichen – wie Gestaltung, Medien, Technik, Showproduktion – wird eine Idee entwickelt und danach ein Konzept erarbeitet. Hier sind Kontaktfreudigkeit und Marketingkenntnisse ebenso unerlässlich wie Sachverständnis in den Bereichen Technik und Software und Know-how und Gefühl für künstlerisch inszenatorische Umsetzungen. Besonders im Bereich der Inszenierungskunst sind Kulturvermittler mit künstlerischer Kompetenz sehr gefragt.

Ist das „Treatment" (das Drehbuch für den Event) vom Kunden akzeptiert, beginnt die Phase der Umsetzung. Diese beinhaltet unter anderem, die passende Location zu finden, von der alten Fabrikhalle bis zum modernen Stahl- und Glaspalast, das Programm mit Künstlern und Technikern abzusprechen, die Hotel- und Transportlogistik zu steuern und den Versand von Einladungen sowie die Produktion aller erforderlichen Printmaterialien in die Wege zu leiten. Auch PR und Sponsoring liegen in der Hand des Event-Managers, außerdem kümmert er sich um Kalkulation, Budgetkontrolle und Abrechnung. Er ist Bindeglied zwischen allen Beteiligten und steht dem Kunden beratend zur Seite. Während des Events ist er vor Ort für den reibungslosen Ablauf verantwortlich. Für jede Agentur ist es wichtig, trend- und kundenorientiert zu arbeiten, um so auf dem neuesten Stand zu bleiben und den jeweils spezifischen Ansprüchen des Kunden gerecht werden zu können.

Seit 1997 gibt es das Forum Marketing Event-Agenturen (FME) als zuständigen Verband für deutsche Event-Agenturen, das unter anderem Richtlinien für die Qualität und Vergleichbarkeit von Event-Agenturen herausgibt sowie den FME-Guide, eine Art Handbuch der Event-Agenturen. Events spielen nicht nur in Wirtschaftsbetrieben, sondern auch im Kulturbereich eine wachsende Rolle. Weit über „Tage der offenen Tür" hinaus inszenieren beispielsweise Museen im Verbund die „Lange Nacht der Museen" und gewinnen mit einem solch außeralltäglichen Event auch ein kunstungeübtes Publikum. Der Bedarf an Event-Managern, denen es gelingt, tatsächlich unvergessliche und nachhaltige Kulturerlebnisse zu schaffen, wird mit Sicherheit in den nächsten Jahren weiter steigen.

Literaturauswahl

Bäuchl, Ralf / Blach, Peter (Hrsg.). JahrBuch Event-Marketing, Februar 2002 (ohne Ortsangabe)

Nickel, Oliver. Eventmarketing. München 1998

Zanger, Cornelia / Griese, Kai Michael. Beziehungsmarketing mit jungen Zielgruppen. München 2000

Werben und verkaufen
Erscheint wöchentlich, Zahlen, Daten, Fakten der Marketing-, Medien- und Multimediabranche mit wöchentlichen Analysen zum Marktgeschehen.
http://www.wuv.de

Media und Marketing
Erscheint monatlich, liefert Beispiele aus Forschung und Praxis, Ergebnisse der Werbewirkungsforschung, Mediaplanspiele und Trends der Mediaszene.
http://www.mediaundmarketing.de

Blachreport
Erscheint vierzehntägig, Information für Führungskräfte
im Event-Marketing.
http://www.blachreport.de

http://www.eventmanager.de
Internetportal für die Event-
Marketing- und Veranstaltungs-
branche

*http://www.event
branchenbuch.de*
Internetportal für Event-
Künstler

http://www.vokdams.de und
http://www.kogag.de
Selbstdarstellung von zwei
führenden Event-Agenturen
Deutschlands

http://www.fme-net.de
FME Forum-Marketing-Event-
agenturen. Setzen Richtlinien
für vergleichbare Leistungen
von Marketing-Events.

Adressen

Unter Mitarbeit von Nada Carls

Kulturverwaltung und Kulturpolitik

Ein Beruf in der Kulturverwaltung erschien Kulturvermittlern
noch bis vor wenigen Jahren eher unattraktiv, ging es dabei
doch vor allem darum, öffentliche Gelder gemäß bürokrati-
scher Vorschriften zu verwalten. Hinzu kam, dass eine berufliche Laufbahn in der Kulturverwaltung ohnehin fast nur ge-
lernten Verwaltungsfachkräften offen stand. Erst im Zuge der
Umstrukturierung und Reformierung der öffentlichen Verwaltungen in den achtziger Jahren hat sich die Kulturverwaltung
zu einem Arbeitsfeld entwickelt, das auch Kunst-, Kultur- und
Geisteswissenschaftlern eine Perspektive bietet. Mit der so genannten „dezentralen Ressourcenverantwortung" erhielten die
Kulturämter mehr eigenen Handlungs- und Gestaltungsspiel-
raum, mehr Möglichkeiten, Kulturprojekte nicht nur zu fördern,
sondern auch selbst zu initiieren.

119

Die Entscheidungen über Ziele und Inhalte der Kulturpolitik werden in den politischen Ausschüssen der Gemeinden, der Länder und des Bundes getroffen und in den Ratsversammlungen und Parlamenten verabschiedet. Früher wurde Kulturpolitik nur als Förderpolitik verstanden, die in der Hauptsache dem Erhalt von Einrichtungen der Hochkultur diente. Seit den siebziger Jahren hat sich das Verständnis der Aufgabe von Kultur in der Gesellschaft wesentlich erweitert. Heute versteht man unter kulturpolitischem Handeln, die Rahmenbedingungen für Kunst und Kultur im Geflecht der unterschiedlichen gesellschaftlichen Interessen und Anliegen zu gestalten und zu verbessern.

Hauptberuflicher Kulturpolitiker zu werden ist schwer, da diese Tätigkeit weniger fachliche Kompetenz als viel mehr langjährige Mitgliedschaft in einer politischen Partei voraussetzt und an politische Wahlen geknüpft ist. Sehr viel realistischer für Kulturvermittler ist hingegen die Tätigkeit in der Kulturverwaltung. Aufgabe der Kulturverwaltung ist es im Prinzip, Beschlüsse der Politik umzusetzen. Doch die Beschlüsse und Vorgaben, an denen sich das Handeln der Kulturämter orientiert, bieten große Ermessensspielräume für die tatsächliche Ausgestaltung, sitzen doch hier die Experten. So trifft die Kulturverwaltung zum Beispiel durch die Verteilung der zur Verfügung gestellten Haushaltsmittel Entscheidungen, die erhebliche Auswirkungen auf die kulturelle Entwicklung einer Region oder einer Kommune haben können. Die Hauptaufgabe der öffentlichen Verwaltung ist die Bereitstellung einer kulturellen Infrastruktur für alle Bürgerinnen und Bürger. Dieser Auftrag umfasst die Einrichtung und den Erhalt von Bibliotheken, Museen, Theatern und anderer kultureller Institutionen. Ein weiterer Tätigkeitsbereich ist die allgemeine Kunst- und Kulturförderung. Hierzu zählen neben der Förderung von Kulturprojekten das Initiieren und Organisieren eigener Kulturveranstaltungen von der literarischen Lesung über Kabarettabende bis hin zu Festivals, die Ausschreibung und Durchführung von Literatur-, Kunst- und Musikwettbewerben und vieles mehr. Die Arbeit erstreckt sich von rein verwaltenden Tätigkeiten bis hin zur Planung und

Umsetzung von eigenen Programmreihen und geschieht oft in Zusammenarbeit mit anderen Veranstaltern. In vielen Gemeinden gehört inzwischen auch das kulturelle Stadtmarketing zu den Aufgaben der Kulturverwaltung. Im Mittelpunkt der Arbeit stehen dabei die Wirkungen des kulturellen Angebots auf die Standortattraktivität einer Gemeinde, also die Bedeutung der Kulturförderung für Wirtschaftsansiedlungen oder Tourismus.

Zu den regulären Verwaltungsaufgaben, die in jedem Kulturamt anfallen, zählt die Vorbereitung der kulturpolitischen Arbeit der Fraktionen und Ausschüsse, etwa durch das Erstellen von Vorlagen für die Ausschussarbeit. Die internen Strukturen der einzelnen Ämter unterscheiden sich erheblich. So gibt es Verwaltungen, in denen eine fachlich qualifizierte Amtsleitung, also etwa ein Kulturwissenschaftler, die Zuständigkeit für alle Kulturbereiche übernimmt, während die für die Umsetzung notwendigen Schritte ausschließlich von Verwaltungsfachkräften durchgeführt werden. In größeren Ämtern findet man oft eine Trennung der Aufgaben in verschiedene Fachbereiche (Literatur, Kunst oder Musik), deren Leitung wiederum fachlich spezialisierten Mitarbeitern obliegt. Gerade diese Ämter sind natürlich für Kulturvermittler sehr interessant.

Erforderlich für die Arbeit in der Kulturverwaltung sind Kenntnisse und Fähigkeiten aus dem Bereich des Kulturmanagements und der Veranstaltungsorganisation wie Programm- und Budgetplanung, Konzeption und Durchführung von Veranstaltungen, PR-Arbeit und Personalführung. Je nach Größe und Struktur einer Verwaltungseinrichtung kann sowohl eine große kulturwissenschaftliche Bandbreite als auch eine fachliche Spezialisierung von Vorteil sein. Auch Kenntnisse von Verwaltungsabläufen sollten vorhanden sein. Im beruflichen Alltag ist es wichtig, zwischen unterschiedlichen kulturellen Interessen vermitteln zu können, Kultureinrichtungen kompetent über Fördermöglichkeiten zu beraten, Potenziale neuer Kulturprojekte zu erkennen und solche zu unterstützen, die entscheidend zur Lebensqualität einer Kommune beitragen.

Literaturauswahl

Handbuch Kulturmanagement. Loseblatt-Ausgabe. Grundwerk. Stuttgart 1992. Insbesondere die Kapitel A 1 (Kultur, Gesellschaft, Politik), A 2 (Kultur, Verwaltung, Management), sowie B 2.1 (Rogge, Klaus I. Das strukturierte Chaos. Anmerkungen zur funktionalen Organisation von kommunalen Kulturbetrieben)

Heinrichs, Werner. Kulturpolitik und Kulturfinanzierung. München 1997

Kulturpolitische Mitteilungen. Zeitschrift für Kulturpolitik der Kulturpolitischen Gesellschaft. Bonn
Erscheint vierteljährlich, wichtigstes Fachblatt für aktuelle kulturpolitische Diskussionen und Informationen

Richter, Reinhart / Sievers, Norbert / Siewert, Hans-Jörg (Hrsg.). Unternehmen Kultur: Neue Strukturen und Steuerungsformen in der Kulturverwaltung. Kulturpolitische Gesellschaft e.V. Essen 1995

Röbke, Thomas / Wagner, Bernd, Kulturpolitische Gesellschaft (Hrsg.). Jahrbuch für Kulturpolitik. Essen seit 2000

Rogge, Klaus I. / Thünemann-Aepkers, Mechtild. Fortbildungsbedarf Kulturämter: Ergebnisse einer Erhebung im Rahmen des Projektes „Kultur 90". Soest 1988.

Sievers, Norbert / Wagner, Bernd / Kulturpolitische Gesellschaft (Hrsg.). Blick zurück nach vorn: 20 Jahre Neue Kulturpolitik. Essen 1994

Zimmermann, Olaf / Schulz, Gabriele. Handbuch Kulturverwaltung. Deutscher Kulturrat e.V. Bonn / Berlin 2000.

http://www.kulturpolitik.de
Informationssystem zu Kultur,
Kulturpolitik, Kulturwirtschaft
und kultureller Beschäftigung

Kulturpolitische
Gesellschaft e.V.
Weberstr. 59a
53113 Bonn
Tel.: 0228 / 201670
http://www.kupoge.de
Bundesweite Vereinigung für
die Entwicklung der Kultur-
politik mit Sitz in Bonn im
Haus der Kultur

Adressen

Unter Mitarbeit von Christine Raudies

Kulturjournalismus

Für diejenigen, die Abwechslung lieben, die in der Lage sind,
sich unter dem Zeitdruck des nahenden Redaktionsschlusses in
immer neue Themen einzuarbeiten, die sicher formulieren und
hartnäckig recherchieren können, ist der Beruf des Journalisten
ideal. In der Bundesrepublik Deutschland gibt es etwa 61 500
fest angestellte und schätzungsweise 15 000 freie Journalisten,
die ihre Tätigkeit hauptberuflich ausüben. Journalisten arbeiten
für Printmedien, Hörfunk und Fernsehen, im Onlinebereich, in
Nachrichtenagenturen und Pressediensten, aber auch in Pressestellen von Firmen, Verbänden und in der Verwaltung. Kultur
spielt im Journalismus nicht nur im Feuilleton eine Rolle, sondern übergreifend in vielen Ressorts, die für ihre Nutzer Themen im Bereich „Unterhaltung" und „Freizeit" aufbereiten.

Die gängigen Bezeichnungen für journalistische Berufe sind
Reporter, Korrespondent und Redakteur. Reporter heißen die
überwiegend im Außendienst Tätigen. Sie sammeln Material
für die anschließend vor Ort stattfindende Berichterstattung.
Korrespondenten liefern Nachrichten, Berichte und Beiträge
aus dem In- und Ausland an die Redaktionen. Journalisten,
die hauptberuflich bei Printmedien, Rundfunk und Agenturen

arbeiten, nennt man Redakteure. Sie sind überwiegend mit der Verarbeitung eingehender Meldungen sowie der Kommentierung aktueller Geschehnisse beschäftigt.

Zu den grundlegenden Tätigkeiten des Journalisten gehört neben dem Schreiben die Recherche, also das Beschaffen und Sammeln verschiedener Informationen sowie die Überprüfung und Absicherung ihrer Richtigkeit. Neben der Arbeit am Schreibtisch müssen auch Außentermine wie zum Beispiel der Besuch von Pressekonferenzen und Messen, im Kulturbereich natürlich der Besuch von Theaterpremieren, Ausstellungseröffnungen, Lesungen wahrgenommen werden. Der Journalist ist nicht nur für das Schreiben von Artikeln zuständig, auch die Gestaltung von Druckseiten und die Auswahl des Bildmaterials können in seinen Aufgabenbereich fallen. Zusätzlich redigiert er Beiträge interner und externer Mitarbeiter. Damit die Informationen ihr Publikum erreichen, müssen sie so aufbereitet werden, dass sie für den Leser verständlich sind und ihm Orientierung bieten können.

Eine überdurchschnittliche Allgemeinbildung, Fremdsprachen- und Computerkenntnisse sind Grundvoraussetzungen für die journalistische Tätigkeit. Von Kulturjournalisten wird ein fundiertes Fachwissen in möglichst mehreren Kultursparten erwartet. Im Kulturbereich haben Journalisten eine besondere Verantwortung, weil sie mit ihren Kritiken den Künstlern Feedback und dem potenziellen Publikum Interpretations- beziehungsweise Entscheidungshilfen geben, ob ein Theaterstück oder eine Ausstellung überhaupt besucht wird. Lob oder Verriss können großen Einfluss auf die Akzeptanz einer Kulturproduktion und mehr noch einer gesamten Institution in der Öffentlichkeit haben. Kulturjournalisten tragen maßgeblich dazu bei, neue Künstler zu entdecken und bekannt zu machen, ebenso wie sie mit ihrer Arbeit kulturpolitische Entscheidungen beeinflussen können.

Die Berufsbezeichnung Journalist ist in Deutschland nicht gesetzlich geschützt. Daher ist der Zugang zu diesem Berufsfeld offen und es gibt keinen verbindlichen Ausbildungsweg. Voraussetzung ist in der Regel ein abgeschlossenes Hochschulstudium, dem ein ein- bis zweijähriges Volontariat in einer Redaktion folgt. Für das Volontariat liegt die Altersgrenze häufig bei 30 Jahren. Viele Kulturjournalisten arbeiten nicht in einem festen Anstellungsverhältnis, sondern schreiben oder produzieren als freie Mitarbeiter einzelne Auftragsbeiträge und eigene Produktionen, die sie an verschiedene Institutionen verkaufen. Dabei sind vor allem im Printmedienbereich die Honorare eher gering, so dass Beiträge in jeweils abgewandelter Form immer an mehrere Medien verkauft werden müssen. Von den freiberuflich tätigen Journalisten unterscheidet man noch die „festen Freien". Manche von ihnen arbeiten jahrelang für ein Medium, welches ihnen die Abnahme einer bestimmten Anzahl von Beiträgen zusichert oder eine monatliche Pauschale für vereinbarte Arbeitsstunden zahlt.

Das Tätigkeitsfeld des Journalisten wird durch das jeweilige Medium geprägt: Das Arbeitsfeld **Printmedien** – vor allem die Tageszeitungen – stellt die meisten Arbeits- und betrieblichen Ausbildungsplätze für Journalisten zur Verfügung. In den Zentralredaktionen der Zeitungen, Publikumszeitschriften und Nachrichtenagenturen arbeiten Journalisten überwiegend in Fachressorts. Zu den klassischen Ressorts zählen neben Kultur oder Feuilleton Politik, Wirtschaft, Sport, Lokales, neuerdings vielfach auch Wissenschaft, Bildung und Technik sowie Medien. Die Journalisten der Lokalredaktion recherchieren oft selbst vor Ort, während in den zentralen Fachressorts die Meldungen der Nachrichtenagenturen einen Großteil dieser Recherche übernehmen und sich dort die journalistische Arbeit überwiegend auf das Redigieren und Bearbeiten von Agenturmaterial oder Korrespondententexten konzentriert. Zeitungen ebenso wie Zeitschriften sind bestrebt, möglichst viele journalistische Darstellungsformen zu präsentieren. Man unterscheidet zwischen Nachricht, Bericht, Kommentar, Glosse, Feature, Reportage, Porträt und Interview. Beim Kulturjournalismus überwiegen Rezensionen sowie zunehmend werbende Vorankündigungen.

Da die Medien mit größeren Kulturveranstaltern zunehmend so genannte Medienpartnerschaften eingehen, wo wechselseitig füreinander geworben wird, ist auch die Tätigkeit in den Redaktionen nicht mehr völlig unabhängig, sondern wird manchmal zur PR-Arbeit für ein bestimmtes Kulturereignis.

Das **Fernsehen** vermittelt im Gegensatz zu den Printmedien Informationen durch Wort, Ton und Bild. Daher ist nicht jedes Material, das einen interessanten Artikel für eine Zeitung bietet, auch für eine Fernsehübertragung geeignet. Der Fernsehredakteur muss sein Material immer im Hinblick darauf aussuchen, ob das mögliche Thema auch „gute Bilder" liefert. Im Kulturbereich gibt es eine Fülle von spannenden, innovativen Bildern, die zu filmen jedoch immer mit langfristigen Absprachen verbunden ist. In Kooperation mit den Pressestellen der Kulturveranstaltern müssen spezielle Fernsehproben vereinbart werden, auf denen möglichst uneingeschränkt gedreht werden darf und die leitenden Künstler für Interviews zur Verfügung stehen.

Die Umsetzung einer Fernsehproduktion erfordert ein großes Team von Spezialisten, um den technischen Aufwand zu bewältigen. Bei der aktuellen Berichterstattung besteht das Personal in der Regel aus Kameramann, Tontechniker und dem Reporter, die gemeinsam vor Ort ein Ereignis aufzeichnen. Der aufgezeichnete Beitrag wird dann in einem Schnittstudio sendefertig aufbereitet. Fernsehjournalisten können nur dann die gestalterischen Möglichkeiten ihres Mediums voll ausschöpfen, wenn sie den medientechnischen Apparat, in den sie einbezogen sind, kennen und mit den Arbeitstechniken der Mitarbeiter im Team, zum Beispiel Kameramann und Cutter, vertraut sind.

Das Medium **Radio** erfordert es, für das Hören schreiben zu können. Die Berichte müssen eingängig, verständlich und leicht erfassbar sein. Eine nicht unwesentliche Voraussetzung dafür ist eine gute Stimme, da von den meisten Radiojournalisten erwartet wird, dass sie ihre Beiträge auch selbst sprechen. Ein weiteres wichtiges Element im Hörfunk sind vor Ort aufgenommene

Originaltöne, wie Ausschnitte aus einem Konzert, Eindrücke von Zuschauern, Interviews mit den Künstlern. Diese so genannten O-Töne schaffen Atmosphäre und sorgen für Authentizität. Die üblichen Tätigkeiten im Radiojournalismus bestehen aus Moderieren, Recherchieren, Interviewen und dem Erstellen von Beiträgen.

Mit der zunehmenden Digitalisierung der Kommunikationstechnik sind multimediale Qualifikationen gefordert, da immer mehr technische Aufgaben auf den Bereich Journalismus zukommen. Tätigkeiten aus dem Produktionsprozess werden an den Arbeitsplatz des Redakteurs verlagert, so dass dieser sein Produkt per Computer ganzheitlich bearbeiten kann. Die Übergänge zwischen journalistischen und dem Journalismus nahen Berufen werden fließender. Neben den klassischen Medien entstehen zusätzliche Arbeitsplätze in Bereichen wie PR, Werbung, Medientechnik oder Medienmanagement.

Beifuß, Hartmut / Evers, Karl Heinz / Rauch, Friedrich u.a. Bildjournalismus: Ein Handbuch für Ausbildung und Praxis. München, Leipzig 1994

Bundesanstalt für Arbeit (Hrsg.). Blätter zur Berufskunde: Journalist / Journalistin. Bestellnummer: 2-XF30. Bielefeld 1996

Deutscher Journalisten Verband (Hrsg.). Journalist/in werden? Ausbildungsgänge und Berufschancen im Journalismus. Bonn 1999/2000

Heß, Dieter (Hrsg.). Kulturjournalismus: Ein Handbuch für Ausbildung und Praxis. München 1992

Mast, Claudia (Hrsg.). ABC des Journalismus: Ein Leitfaden für die Redaktionsarbeit. 8. Auflage. München 1994

Literaturauswahl

Reus, Gunter. Ressort: Feuilleton: Kulturjournalismus für Massenmedien. Konstanz 1999

Stegert, Gernot. Feuilleton für alle: Strategien im Kulturjournalismus der Presse. Tübingen 1998

Adressen

http://www.djv.de
Homepage des deutschen Journalisten Verbandes (DJV), der mit mehr als 36 000 Mitgliedern die größte Gewerkschaft der Journalisten in der BRD ist

http://www.udk-berlin.de/wb/journalismus
2002 gegründeter Weiterbildungsstudiengang Kulturjournalismus an der Universität der Künste Berlin

http://www.uni-hildesheim.de/studium/KS
Grundständiger Studiengang Kreatives Schreiben und Kulturjournalismus an der Universität Hildesheim

Unter Mitarbeit von Jessica Frie, Eva Krauss, Annika Trentzsch und Anke Woopen

Neue Medien

Die neuen Medien sind als Schlagwort in aller Munde und scheinen beste Karrierechancen zu versprechen. Was verbirgt sich genau hinter diesem Begriff und welche Möglichkeiten eröffnen sich hier für Kulturvermittler? Der Begriff „Neue Medien" bezieht sich auf verschiedene Techniken im Bereich der Unterhaltungselektronik, der Datenverarbeitung und der Nachrichtentechnik sowie auf Neuentwicklungen bei der Informationsspeicherung und Informationsübertragung. Im weiteren Sinne bezeichnet man mit „Neue Medien" auch die neuen Formen der Massenkommunikation, insbesondere das Internet.

In vielen Kulturberufen sind neue Medien bereits fest integriert, bieten zudem alternative Arbeitsmärkte und Produktionsmöglichkeiten und schaffen sogar neue Berufsfelder, so etwa im Bereich Journalismus (Online-Redaktionen), in den Bereichen Film und Musik, in der künstlerischen Produktion (Nutzung neuer Medien für die bildende Kunst) und auch in der Kulturvermittlung in Form von Medienpädagogik und interaktiver Kunstvermittlung.

Einer der zentralen durch das Internet geschaffenen Berufe ist der des **Online-Redakteurs**. Online-Redaktionen sind meist Zweigstellen gedruckter Medien. Je nach Aufgabengebiet sind klassische journalistische ebenso wie gestalterische Fähigkeiten gefragt. Voraussetzung ist in jedem Fall eine intensive Auseinandersetzung und ein sicherer Umgang mit dem Medium Internet. Online-Redakteure werden zudem in Werbeagenturen und im Bereich Öffentlichkeitsarbeit eingesetzt. Tätigkeitsbereiche wären in diesem Fall beispielsweise der Buchmarkt, Plattenfirmen, Museen oder andere kulturelle Einrichtungen, die Internetseiten für sich nutzen.

Ein weiterer neuer Beruf ist der des **Content-Managers**, welcher die redaktionellen Inhalte einer Online-Redaktion beziehungsweise die Web-Präsenz verantwortet. Im Unterschied zum Online-Redakteur sind Content-Manager zusätzlich für die Kooperationen mit anderen Unternehmen verantwortlich und übernehmen auch marketingrelevante Aufgaben. Hinter dem Begriff kann sich aber auch alternativ der Beruf des „Internet-Werbetexters" oder des „Chefredakteurs einer Online-Redaktion" verbergen.

Unter **interaktiver Kunstvermittlung** versteht man zum Beispiel die Erstellung von Computerprogrammen für Museen oder die Erstellung von Spielen für Kinder auf CD-Rom. Damit bieten die neuen Medien eine Fülle von Bildungsmöglichkeiten. Wissen muss nicht mehr linear oder frontal vermittelt werden, sondern kann multimedial, unabhängig von Raum und Zeit, in seiner ganzen Komplexität und mit interkulturellen Zusammenhängen dargeboten werden. Dabei entsteht eine neue Form der Interaktion zwischen dem Vermittler und dem Rezipienten, der selbst entscheidet, was und in welcher Form er lernt.

Medienpädagogik kann sich auf zwei verschiedenen Ebenen bewegen und damit unterschiedliche Interessen und Ziele verfolgen. Zum einen werden (neue) Medien in der eigenschöpferischen, kulturpädagogischen Arbeit eingesetzt, wenn etwa mit einer Jugendgruppe ein eigenen Videofilm oder eine Homepage erstellt wird. Das geschieht auch, um übergeordnete pädagogische Ziele zu realisieren, zum Beispiel die Förderung sozialer Kompetenz und die Persönlichkeitsentwicklung. Andererseits soll durch Medienpädagogik der alltägliche Umgang mit den Medien trainiert werden. Medienkompetenz bedeutet dabei nicht nur die Befähigung zur Nutzung der Medien, sondern auch die Fähigkeit, Medienbotschaften zu analysieren und zu bewerten sowie die Informations- und Kommunikationsflut zu kanalisieren und zu bewältigen. Der Auftrag des Medienpädagogen besteht darin, einen kritischen und verantwortlichen Umgang mit den Medien zu fördern und gleichzeitig die gesellschaftliche Bedeutung der Medien zu vermitteln. Medienpädagogen sind häufig in Institutionen der Kinder- und Jugendkulturarbeit tätig sowie in Bildungsstätten und Volkshochschulen. Wichtige Fähigkeiten für diese Tätigkeit sind fundierte Kenntnisse über Produktions- und Distributionsbedingungen von Massenmedien, über Inhalte und gestalterische Prinzipien massenmedialer Produkte und über die Rolle der Massenmedien als Sozialisationsfaktor. Darüber hinaus sind natürlich technische und gestalterische Fähigkeiten im Umgang mit verschiedenen Medien Voraussetzung.

Digitalisierte Medien erweiterten und verändern Produktions- und Darstellungsmöglichkeiten auch in der Kunst. Natürlich gilt dies nicht nur für die bildende Kunst, sondern auch für Film, Theater, Literatur und Musik. Kunst im Internet hat zwei

Dimensionen. Zum einen bietet das Internet Präsentationsplattformen für Kunst, die außerhalb des Mediums Internet produziert worden ist. Künstler haben die Möglichkeit, ihre Arbeiten vorzustellen und Hintergrundinformationen zu den Kunstwerken zu veröffentlichen; darüber hinaus können sie mit anderen Künstlern, Ausstellungsmachern und dem Netzpublikum virtuell in Kontakt treten. Zum anderen hat sich mit dem Internet für die **künstlerische Produktion** eine neue künstlerische Ausdrucksform etabliert. Netzkunst nutzt das Internet als Produktions- und gleichzeitig als Präsentationsmedium. Die Vollendung des Kunstwerkes findet dann durch das Eingreifen des „Users" statt. Die virtuelle Interaktion mit dem Werk ermöglicht dem Rezipienten zusätzliche Reflexionsmöglichkeiten. Da der künstlerische Akt von Seiten des Produzenten in der Programmierung liegt, ist technisches Know-how eine wichtige Voraussetzung. Interessant ist dabei, dass das technische Wissen und die technischen Möglichkeiten des Users das Erscheinungsbild des Kunstwerks und auch das Werk selbst mitbestimmen, sogar erst seine Existenz begründen. Diese Web-Art-Projekte benutzen demnach das Internet und reflektieren es gleichzeitig.

Der Multimedia- und Online-Markt ändert sich schnell. Was heute neu ist, kann morgen schon längst überholt sein. Nur wer Spaß daran hat, sich ständig wieder in neue Medien, neue Technologien und neue Anforderungen einzuarbeiten, ist hier erfolgreich. Das schnelle Wachstum und die hohe Flexibilität der New Media Industry lassen auf einen zunehmenden Bedarf an Arbeitskräften schließen. Kulturexperten können über technisches Know-how hinaus zunehmend gefragte gestalterische und kreative Fähigkeiten in das Arbeitfeld einbringen. Deutlich ist schon jetzt, dass die neuen Medien in allen kulturvermittelnden Berufen mehr und mehr in die Arbeit integriert werden, vor allem im Kontakt mit jüngeren Zielgruppen.

Literaturauswahl

Berger, Anja / Kunkel, Andreas. Karrieren unter der Lupe: Neue Medien. Würzburg 2001

Gabriel, Norbert. Kulturwissenschaften und neue Medien: Wissensvermittlung im digitalen Zeitalter. Darmstadt 1997

Jäger, Martina / Jäger, Wolfgang (Hrsg.). Studienführer Neue Medien: Karriere zwischen Bits und Bytes im Infozeitalter. Würzburg 2000

Adressen

http://www.medienstudien fuehrer.de
Studien- und Ausbildungsangebote in den Neuen Medien

http://www.medienjobs.com
Jobangebote nach einer Registrierung verfügbar

http://www.hightext.de/ praktika/
Praktikabörse für die Multimedia- und Online-Branche

http://www.adf.de
Arbeitskreis Digitale Fotografie

http://www.inm.de
Institut für Neue Medien

http://www.zkm.de
Zentrum für Kunst und Medientechnologie Karlsruhe

http://www.online journalismus.de
Informationsportal für Online-Journalisten und Kommunikationsplattform für Medienschaffende

http://content-management.org
Umfangreiche Übersicht aller Aspekte des Web Content Managements, einschließlich Stellenangeboten

http://www.aim-mia.de
Koordinationszentrum für Ausbildung in Medienberufen

http://www.kulturserver.de
Der Kulturserver ist die Online-Community für Kunst und Kultur in einem Bundesland oder einer Region. Er bildet die kulturelle Szene zum Beispiel des Bundeslandes Niedersachsen so vielfältig und umfangreich wie möglich ab und hat sich als kulturelles Such- und Leitsystem etabliert. Jeder Kulturinteressierte und jeder Kulturschaffende kann kostenlos in dem neuen Medium veröffentlichen, senden oder sich informieren.

Unter Mitarbeit von Britta Lelgemann

Soziokultur

In keinem Arbeitsfeld spiegelt sich die kulturelle Vielfalt so differenziert wider wie im Bereich Soziokultur und kulturelle Bildung – ein breit gefächertes Arbeitsfeld, in dem sich auch die ungewöhnlichsten Ideen bürgernaher Kulturarbeit verwirklichen lassen. „Kultur für alle und von allen" steht im Mittelpunkt soziokultureller Arbeit: Dazu gehören die Gestaltung eines Stadtteilfestes ebenso wie Mädchenkulturarbeit im Freizeitheim oder Theaterpädagogik im Gefängnis. Zur Soziokultur zählen neben den soziokulturellen Zentren auch weite Bereiche der kulturellen Bildung und Kulturpädagogik für Kinder, Jugendliche und Erwachsene, wie beispielsweise die Jugendkunst- und Musikschulen, die sich im Lauf ihrer Entwicklung jedoch vom Begriff „Soziokultur" wegbewegt haben.

Die Soziokultur entstand in den siebziger Jahren in Zusammenhang mit der neuen sozialen Bewegung. Sie sollte Antwort, Reaktion und gelebter Gegenentwurf zu einem konsum- und unterhaltungsorientierten Verständnis von Kultur sein, eine „Gegenkultur" und „Gegenöffentlichkeit" bilden. Kultur sollte bürger- und lebensnah werden. Es wurden selbstverwaltete Zentren, Bürgerhäuser und ähnliche Einrichtungen gegründet, die in ihrer Entstehungsphase Modelle für eine andere gesellschaftliche Arbeits- und Lebensform sein wollten. Sie forderten die Akzeptanz und Gleichbehandlung der unterschiedlichen kulturellen Ausdrucks- und Organisationsformen durch Politik und Öffentlichkeit, um eine Demokratisierung der Kultur zu erreichen. Die Verwirklichung demokratischer Entscheidungsstrukturen innerhalb der Einrichtungen galt als Voraussetzung für eine eigenverantwortliche Beteiligung aller Bürger. 1979 schlossen sich viele dieser Einrichtungen zur Bundesvereinigung soziokultureller Zentren zusammen.

In den achtziger Jahren entwickelte die Soziokultur pragmatischere Ansätze: Bürgertreffpunkte wurden zu Veranstaltungszentren mit hauptberuflich tätigen Mitarbeitern. Diese Tendenz zur Professionalisierung verstärkte sich in den neunziger Jahren: Die Organisation soziokultureller Zentren, die teilweise die Größe von mittelständischen Unternehmen erreicht haben, erfordert ein hohes Maß an Professionalität, um wachsenden Anforderungen und Bedürfnissen des Publikums gerecht zu werden. Die kulturelle Praxis der Einrichtungen hat es notwendig gemacht, sich vom idealistischen Modell „jede/jeder soll alles tun (können)" zu lösen, ohne dabei die programmatischen Grundlagen aus den Augen zu verlieren. Man unterscheidet zunehmend Bereiche, in denen eine möglichst breite Beteiligung der Basis gewünscht ist, und Bereiche, in denen es klare Strukturen und Verantwortlichkeiten geben muss. Der Trend geht zu Angeboten für spezielle Zielgruppen und zur Profilierung der Einrichtungen als Reaktion auf das insgesamt gewachsene Kulturangebot.

Die soziokulturellen Zentren haben sich inzwischen als Kulturträger etabliert. Neben den oben erläuterten programmatischen Grundsätzen zeichnen sich die Zentren dadurch aus, dass sie breiten Bevölkerungsschichten die aktive Teilnahme am kulturellen und politischen Leben ermöglichen. Sie fördern die künstlerisch-kreative Eigenbetätigung in Programmen und Veranstaltungen und bieten Integrationsmöglichkeiten für verschiedene Altersgruppen, soziale Schichten und Nationalitäten. Darüber hinaus unterstützen sie Vereine, Gruppen und Initiativen durch Bereitstellung von Infrastruktur, Beratung und Vernetzungsarbeit. Die Stadtteilkulturarbeit, die Bürgernähe durch die Standortverlagerung der Kultur aus den Innenstädten heraus fördert, ist ein weiterer wichtiger Bereich. Meist ist den Zentren ein offener Kommunikations- und Gastronomiebereich angeschlossen. Die Vielfalt der einzelnen Zentren schließt eine eingrenzende Definition aus: ihr Charakter ergibt sich aus den jeweiligen kulturpolitischen Rahmenbedingungen, dem städtischen oder ländlichen Umfeld, den verschiedenen Finanzierungsmöglichkeiten und der Mitarbeiterstruktur.

Mögliche Tätigkeiten für Kulturvermittler sind hier die Vermittlung künstlerischer Techniken aller Sparten und das Erarbeiten neuer Inhalte und Projekte – also künstlerisch-vermittelnde Arbeit im kunst-, theater-, musik-, medien-, literatur- und kulturpädagogischen Bereich. Außerdem organisatorische und konzeptionelle Tätigkeiten wie die Umsetzung kultureller (Weiter-)Bildungsangebote, die Leitung und Koordination einer Einrichtung und deren Veranstaltungen und Angebote mit den dazugehörigen Aufgaben Öffentlichkeitsarbeit, Marketing, Finanzierungsplanung, Verwaltung sowie die Vernetzungs-, Verbands- und Lobbyarbeit.

Inzwischen gibt es circa 450 Einrichtungen, die in der Bundesvereinigung soziokultureller Zentren zusammengeschlossen sind. Sie haben eine flächendeckende Verbreitung erreicht und sind seit den letzten zehn Jahren zunehmend auch in mittleren und Kleinstädten sowie im ländlichen Bereich angesiedelt. Im Zuge der Wiedervereinigung stieg die Zahl der soziokulturellen Zentren stark an, auch die Zahl der Besucher pro Zentrum hat zugenommen: Waren es 1994 noch durchschnittlich 46 000, gab es 1998 fast 59 000 Besucher. Insgesamt besuchten 1998 circa 17,5 Millionen Menschen die Zentren. In diesem Jahr waren insgesamt 12 966 Personen beschäftigt, davon 1 391 unbefristet (11 Prozent), 1 367 befristet (10 Prozent), 6 008 ehrenamtlich (46 Prozent), 4 039 als Aushilfen, Honorarkräfte oder freie Mitarbeiter (31 Prozent) sowie 161 Zivildienstleistende (1 Prozent).

Bei aller Vielfalt hat das Berufsfeld zwei wichtige Merkmale: Das hohe Innovationspotenzial gewährt viele Chancen, eigene Ideen zu entwickeln und umzusetzen und sich selbst in hohem Maß einzubringen, dabei vielleicht sogar neue Berufsbilder zu schaffen. Auf der anderen Seite sind die Verdienstmöglichkeiten unsicher. Die meisten Beschäftigungsverhältnisse sind befristet, der Anteil an freien Mitarbeitern, ABM-Stellen, projektbezogener Arbeit auf Honorarbasis ist hoch, ebenso der Anteil an ehrenamtlicher, also unbezahlter Arbeit.

Kulturelle Bildung und **Kulturpädagogik** findet vor allem in der außerschulischen Arbeit mit Kindern und Jugendlichen statt. Ein Einstieg in diesen Bereich ist über ein Praktikum oder eine freie Mitarbeit sehr leicht möglich. Leute mit guten Projektideen und der Fähigkeit, diese umzusetzen und zu vermitteln, werden hier immer gesucht, wenngleich Festanstellungen nicht so einfach zu erreichen sind. In der kulturellen Bildung werden Kompetenzen und allgemein bildende Schlüsselqualifikationen in Auseinandersetzung mit Kunst und Kultur und dem eigenen Gestalten herausgebildet. Der Begriff „Kulturpädagogik" umschließt außerdem die Vermittlung dieser Bildungsinhalte. Dem passiven, rezeptiven Kulturkonsum wird die aktive, eigenschöpferische Tätigkeit entgegengesetzt und das Erproben der ästhetischen Praxis weckt das Bewusstsein für und Vertrauen in die eigenen Kompetenzen. Wichtige Schlüsselqualifikationen wie Kreativität, Durchhaltevermögen, Innovationsfreudigkeit, Team- und Kommunikationsfähigkeit, Gestaltungs- und Sozialkompetenzen lassen sich mit Hilfe ästhetischer Bildung entwickeln.

Am Beispiel der Kinder- und Jugendkulturarbeit in den Jugendkunstschulen und anderen Einrichtungen wird im Folgenden das Aufgabenfeld der kulturpädagogischen Praxis erläutert. Kulturelle Bildungs- und Weiterbildungsangebote für Jugendliche und Erwachsene werden außerdem bereitgestellt von den 1 146 Volkshochschulen, den soziokulturellen Zentren, den kulturellen Verbänden und Vereinen, innerhalb der gewerkschaftlichen und kirchlichen Bildungsarbeit, von Kulturakademien und vielen weiteren Trägern.

„Kunst und Kultur machen aus halben Portionen ganze Persönlichkeiten", hieß es in einer Kampagne der Bundesvereinigung Kulturelle Jugendbildung e.V. von 1996, deren Ziel es war, Kinder und Jugendliche als Kulturadressaten und als Kulturschaffende ernst zu nehmen. Kinder und Jugendliche besitzen ebenso wie Erwachsene kulturelle Bedürfnisse, verlangen aber nach spielerischen Erfahrungs- und Erkenntniswegen und geschützten Räumen für ihre Kultur. Diese Besonderheiten müssen bei der kulturellen Bildungsarbeit berücksichtigt werden. Seit den siebziger Jahren hat sich die **Kinderkulturarbeit** als eigenständiges Tätigkeitsfeld entwickelt, das sich deutlich von schulischen und sozialpädagogischen Ansätzen emanzipiert hat und stark expandiert ist: 1992 gab es 273 Einrichtungen mit circa 4 000 Mitarbeitern, heute gibt es etwa 400 Einrichtungen, in denen 6 000 Menschen haupt-, neben- und ehrenamtlich tätig sind; damit erreichen sie jährlich etwa 650 000 Kinder und Jugendliche. Der Anteil der hauptamtlich Tätigen liegt bei etwa 25 Prozent. Diese sind häufig vor allem mit Management-Aufgaben betraut, während die künstlerisch-anleitende und animierende Arbeit vorwiegend von Honorarkräften ausgeübt wird.

Die Jugendkunstschulen orientieren sich an den Lebenswelten von Kindern und Jugendlichen aus allen sozialen Schichten. Sie haben zum Ziel, deren kulturelle und soziale Kompetenz sowie ihr künstlerisch-handwerkliches Ausdrucksvermögen zu fördern. Dabei soll die kulturelle Eigentätigkeit von Kindern gestärkt werden. Ihre zentrale Aufgabe sehen die Jugendkunstschulen darin, das Vertrauen der Jugendlichen in ihre eigenen Kompetenzen zu fördern und ihnen so Mittel und Unterstützung zu bieten, sich zu orientieren und ihre Zukunft zu meistern. Es gibt eine Vielzahl spezifischer Einrichtungen und Angebote, die in Form von Kursen, Ferienangeboten, Projekten, Werkstätten, Aktionen in Parks, Museen und an anderen Orten wahrgenommen werden können. Kennzeichnend ist die große Sparten- und Medienvielfalt sowie eine Fülle von Vermittlungsmethoden. Mögliche Projekte sind etwa die Erstellung eines eigenen Films oder eines Kinder-Musicals, eine Kinderliteraturwerkstatt, eine Kinderzeitung, ein internationales Jugendtheaterprojekt oder auch die gemeinsame Planung und Errichtung eines Abenteuerspielplatzes. In vielen Städten gibt es Kinderferienaktionen, in denen Kinder beispielsweise ihre eigene Spielstadt errichten können, so etwa „MiniMünchen" von Kultur und Spielraum e.V. oder „Düsseldörfchen" von AKKI / Aktion und Kultur mit Kindern e.V. Im Spiel können Strukturen und Wirkungsmechanismen einer Stadt erfahrbar werden; es gibt unter anderem ein Rathaus, eine Bank und eine Kunstakademie; es werden Gemeindevertreter gewählt, Dienstleistungen erbracht und kulturelle Ereignisse geplant, die vor Gästen aufgeführt werden.

Der Kulturvermittler hat dabei die Rolle, künstlerische Techniken weiterzugeben, inhaltliche Projekte anzubieten, anzuregen, zu motivieren und zu moderieren ohne zu bevormunden. Es geht primär darum, Handlungsimpulse zu geben, damit die Kinder ihre eigenen Ideen entfalten können – anders als in traditionellen „Bastelkursen", wo ein einheitliches, durchstrukturiertes Muster nachvollzogen wird. Vielmehr steht die offene Lernsituation im Vordergrund: Selbstbestimmtes, sinnlich-authentisches Lernen für sich und mit anderen in Abgrenzung zu einer sich weitgehend isolierenden, medialisierten und kommerzialisierten Welt. Diese Arbeitsweise eröffnet neue Perspektiven, fördert Toleranz und soziales Engagement und ermöglicht gesellschaftliche Integration.

Das Arbeitsfeld Kinder- und Jugendkulturarbeit ist eines der strukturiertesten im Bereich der Kulturpädagogik und bietet verhältnismäßig viele Arbeitsplätze. In der kulturpädagogischen Fachdiskussion nimmt es den höchsten Stellenwert ein. Menschen, die in diesem Bereich tätig sind, haben die unterschiedlichsten Ausbildungen: Von ehemaligen Lehrern über Sozialpädagogen und Kulturpädagogen bis zu Künstlern ist alles vertreten. Generell sind pädagogische, psychologische und natürlich künstlerische Kenntnisse Voraussetzung. Kulturarbeit mit Kindern ist ebenso fordernd wie lohnend. Mit Kindern und Jugendlichen zu arbeiten, heißt Umdenken und Nachdenken über die eigene Einstellung zu Kindheit und Erwachsenwerden, zu kindlicher Wahrnehmung und Selbstbestimmung. Kinder und Jugendliche sind – hat man den gemeinsamen Einstieg erst einmal gefunden – engagiert, einfallsreich und sehr erfinderisch bei der Entdeckung und Neugestaltung ihrer Alltagswelt mit künstlerischen Mitteln.

Bundesvereinigung Kulturelle Jugendbildung (Hrsg.). Praxisfeld Kinderkulturarbeit: Erweiterte Dokumentation der Fachtagung der BKJ – „Praxisfeld Kinderkulturarbeit" vom 11. - 13.12.1992. Remscheid 1993

Holler, Eckhard. Kulturarbeit und Ästhetik: Beiträge zur Theorie und Praxis der Soziokultur. Pforzheim 1992

Informationsdienst Soziokultur. Zeitung der Bundesvereinigung Soziokultureller Zentren e.V.

Kathen, Dagmar von / Vermeulen, Peter. Handbuch Jugendkunstschule. Unna 1992

Landesarbeitsgemeinschaft Soziokultur Sachsen-Anhalt. Paradigma Soziokultur? Dresden 2000

Loehmann, Hilde. Soziokultur im Umbruch: Eine Bestandsaufnahme soziokultureller Zentren. Hildesheim 1998

Moll, Alex (Hrsg.). Soziokulturelle Zentren im Umbruch. Essen 1999

Schäfer, Brigitte. Praxis Kulturpädagogik: Entwicklungsstand und Perspektiven. Landesarbeitsgemeinschaft Kulturpädagogische Dienste und Jugendkunstschulen NRW e.V. Unna 1988

Sievers, Norbert / Wagner, Bernd (Hrsg.). Bestandsaufnahme Soziokultur. Stuttgart 1992

Zacharias, Wolfgang. Kulturpädagogik: Kulturelle Jugendbildung; eine Einführung. Opladen 2001

Literaturauswahl

Adressen

Bundesvereinigung Soziokultureller Zentren e.V.
Schiffbauergasse 1
14467 Potsdam
Tel.: 0331 / 2 70 70 85
E-Mail: bundesvereinigung@ soziokultur.de
http://www.soziokultur.de
Informationen und Literaturhinweise zur Soziokultur; Adressen der jeweiligen Landesverbände sowie Links zu den einzelnen Zentren und weiteren Verbänden

Rat für Soziokultur und kulturelle Bildung c/o Bundesvereinigung Kulturelle Jugendbildung e.V.
Küppelstein 34
46857 Remscheid
Tel.: 02191 / 79 43 90
http://www.kulturrat.de/ struktur/sektion.htm

Bundesvereinigung kulturelle Jugendbildung e.V.
Küppelstein 34
46857 Remscheid
Tel.: 02191 / 79 43 90
E-Mail: info@bkj.de
http://www.bkj.de

Bundesverband der Jugendkunstschulen und kulturpädagogischen Einrichtungen e.V.
Kurpark 5
59425 Unna
Tel.: 02303 / 6 56 18
oder 6 93 24
E-Mail: bjke_lkd@ compuserve.com
http://www.bjke.de

Bundesarbeitsgemeinschaft der Spielmobile
Juri-Gagarin-Ring 111
99084 Erfurt
Tel.: 0361 / 6 79 54 40
http://www.spielmobile.de

Akademie Remscheid für musische Bildung und Medienerziehung
Küppelstein 34
42857 Remscheid
Tel.: 02191 / 79 40
E-Mail: info@akademie remscheid.de
http://www.akademie remscheid.de

Bundesakademie für kulturelle Bildung Wolfenbüttel
Postfach 11 40
38281 Wolfenbüttel
E-Mail: Post@ bundesakademie.de
http://www.bundes akademie.de

Verband deutscher Musikschulen
Plittersdorfer Straße 93
53173 Bonn
Tel.: 0228 / 95 70 60
E-Mail: vdm@ musikschulen.de
http://www.musikschulen.de

Informationen über die Volkshochschulen im Internet:
http://www.vhs.de
http://www.bildungsserver.de

Unter Mitarbeit von Sabine Herr und Simone Holl

Kulturpädagogik in Rehabilitation und Therapie

Während die Kunsttherapie inzwischen ein weit verbreitetes Verfahren in der Behandlung von psychischen Krankheiten ist, gibt es kulturpädagogische Angebote erst seit wenigen Jahren in Reha-Kliniken, Krankenhäusern oder Behindertenwerkstätten. In der kulturpädagogischen Praxis werden Menschen dazu ermutigt, mit Hilfe ästhetischer Mittel aktiv und kreativ ihre individuellen Ideen zu entwickeln und zu verwirklichen. Selbstbestimmtes Handeln und Gestalten bietet Raum, die eigenen Möglichkeiten zu erforschen, weckt Selbstvertrauen und das Bewusstsein für sich selbst und andere. Im ästhetischen Tun werden persönlichkeitsstärkende Kräfte mobilisiert. Dies gilt auch und gerade in Krisenzeiten. Speziell in persönlichen Ausnahmesituationen – gleich ob physischer, psychischer und/oder emotionaler Natur – braucht der Mensch die Vergewisserung der eigenen Ressourcen, eine Sinnzentrierung, die Möglichkeit für Ruhe und Ausgleich. Kulturpädagogische Angebote können dabei helfen.

Anders als die Kunsttherapie verfolgt die Kulturpädagogik keine vorher festgelegten (Behandlungs-)Ziele; vielmehr bereitet und stützt sie den Raum zur Selbsterfahrung und zum Selbstexperiment. Sicherlich gibt es dabei inhaltliche und methodische Überschneidungen mit der Kunsttherapie, die zu den Psychotherapieverfahren gehört. Künstlerische Therapien, wie Musik-, Tanz-, Kunst- und Poesietherapie, nutzen das künstlerische Medium als Kommunikationsmittel und Strukturierungshilfe. Im Erfahrungs- und Erkenntnisraum des Materials können Probleme nach außen verlagert, sichtbar, greifbar gemacht und somit vergegenwärtigt werden. Das mitunter Unsagbare thematisiert sich im kreativen Prozess und kann auf dieser Ebene auch bearbeitet werden. Künstlerische Therapien eignen sich somit zur Diagnostik und Behandlung, zur Krisenintervention und Daseinsbewältigung.

Sowohl die Kulturpädagogik als auch die künstlerischen Therapien arbeiten vornehmlich klientenzentriert, das heißt, dass der Klient mit seinen Wünschen und Anliegen im Mittelpunkt steht, den Weg und das Ziel vorgibt. Bei beiden Ansätzen werden kreative Prozesse initiiert, kommen Dinge in Bewegung. In der Kulturpädagogik ist das eigene künstlerische Tun jedoch weniger Mittel zum Zweck als vielmehr eine Tätigkeit, die Spaß machen und das Selbstvertrauen stärken soll. Der Klient darf sich während der ästhetischen Arbeit seinen Problemen zuwenden, vorausgesetzt oder erwartet wird es aber nicht. In diesem Bewusstsein bleiben der Gestaltungswille und die Freude am künstlerischen Schaffen von der Suche nach Defiziten unbelastet, was durchaus heilsam sein kann. Kulturpädagogische Angebote in Kliniken finden meistens als Gruppenangebote statt: Videoprojekte oder Literaturtreffs sind genauso möglich wie offene Atelierarbeit oder eine gemeinsame Theaterinszenierung. Neben den Projekten, in denen die Klienten selbst kreativ tätig sind, umfasst die Arbeit eines Kulturpädagogen in einer Klinik auch die Organisation von Museumsbesuchen, Ausstellungen, Theaterstücken und Konzerten.

Bei einer Absolventenbefragung der Universität Hildesheim gaben immerhin 4 Prozent der interviewten Kulturpädagogen an, in einer (Reha-)Klinik oder einer ähnlichen Einrichtung tätig zu sein, davon circa zwei Drittel in Festanstellung, die anderen als Honorarkräfte. Vermutlich werden die Stellen in diesem Bereich zunehmen, da die ressourcenstärkende Kraft kulturpädagogischer Arbeit zunehmend mehr erkannt wird. Zurzeit sind die vorhandenen Strukturen für diese kulturpädagogische Tätigkeit noch eher undifferenziert und unorganisiert. Große Fachverbände und umfangreiche Literaturlisten wie im Sektor der künstlerischen Therapien sucht man hier vergebens. Auch die Kriterien Entlohnung und Berufsprofil sind nicht einheitlich geregelt, zumal Kulturarbeit in diesem Feld häufig von Sozialpädagogen, Ergo- und Kunsttherapeuten geleistet und damit nicht explizit als solche gekennzeichnet beziehungsweise honoriert wird. Notwendig ist es darum, den Wert kulturpädagogischer Arbeit in Kliniken weiter herauszuarbeiten, damit sich Stellen zunehmend als unverzichtbar etablieren können. Sinnvoll für kulturvermittelnde Tätigkeiten in diesem Bereich ist neben künstlerischer und pädagogischer Kompetenz eine psychologische Zusatzqualifikation.

Das Gesundheitswesen mit den Bereichen Prävention, Behandlung, Rehabilitation und Nachsorge ist ein sinnvolles, sinnstiftendes und zukunftweisendes Arbeitsfeld für Kulturpädagogen und Kulturpädagoginnen, die wesentlich dazu beitragen können, mittels kreativer Initiativen das subjektive Wohlbefinden, das Selbstwertgefühl und die Selbstheilungskräfte eines in die Krise geratenen Menschen zu stimulieren.

Heeck, Christian. Kunst und Kultur im Krankenhaus. Münster 1997

König, Nicole. Kulturarbeit im Kinderkrankenhaus. Hildesheim 2000

Lubenow, Ralf / Sieling, Claudia. „Wieder mehr beim Leben als bei meiner Krankheit...": Kulturpädagogik in einer Rehabilitationsklinik. Landesversicherungsanstalt Hannover in Zusammenarbeit mit der Universität Hildesheim (Hrsg.). Unna 1993

Literaturauswahl

Unter Mitarbeit von Simone Holl

Kulturtourismus

„Urlaub ist heute die populärste Form von Glück", so brachte es ein Freizeitforscher auf den Punkt. Selbst bei hoher Arbeitslosigkeit und wirtschaftlicher Flaute lässt sich das Produkt Reise gut verkaufen. Immer noch ist der Tourismus ein bedeutender Wirtschaftszweig und hat mit seinen circa 2,8 Millionen Beschäftigten eine große Bedeutung für den Arbeitsmarkt. Der Kulturtourismus, früher einer kleinen Schicht gebildeter Bürger vorbehalten, hat sich inzwischen so ausgeweitet, dass die Reisebranche auch für Kulturwissenschaftler gute Berufschancen bietet. Während die Berufe des Reiseleiters, Reiseverkehrskaufmanns, Tourismusmanagers, Reisejournalisten und des Animateurs im gesamten touristischen Arbeitsmarkt verbreitet sind, spielt im Kulturtourismus der Beruf des **Studienreiseleiters** eine zentrale Rolle.

Kulturreisen werden in erster Linie als ein Mittel der geistigen Bereicherung und kulturellen Bildung begriffen und umfassen Reiseziele mit kulturhistorisch bedeutsamen Sehenswürdigkeiten. Aufgabe eines Studienreiseleiters ist es, den Reisenden die kulturellen, kulturhistorischen, sozialen und wirtschaftlichen Entwicklungen des Reiselandes näher zu bringen. Wichtig dafür ist vor allem fundiertes Wissen über das bereiste Land und seine kulturhistorischen Schätze, aber auch die Fähigkeit, dies anschaulich zu vermitteln. Ein Reiseleiter sollte den Kulturtouristen Anregungen und Orientierung geben, ihnen zu neuen Perspektiven, Erkenntnissen und Wertvorstellungen verhelfen und dadurch zum Verständnis anderer Kulturen und zum Abbau von Vorurteilen beitragen. Aber auch der organisatorisch einwandfreie Ablauf der Reise gehört zum Aufgabengebiet der Reiseleitung.

Aufgrund des wachsenden Interesses der Urlauber an kulturtouristischen Zielen befindet sich der Kulturtourismus in einer zwiespältigen Lage: Einerseits wird durch die touristische Nutzung kulturhistorischer Sehenswürdigkeiten zu deren

Erhaltung sowie zur positiven Entwicklung der Infrastruktur der Region beigetragen. Andererseits stellt die Erschließung historischer Stätten durch den Tourismus eine Gefahr für die Unversehrtheit des Kulturerbes eines Landes dar. Die im Kulturtourismus Beschäftigten müssen sich der Einzigartigkeit, des Wertes und der Bedeutung des Kulturerbes bewusst sein und diese Einstellung an die Reisenden weitergeben.

Die Kulturreisen von heute stehen in einer langen Tradition. Seit der Antike engagierten Bildungs- und Kulturreisende Reiseführer. In der Renaissance begaben sich junge Adlige gemeinsam mit einem Reiseführer im Rahmen ihrer höfischen Erziehung auf eine einjährige „Grand Tour" durch Europa, um ihre Bildung zu vervollständigen. Zu dieser Zeit war der Reisebegleiter zugleich auch Erzieher, Organisator und Wissensvermittler und musste über Kenntnisse der antiken Literatur, Kunst- und Kulturgeschichte verfügen. Mit Beginn der Neuzeit und der einsetzenden bürgerlichen Reisewelle wuchs die Nachfrage nach Stadt- und Reiseführern. Mit dem in den fünfziger Jahren einsetzenden Reise- und Tourismusboom differenzierte sich der Beruf der Reiseleitung zunehmend. Heute arbeiten circa 3 000 deutsche Reiseleiter meist auf freiberuflicher Basis überwiegend bei großen Reiseveranstaltern wie TUI, NUR oder ITS, wobei die Branche zwischen Standortreiseleitern, Rund- und Studienreiseleitern unterscheidet. Standortreiseleiter sind Außendienstmitarbeiter großer Touristikunternehmen, die im (ausländischen) Zielgebiet für die Betreuung von 200 bis 400 Gästen sorgen. Ihr Schwerpunkt liegt auf technischen und organisatorischen, ansatzweise auch kulturvermittelnden Aufgaben. Dazu gehören die Durchführung des Reiseprogramms, die Koordination zwischen Hotel und Gästen und die Kontrolle von vereinbarten Leistungen.

Rund- und Studienreiseleiter betreuen ihre Reisegruppe während der gesamten Studienreise sowohl organisatorisch wie auch inhaltlich in Form eines profunden Führungs-Programms. Neben den großen, bekannten Kulturreiseveranstaltern wie etwa Studiosus gibt es auch viele kleine Unternehmen und Vereine, zum Beispiel die Volkshochschule oder andere Bildungsinstitute, die Studienreiseleiter engagieren. Generell gibt es für Reiseleiter keine formalen Ausbildungsgänge und keine staatlichen oder gar international anerkannte Abschlüsse. Angebote für die Aus- oder Fortbildung finden sich auf kommunaler oder regionaler, aber auch auf betrieblicher Ebene. Um die arbeitsrechtliche Absicherung deutscher Reiseleiter im Ausland zu gewährleisten, wurde 1990 ein Reiseleiterzertifikat vom Präsidium der Deutschen Tourismuswirtschaft eingeführt. Dieses ist nach erfolgreicher Prüfung bei Schulungsinstitutionen zu erwerben, die mit dem Bundesverband der Deutschen Touristikwirtschaft zusammenarbeiten.

Im Vergleich zur Reiseleitung von Pauschalreisen wird von Studienreiseleitern eine qualitativ höherwertige Wissensvermittlung erwartet, wofür eine wissenschaftliche oder zumindest wissenschaftsbezogene Ausbildung erforderlich ist. Zudem sind Grundkenntnisse aus den Bereichen Tourismuskunde, Reiserecht sowie Didaktik und Methodik der Vermittlung notwendig. Der Beruf des Studienreiseleiters steht Hochschulabsolventen aus verschiedenen Bereichen offen. Eine gute Voraussetzung stellt das Studium der Romanistik, Germanistik, Geschichte, Kunstgeschichte, Tourismuswirtschaft, Kulturwissenschaften, Freizeitwissenschaft/ -pädagogik, Ethnologie, Archäologie, Geologie, Sozialpädagogik, Betriebswirtschaft oder des Managements und des Journalismus dar. Wer hier einen Abschluss vorweisen kann, hat als Quereinsteiger in der Tourismusbranche Chancen. Für die Reiseleiter von Kreativurlauben sind außerdem auch eigene künstlerische Fähigkeiten und Erfahrung wichtig. Als neuere Form des Kulturtourismus haben sich die Event-Reisen etabliert, zum Beispiel Reisen zu Musicals, Festivals oder anderen kulturellen Großveranstaltungen. Der Kulturvermittler wird hier vor allem in der Konzeption und im Management der Touren tätig.

Arbeiten, wo andere Urlaub machen – vor allem für junge Leute ist das höchst attraktiv. **Kulturanimateure** werden in Kreativ-,

Erlebnis- und Cluburlauben eingesetzt, die immer stärker nachgefragt werden. Im Massentourismus gibt es kaum noch eine Hotelanlage, die nicht auch Sport- und Freizeitprogramm bietet. Im weitesten Sinne kulturbezogene Angebote nehmen hier einen breiten Raum ein. Im Gegensatz zum klassischen Kulturtourismus ist die Besichtigung von Sehenswürdigkeiten zum Zweck von Bildung und Erbauung sekundär, viel mehr steht die eigene kreative Tätigkeit im Mittelpunkt. Den Reisenden wird unter professioneller Anleitung die Möglichkeit zum künstlerischen Ausdruck in einer kulturell inspirierenden Umgebung geboten, zum Beispiel bei Reisen, die in Kursen oder Workshops Techniken der künstlerischen Gestaltung vermitteln: Für eher individuell orientierte Touristen gibt es etwa Malkurse in der Toskana, Fotografiekurse in der Wüste oder Tanzferien in der Provence.

Eine populärere Variante des Kulturtourismus bietet der Cluburlaub mit Aktivitätsprogrammen, die speziell auf die Freizeitbedürfnisse der jeweiligen Zielgruppen zugeschnitten sind. **Animateure** sollen auf entspannte Art und Weise die Interessen und Fähigkeiten der Urlauber wecken können. So soll eine sinnvolle und selbstbestimmte Freizeit- und Urlaubsgestaltung erreicht und eine Erlebnisatmosphäre geschaffen werden, die auf die Bedürfnisse der Gäste eingeht. Der Animateur in Hotels oder Clubanlagen arbeitet in einem Animationsteam unter Leitung eines Teamchefs und ist verantwortlich für die abwechslungsreiche, fantasievolle und individuelle Gestaltung seiner teils sportlichen, teils künstlerischen Programme. Waren in der Anfangszeit der Urlauberclubs vor allem die sportlichen Fähigkeiten des Animateurs gefragt, geht der Trend seit einigen Jahren zur Ausweitung des künstlerischen und kulturellen Angebots. In vielen Clubs gibt es auch spezielle Kinderbetreuungen, die zunehmend professionelle kulturpädagogische Arbeit mit Kindern und Jugendlichen bieten. Für die abendlichen Theater- und Musicalveranstaltungen in den Clubs, brauchen Animateure außerdem Show- und eventuell auch Regietalent. Von Nutzen sind auch technische Kenntnisse etwa im Bereich Ton- und Lichttechnik oder Bühnenaufbau, die für die Vorbereitung kultureller Abendveranstaltungen benötigt werden. Die Arbeit des Animateurs erfordert Teamgeist und Kontaktfreude, denn Animateure sind rund um die Uhr im Einsatz für „ihre" Urlauber. Eine Tätigkeit als Animateur kann man mit Sicherheit nicht ein Leben lang ausüben, doch besonders junge Leute finden hier Spaß und Abwechslung und sammeln viel Erfahrung im Umgang mit Menschen.

Etwa 1 500 bis 2 000 deutsche Animateure arbeiten überwiegend in großen Clubanlagen wie bei Club Méditerranée, Robinson Club GmbH oder NUR Touristic GmbH (Club Aldiana), aber auch für kleinere Veranstalter wie Vamos Eltern-Kind-Reisen. Meistens werden sie auf Saisonvertragsbasis eingestellt. Die Ausbildung der Animateure findet in der Regel innerhalb der Reiseunternehmen in mehrwöchigen Lehrgängen statt. Es gibt keinen formalen Abschluss. Zugangsvoraussetzung ist jedoch der Nachweis praktischer Erfahrungen entweder im Tourismus oder in der Arbeit mit Gruppen, zum Beispiel als Jugendgruppenleiter. Zertifikate werden im Bereich der Fachsportanimation und der Kinder- und Jugendanimation erwartet.

Betrachtet man die Entwicklungen im Tourismus in den letzten zwanzig Jahren, erkennt man im Gegensatz zu der bis dahin überwiegenden Nachfrage nach passiven Erholungsurlauben eine stärkere Hinwendung der Reisenden zu intellektueller und physischer Aktivität, zum Beispiel bei Kreativ- und Erlebnisreisen oder bei Sporturlauben. Auch geht der Trend zur Auslands- und Fernreise, und es gibt ein zunehmend wachsendes Angebot an Pauschalreisen für eine anspruchsvolle Klientel mit individuellen Reisevorstellungen. Auch im Städte-Kurzurlaub ist eine größere Nachfrage festzustellen. Diese Entwicklungen deuten darauf hin, dass der Kulturtourismus auch in Zukunft ein attraktives und vielseitiges Arbeitsfeld für Kulturvermittler bietet.

Dreyer, Axel. Kulturtourismus. München 2000

Fröhlich, Gerhard. Interkulturelle Begegnung: Kulturtourismus und Kulturen und Tourismus. In: H. Schwengel / B. Höpken. Grenzenlose Gesellschaft? Pfaffenweiler 1999

Becker, Christoph / Steinecke, Albrecht. Kulturtourismus in Europa: Wachstum ohne Grenzen? Trier 1993

Bundesanstalt für Arbeit (Hrsg.). Blätter zur Berufskunde: Tourismus. Bestellnummer: 4-EG11. Bielefeld 1993

Günter, Wolfgang. Handbuch für Studienreiseleiter. Starnberg 1991

Hahn, Heinz (Hrsg.). Tourismuspsychologie und Tourismussoziologie: Ein Handbuch zur Tourismuswissenschaft. München 1993

TID Touristik-Kontakt, Hamburg 1997, 32. Jahrgang
Jährlich erscheinendes Nachschlagewerk mit Adressen und Informationen über Unternehmen der Reisebranche

Kroll, J.M. Taschenbuch für die Touristik-Presse. Seefeld 1996/97
Wichtige Adressen von Behörden, Institutionen, Verbänden, Unternehmen im bundesdeutschen Tourismus

http://www.cuebc.it
Homepage des Centro Universitario per i beni Culturali, einer Vereinigung der europäischen Denkmalspfleger mit Sitz in Ravallo, Italien; die Vereinigung hat die Etica Turismo Culturale, die europäische Ethik-Charta zum Kulturtourismus, verabschiedet; auch in deutscher Sprache herunterzuladen.

Literaturauswahl

Adressen

http://www.kursdirekt.de
Aus- und Weiterbildungsdatenbank „Kurs" der Bundesanstalt für Arbeit. Hier auch Informationen zum Beruf des Animateurs und des Reiseleiters mit Anschriften und Infos zu Aus- und Weiterbildungsmöglichkeiten

http://www.tourinfo-online.de
Weiterbildungsdatenbank für Unternehmen und Mitarbeiter in der Tourismusbranche, auch Informationen zum Reiseleiterzertifikat

Bundesverband der Deutschen Tourismuswirtschaft e.V. (BTW)
Am Weidenkamm 1A
10117 Berlin
Tel.: 030 / 7 26 25 40
http://www.btw.de

Bundesverband der pädagogischen Freizeitberufe e. V.
Volgersweg 4
30175 Hannover

Deutscher Tourismusverband e. V.
Bertha-von-Suttner-Patz 13
53111 Bonn
Tel.: 0228 / 98 52 20
http://www.deutscher tourismusverband.de

Deutsche Zentrale für Tourismus e. V.
Beethovenstr. 69
60325 Frankfurt
Tel.: 069 / 75 19 03
http://www.deutschland-tourismus.de
http://www.germany-tourism.de

Europäisches Tourismus-Institut (ETI)
Beethovenstr. 69
60325 Frankfurt
Tel.: 069 / 97 46 40
http://www.eti.de

EPS GmbH Schulung und Beratung
Kessenicher Str. 233
53129 Bonn
Tel: 0228 / 54 99 30
http://www.epsbonn.de
Informationen zu Schulung, Jobeinstieg, Karriere im Tourismus in den Bereichen Animation, Reiseleitung und Gästebetreuung

Futurista – International Students Tourism Association
Am Stadtpark 20
81243 München

Studienkreis für Tourismus und Entwicklung e.V.
Kapellenweg 3
82541 Ammerland

transfer e.V.
Paulshofstraße 11a
50767 Köln
Tel.: 0221/9 59 21 90
Fax: 0221/9 59 21 93
E-Mail: service@transfer-ev.de
http://www.transfer-ev.de
Selbsthilfe von Jugendreiseleitern, Jugendtouristisches
Netzwerk

Verband der Studienreise-leiterInnen e.V.
Jutastr. 5
80636 München

Ikarus Tours GmbH
Postfach 1220
61452 Königsstein
Tel.: 06174 / 2 90 20
http://www.ikarus.com
Veranstalter für Studienreisen,
Trekking-Expeditionen und
Individualreisen

Karawane Reisen
Schorndorfer Str. 149
71638 Ludwigsburg
Tel.: 07141 / 2 84 80
http://www.karawane.de
Veranstalter von Studienreisen

Studiosus Reisen
Riessstr. 25
80992 München
Tel.: 089 / 50 06 00
http://www.studiosus.de
Veranstalter von Studienreisen

Wikinger Reisen
Kölner Str. 20
58135 Hagen
Tel.: 02331 / 90 47 41
http://www.wikinger-reisen.de
Veranstalter für Studien- und
Erlebnisreisen

Windrose Fernreisen Touristik GmbH
Neue Grünstr. 28
10179 Berlin-Mitte
Tel.: 02331 / 90 47 41
http://www.windrose.de
Veranstalter für Studien- und
Erlebnisreisen

BTC Touristik
Breite Gasse 1
48143 Münster
Tel.: 0251 / 5 55 95
http://www.btc-touristik.de
Veranstalter für Studienfahrten und Fernreisen

Conti-Reisen GmbH
Adalbertstr. 9
51103 Köln-Höhenberg
Tel.: 0221 / 87 20 26
http://www.conti-reisen.de
Veranstalter für Studien-,
Kunst- und Pilgerreisen

Unter Mitarbeit von Franziska Brückmann und Corinna
Christmann

Arbeitsverhältnisse in der Kulturvermittlung

Im Kulturbereich existieren nebeneinander sehr unterschiedliche Arbeitsverhältnisse, das ergab auch die Hildesheimer Absolventenstudie. Einige sind angestellt im öffentlichen Dienst, bei gemeinnützigen Trägern oder in der Kulturwirtschaft, einige sind freiberuflich für verschiedenste Auftraggeber tätig, einige sind sowohl angestellt wie freiberuflich tätig, einige haben ihre eigenen Unternehmen gegründet. Viele haben zwei oder mehrere verschiedene Stellen oder üben mehrere Tätigkeiten parallel aus.

Kulturvermittler als Angestellte

Vor einigen Jahren noch ging man von der Festanstellung mit Acht-Stunden-Tag als selbstverständlicher Arbeitsform aus. Im Kulturbetrieb waren und sind solche Festanstellungen vor allem im öffentlichen Dienst zu finden. Da öffentliche Kultureinrichtungen jedoch unter massiven finanziellen Problemen leiden, werden die meisten frei werdenden Stellen nicht wieder besetzt, so dass dieses „Normalarbeitsverhältnis" tendenziell abnimmt. Viele Stellen werden inzwischen von vornherein befristet ausgeschrieben. Feste Stellen bieten Sicherheit und eine stabile Lebensplanung. Ihr Nachteil besteht darin, dass nach vielen Jahren gleich bleibender Tätigkeit im selben Kollegenkreis Ideen, Kreativität und Begeisterung für die Sache nachlassen können.

Kulturvermittler als Freiberufler

Ein Großteil der Tätigkeiten im finanziell schwach ausgestatteten Kulturbereich wird freiberuflich ausgeübt. Die wechselnden Arbeitgeber brauchen dann weder für Sozial- noch für Rentenbeiträge aufzukommen, der Freiberufler muss sich selbst versichern und Geld zurücklegen für Zeiten ohne Aufträge, für Urlaubs- und Krankzeiten. Eine etwas bessere Absicherung haben die so genannten „festen Freien", die zum Beispiel über viele Jahre für einen bestimmten Fernseh- oder Rundfunksender kulturjournalistische Beiträge liefern. Sie erhalten eine

Mindestverdienstgarantie und zum Teil auch Urlaubsgeld und Zuschüsse zur Sozialversicherung. Ob als Dozent an Volkshochschulen, Musikschulen oder Jugendkunstschulen, als freier Producer beim Film oder als Kunstreiseleiter – Freiberufler sind überall im Kulturbereich anzutreffen. Der Freiberuflerstatus bringt soziale und finanzielle Unsicherheit und erfordert hohe Mobilität, bietet aber auf der anderen Seite ein abwechslungsreiches und forderndes Berufsleben mit großer Unabhängigkeit und freier Zeiteinteilung.

Kulturvermittler als selbstständige Unternehmer

Der Status der Selbstständigen ist im Kulturbereich oftmals nicht klar von dem der Freiberufler zu unterscheiden. Die so genannten „neuen Selbstständigen" im Kulturbereich unterscheiden sich von dem gewohnten Bild des gut verdienenden, unabhängigen Unternehmers. Ihre finanzielle Ausstattung ist oft unsicher, ihr Einkommen ungewiss, ihre Arbeitszeit nicht begrenzt. In einer Untersuchung werden drei Gruppen von Selbstständigen unterschieden: Die erste Gruppe sieht nach geringfügiger Beschäftigung oder ABM in der Selbstständigkeit die Chance, der drohenden Arbeitslosigkeit zu entgehen. Die zweite Gruppe hat dasselbe Ziel, kommt aber direkt aus der Ausbildung oder aus einer Phase der Erwerbsunterbrechung, die dritte Gruppe bilden die eigentlich Innovativen, die ganz bestimmte Ideen verwirklichen wollen und dazu flexible Arbeits- und Lebensweisen bevorzugen. Wem es geglückt ist, eine innovative, tragfähige Dienstleistungsidee gut organisiert umzusetzen, der kann mit einer eigenen Firma auch finanziell erfolgreich sein. Da immer mehr Dienstleistungen im Kultursektor privatisiert werden, entwickelt sich ein wachsendes Einsatzfeld für Kulturunternehmer. In den vergangenen Jahren ist zum Beispiel die Zahl der Literaturagenturen und Kulturmanagement-Agenturen sprunghaft angestiegen. Natürlich können sich nicht alle neu gegründeten Unternehmen auf dem Markt halten, hier bedarf es des richtigen Gespürs für Marktnischen sowie hoher Professionalität, die für zufriedene Kunden sorgt. Start-up-Programme der öffentlichen

Hand wie auch einige Kreditinstitute bieten Hilfen für Unternehmensgründungen. Neben Startkapital gibt es Beratungsangebote insbesondere zu betriebswirtschaftlichen und steuerrechtlichen Grundlagen.

5. Kulturvermittler und ihre Karrierewege

Randgruppen für das Theater begeistern: Uta Plate, Theaterpädagogin, Schaubühne Berlin

Uta Plate ist seit 1999 als Theaterpädagogin an der Berliner Schaubühne fest angestellt. Die Schaubühne ist das einzige „Erwachsenentheater" Berlins, das der Theaterpädagogik einen zentralen Stellenwert einräumt und diese nicht nur mit einer festen Stelle ausgestattet, sondern sie zudem im Leitungsteam des Theaters angesiedelt hat. Das neue Ensemble der Schaubühne knüpft damit an die Tradition der siebziger Jahre an: Ziel war es, ein neues Publikum außerhalb des Bildungsbürgertums zu erreichen. Unter dem Motto „Offene Dramaturgie" sucht die Schaubühne heute den direkten Kontakt zu unterschiedlichsten Zielgruppen. Uta Plate besetzt als Theaterpädagogin in diesem Konzept eine Schlüsselposition.

Die 34-Jährige stellte schon während ihres Kulturpädagogikstudiums an der Universität Hildesheim Theaterprojekte auf die Beine. So gründete sie beispielsweise eine afrikanisch-deutsche Theatergruppe und etablierte eine theaterpädagogische Werkstatt im Hildesheimer Gefängnis. Dieser ehrenamtlichen Tätigkeit im Studium verdankte sie ihre erste feste Anstellung: Theater im Knast mit inhaftierten Jugendlichen der Jugendstrafanstalt Ichtershausen bei Erfurt, eine Initiative des Theaters Nordhausen, wo sie zweieinhalb Jahre tätig war. Die Anstellung an der Schaubühne war über persönliche Kontakte mit dem Intendanten Jens Hillje zustande gekommen, mit dem sie zusammen in Hildesheim studiert hatte. Fest angestellt zu sein empfindet Uta Plate als einen großen Vorteil: „Für mich ist das die ideale Kombination: Hier ist meine Theaterfamilie, mit der ich mich künstlerisch weiterentwickeln kann, hier habe ich einen festen Rahmen und hierher komme ich an jedem Tag. Es ist ein Privileg, ein ganzes Haus zur Verfügung zu haben und etwas entwickeln zu können, was in der Theaterlandschaft einmalig ist."

Was sind Uta Plates Aufgaben?

„Ich stelle Menschen das Instrumentarium Theater zur Verfügung und ermutige sie, ein künstlerisches Medium zu ihrem eigenen zu machen." Dies geschieht vor allem in den Workshops, die Uta Plate zu den Inszenierungen der Schaubühne erarbeitet. Sie richten sich an die unterschiedlichsten Personenkreise, an ganz normale Theaterinteressierte, an Schulklassen, an Lehrer, oder auch an Jugendliche aus betreuten Wohnprojekten. In den Workshops versucht sie, die ästhetischen oder thematischen Grundideen einer Inszenierung an der Schaubühne erfahrbar zu machen. Im Vorfeld liest sie die Stücke, sie arbeitet bei den Konzeptionsproben mit, spricht mit den Regisseuren, Dramaturgen oder auch den Autoren, um so eine Grundidee davon zu bekommen, wo die Aufführung hingehen soll und welche Grundfacette den Regisseur interessiert. „Ich versuche, immer wieder an der besonderen Herausforderung einer Inszenierung zu arbeiten. Diese kann im dramaturgischen Aufbau liegen oder in deren speziellem inhaltlichen Schwerpunkt." Dies bringt Uta Plate spielerisch in ihre Workshops ein; als Anregung verwendet sie neben inhaltlichen Aspekten des Stückes verschiedenste Materialien, von Fotos über Musik bis zu Video. Auf dieser Grundlage werden eigene Szenen entwickelt. So möchte sie das Handwerkszeug der Theatersprache zur Verfügung stellen und die Sensibilität für die künstlerische Ausdrucksform Theater wecken.

Es gehört auch zu Uta Plates Aufgaben, Kontakte zu potenziellen Workshopteilnehmern zu knüpfen etwa in Asylbewerberheimen oder betreuten Jugendwohnprojekten. Gerade solche so genannten gesellschaftlichen Randgruppen, die normalerweise nicht ins Theater gehen, möchte sie erreichen, denn genau für diese seien viele der Stücke in der Neuen Schaubühne eigentlich gemacht. „Die meisten Theaterstücke werden einfach vor dem falschen Publikum gespielt!"

Neben ihren eigenen Workshops initiiert und organisiert Uta Plate Blicke hinter die Kulissen der Schaubühne, vom Licht

156

über die Technik bis hin zur Presseabteilung. „Ich finde es gut, wenn mehr Theaterleute durch den direkten Kontakt erfahren, was sie mit ihrer Arbeit beim Publikum auslösen können – das ist sehr motivierend!" Uta Plate moderiert auch Publikumsgespräche nach den Aufführungen: „Wir wollen hören, was ankommt, was funktioniert, was ausgelöst wird, was die Leute über das Stück denken." Außerdem leitet Uta Plate die Jugendtheatergruppe „Die Zwiefachen"; sie setzt sich aus Jugendlichen zusammen, die aus betreuten Wohnprojekten und Asylheimen kommen oder Haftentlassene sind. Mittlerweile erarbeitet Uta Plate mit ihnen zusammen schon die dritte Inszenierung, mit den Vorigen wurde die Gruppe sogar zu Festivals eingeladen: „Das war für diese Jugendlichen etwas sehr Besonderes, weil sie oft die ‚Loser' sind." Faszinierend an diesem Projekt findet sie die Gruppenstärke, welche die Jugendlichen entwickelt haben, „wie sie zusammen spielen können und was sie sich selbst und auch mir für eine Kraft geben." Nicht umsonst bezeichnet sie diese Gruppe als ihr „Herzprojekt".

Der voll gepackte Tagesablauf von Uta Plate gestaltet sich täglich anders: Neben der Bearbeitung von Anfragen nach Workshops, muss sie die rund 200 Lehrer, mit denen sie in Kontakt steht, per Rundbrief auf dem Laufenden halten. Zwischendurch organisiert sie noch eine Partyreihe zu einem entsprechenden Stück, um, wie sie erklärt, „eine Atmosphäre zu gestalten, die Jugendliche anzieht, die sonst nicht ins Theater gehen".

Was sind wichtige Qualifikationen für diese Art der theaterpädagogischen Arbeit?

Wer wie Uta Plate mit Gruppen zu tun hat, muss lernen, vor allem sein eigenes Kommunikationsverhalten zu analysieren, den eigenen Umgang mit Macht und Dominanz: Das A und O ist für sie die Persönlichkeit und vor allem die Fähigkeit zur Selbstkritik. „Du musst in der Lage sein, dich genau wahrzunehmen, dein Verhalten ständig zu überprüfen, zu fragen, warum du was aus welcher Motivation machst, warum du in den

Knast, ins Asylheim gehst, warum du dir diese Arbeitsstelle ausgesucht hast, was sind deine eigentlichen Gründe dafür. Man muss immer ganz klar bleiben mit dem, was man da tut. Diese soziale Kompetenz ist das Wichtigste." Wenn beispielsweise Jugendliche ihre Missbrauchsgeschichten auf die Bühne bringen wollen, muss sie ihnen einen Rahmen geben, in dem sie sie davor bewahren kann, auf der Bühne schutzlos zu sein. „Das ist die größte Verantwortung, wenn du Leute auf die Bühne rausschickst." Gleichzeitig will sie die Geschichten auf einem hohen künstlerischen Niveau auf die Bühne bringen; dazu braucht man das Wissen, wie Schauspiel und Regie funktionieren und Erfahrung mit der künstlerischen Praxis. „Theater hat in erster Linie eine ästhetische Dimension – und entsprechend steht die Übersetzung der Lebensgeschichten in suggestive Bilder im Vordergrund". Berufsinteressierten rät Uta Plate, wie sie selbst schon während des Studiums an verschiedenen Theaterprojekten mitzuarbeiten und Regie zu führen.

Und was motiviert Uta Plate in ihrer Arbeit am meisten?

„Die Momente in den Workshops, in denen ich das Gefühl habe, jetzt entsteht etwas, was die Leute noch nie erlebt haben, sie überschreiten eine Grenze, ob das ein schüchternes Mädchen ist, das sich etwas traut auf der Bühne, oder ein Machotyp, der sehr ernsthaft einen verliebten Schwulen spielt." Sie kann mit ihrer Arbeit einen Gruppenzusammenhang schaffen, der sehr verbindend ist und den es ihrer Ansicht nach anderswo kaum gibt. „Theater ist das Beste, was dir passieren kann, weil da im Grunde alles drin steckt. Das Geniale an dem Beruf ist, du sitzt auf der Membran und bist zuständig für den inhaltlichen Transport nach außen und für die Reaktion nach innen." Wenn dabei die eigene künstlerische Vision und das, was die Jugendlichen ausdrücken wollen, mit einer menschlichen Vision zusammengehen, hat Uta Plate ihr hoch gestecktes Ziel erreicht.

Interview: Sabine Herr

Das Theater zum gesellschaftlichen Diskussionsforum machen: Thomas Laue, Dramaturg am Schauspiel Hannover

Thomas Laue, 30, arbeitet seit zwei Spielzeiten als fest angestellter Dramaturg am Schauspielhaus Hannover, das zurzeit zu den experimentierfreudigsten öffentlichen Theatern Deutschlands zählt. Als der Intendant Wilfried Schulz auf der Suche nach einem jungen Dramaturgen für sein Team war, wurde Thomas Laue ihm empfohlen. Laue studierte Germanistik, Theaterwissenschaft und Philosophie in Köln. Parallel zum Studium suchte er regelmäßig den Praxisbezug in verschiedenen Arbeitsbereichen. Mit Hospitanzen im Bereich Dramaturgie fing er an. Später arbeitete er in fester wie in freier Stellung als Regieassistent, Dramaturg und Mitarbeiter in einem Theaterverlag. Langwierige Bewerbungsverfahren kennt er nicht. Da habe er immer Glück gehabt, sagt er, denn jede Stelle habe sich aus der anderen ergeben.

Aufgaben und Arbeitsalltag

Thomas Laue ist einer von vier fest angestellten Dramaturgen am Schauspielhaus Hannover. Er erarbeitet zusammen mit seinen Kollegen den Spielplan, betreut vier bis fünf Produktionen im Jahr, begleitet die Proben, erstellt Textfassungen und recherchiert Hintergrundmaterial. Darüber hinaus leitet er Einführungen sowie Publikumsgespräche zu den jeweiligen Produktionen, die er betreut. Die Dramaturgie arbeitet in engem Kontakt mit dem Intendanten sowie der Leiterin der Öffentlichkeitsarbeit. Thomas Laue versteht sich in seiner Rolle als Dramaturg auch als Teil der Öffentlichkeitsarbeit. Die Pressetexte, die Ankündigungstexte und die Texte für das Programmheft werden von ihm geschrieben und von der Abteilung Öffentlichkeitsarbeit anschließend weiterverarbeitet. „Der Dramaturgenberuf, wie er in Hannover verstanden wird, hat sowohl eine Funktion nach innen, die eine produktionsbetreuende ist, wie auch eine Funktion nach außen, die eine vermittelnde ist."

Thomas Laue ist neben seiner Arbeit als Produktionsdramaturg verantwortlich für den fünften Veranstaltungsort des Hauses, die „Cumberlandsche Galerie". Die „Cumberlandsche Galerie" ist ein hundert Jahre altes Treppenhaus im Seitenflügel des Theatergebäudes. Hier finden Lesungen, Liederabende und kleinere Produktionen statt. Thomas Laue konzipiert die Veranstaltungen, lädt Vertreter aus unterschiedlichen Kontexten als Mitstreiter ein, so etwa Künstler, Politiker, Repräsentanten aus der Wirtschaft, und stimmt die Durchführung mit dem Haus ab. Das genau ist es, was ihm an seiner Arbeit besonderen Spaß macht: sich immer neue Themen und Präsentationsformen auszudenken, wenn er etwa eine Autorin entdeckt, die vorher in Deutschland noch nicht bekannt war und durch seine Arbeit wahrgenommen wird, wenn er einen neuen Spielort findet, wenn er Themen des Theaters mit aktuellen gesellschaftspolitischen Diskussionen zusammenbringt. Die Schattenseite der Arbeit von Thomas Laue ist ihr enormer Zeitaufwand. Sein Arbeitstag beginnt in der Regel um 10 Uhr morgens und endet selten vor 22 Uhr abends.

Was zeichnet einen guten Dramaturgen aus?

„Man muss Menschen von seinen Ideen zu begeistern wissen", leitet er ein. Grundlegend wichtig sei es, Texte genau lesen und scharf denken zu können. Kommunikative Kompetenz sei gefragt: dass man in der Lage ist, Menschen zusammenzuführen und sich nach außen vernetzen kann. Neben dem Einbringen des theoretischen Hintergrunds rücken die Dramaturgen näher an die Theaterpraxis als früher, sie sind stärker an den Inszenierungen selbst beteiligt und sie sind verantwortlich für ein Rahmenprogramm, das neue Zielgruppen anspricht und aktuelle gesellschaftliche Themen an das Theater heranträgt. Das sei eine wesentliche Veränderung des Dramaturgenberufs in den vergangenen Jahren, meint Laue.

Einen konkreten Tipp für den erfolgreichen Berufseinstieg in das Arbeitsfeld der Dramaturgie zu geben fällt ihm schwer. Das

Aufgabenspektrum des Dramaturgen besteht nicht mehr nur darin, Stücke zu lesen, Textfassungen und Programmhefte zu erstellen und Proben zu begleiten, sondern es reicht immer stärker auch in den Bereich Veranstaltungsorganisation oder kann manchmal sogar darin bestehen, in engem Kontakt mit einem Regisseur, eigene Stücke zu verfassen. In dieser Bandbreite von Einsatzmöglichkeiten habe jeder Dramaturg seinen eigenen Schwerpunkt. Er rät, sich nicht zu früh festlegen zu wollen. „Die Parallelität von verschiedenen Berufsfeldern, aus denen sich dann eins ergibt", war ihm sehr hilfreich. Durch sein Studium der Germanistik habe er einen guten Überblick über Texte und ihre historische Entwicklung gewonnen, der ihm bei seiner Arbeit nützt. Die Auseinandersetzung mit philosophischen Texten half ihm, Argumentationsstrukturen erkennen zu lernen und Gedanken herauszufiltern. Dies ist eine Fähigkeit, die ihm seine alltägliche Arbeit sehr erleichtert. Das Studium der Theaterwissenschaft in Köln befriedigte ihn dagegen weniger. Es blieb dem Theaterpraktiker zu sehr im theaterhistorischen Bereich haften. Sein Wunsch nach einer Auseinandersetzung mit Wirkungsweisen und Funktionen von Theater wurde nicht erfüllt. Zusatzqualifikationen gewann er durch die Praxis. Bis heute profitiert er von seiner Tätigkeit in einem Verlag. Sein Gespür dafür, wie und wo Stücke gekürzt werden können, sowie seine Fähigkeit, inhaltliche Stoffe zu entwickeln, wurde in dieser Zeit geschärft. Er baute auch Kontakte zu Literaturagenturen im Ausland auf, die ihm bis heute zugute kommen.

Normal-Vertrag Solo: Die Arbeit in Festanstellung

Thomas Laue ist fest angestellt am Schauspielhaus Hannover. Sein Vertrag ist eine Art Künstlerangestelltenvertrag und nennt sich Normal-Vertrag Solo. Dieser wird je nach Vereinbarung für zwei, drei oder vier Spielzeiten zwischen dem Theater und dem Künstler abgeschlossen. Als einen Vorteil seines Arbeitsverhältnisses nennt er die Chance, über einen längeren Zeitraum ein ganzes Haus mitgestalten zu können. Ein weiterer ist die finanzielle Sicherheit durch das monatliche Gehalt. Doch im

Gegensatz zu einem freiberuflichen Dramaturgen, der sich auf eine einzige Produktion konzentrieren kann, muss Laue oft viele Dinge gleichzeitig tun, „weil ein Haus nicht aufhört zu arbeiten: Wenn die eine Produktion zu Ende ist, wird gleich die nächste gefordert".

Offensive Kommunikation des Theaters nach außen: Kulturvermittlung in der Dramaturgie

Der Dramaturg, so sagt Thomas Laue, ist kein Beruf im Elfenbeinturm mehr; er ist Bindeglied zwischen Kunst, Wissenschaft, Organisation und Vermittlung nach außen. Während ein Regisseur die Hauptverantwortung für das Gelingen einer Inszenierung trägt, stützt das Dramaturgieteam gemeinsam mit dem Intendanten die Gesamtarbeit des Hauses in der Öffentlichkeit. In dieser Kommunikation des Theaters nach außen sieht er den kulturvermittelnden Anteil seiner Arbeit. Kulturvermittlung findet statt „durch die Begegnung mit dem Publikum im direkten Zusammenhang mit einer Produktion, zum Beispiel durch Gespräche und Einführungen", andererseits auch durch Zusatzveranstaltungen, die Möglichkeiten der weiteren Auseinandersetzung mit einem bestimmten Thema bieten. Thomas Laue sieht sich in Hannover in einer besonders luxuriösen Arbeitssituation. Das Schauspielhaus sei sehr gut strukturiert und sehr viel besser ausgestattet als ein kleineres Haus.

Wie schätzt Thomas Laue die Zukunftsperspektiven des Dramaturgenberufes ein?

Durch die geforderten Sparmaßnahmen an öffentlichen Bühnen sei es schwieriger geworden, eine Stelle zu bekommen. Dennoch glaubt er, dass jeder eine Chance hat, der einerseits eine gewisse Flexibilität mitbringt und andererseits sehr genau weiß, was er will. Keineswegs dürfe man das Studium als einzige Vorbereitung für den zukünftigen Beruf betrachten, sondern müsse sich gleichzeitig durch praktische Erfahrungen seinem Arbeitsfeld annähern. Ob Thomas Laue Zeit seines Lebens Dramaturg bleiben will, weiß er nicht. Er ist davon überzeugt, dass Arbeitsfelder in den kulturvermittelnden Berufen sehr durchlässig sind und sich immer wieder Möglichkeiten für Wechsel in neue, spannende Bereiche eröffnen können.

Interview: Aline Fischer

Texte noch besser machen als sie es schon sind: Jo Lendle, Lektor beim Dumont Literatur und Kunst Verlag, Köln

In den Regalen des Büros stapeln sich Manuskripte, einige liegen auf dem Fußboden. „Das ist der aufgeräumte Zustand", lächelt Jo Lendle und nimmt an seinem Schreibtisch Platz. Seit 1997 ist er Lektor für Literatur bei Dumont, seit der Teilung des Verlags 2001 in drei Einzelverlage beim Dumont Literatur und Kunst Verlag. Zusammen mit dem Programmleiter und einer weiteren Mitarbeiterin ist er zuständig für den Bereich, in dem in erster Linie deutschsprachige Romane und Lyrik sowie Übersetzungen internationaler Autoren veröffentlicht werden.

Etwa fünfzehn Bücher pro Halbjahr bringt Dumont im Literaturbereich heraus, davon betreut Lendle gut ein Drittel. Bevor ein Buch gedruckt wird, gehen viele Manuskripte durch seine Hände. Die Prüfung, Begutachtung und Auswahl von Texten für das Verlagsprogramm ist eine der Hauptaufgaben des 33-Jährigen. Dies betrifft die unverlangt eingesandten Texte, aber auch das Material, das die Agenturen schicken. „Eine sehr wichtige Rolle spielt es außerdem, den Literaturbetrieb zu beobachten, zu Lesungen und Wettbewerben zu fahren," ergänzt Lendle, „auch darüber kommen viele Manuskripte rein." Der zweite große Aufgabenbereich ist das eigentliche Lektorieren, also das Bearbeiten der Manuskripte zusammen mit den Autoren bis zum Zustand der Druckreife. Schließlich betreut Lendle „seine" Bücher auch noch während der Vermarktung – Hand in Hand mit der Marketingabteilung. Dabei steht die Überlegung im Mittelpunkt, welchen Weg ein Buch nehmen kann, wie man es bewerben, welche Veranstaltungen man damit machen kann.

Den Wunsch, Lektor zu werden, entwickelte Lendle erst während der Studienzeit. Nach der Schule hatte er kein erklärtes Berufsziel und entschied sich für einen kulturwissenschaftlichen Studiengang. 1990 nahm er das Studium der Kulturpädagogik in Hildesheim auf. „Ein so breit angelegter interdisziplinärer Studiengang bietet sicherlich die Chance, dass man eine Vorstellung von vielen verschiedenen Bereichen entwickeln kann", erläutert er die Vorteile des Hildesheimer Konzeptes. Hier lernte er vor allem, einen ästhetischen Maßstab zu entwickeln und anzuwenden: „Es war eine sehr aufregende Erfahrung, ästhetische Phänomene, die zunächst ganz schwer fassbar waren, plötzlich auch in Worten ausdrücken zu können."

Um ein anderes System der Ausbildung und eine andere Lebensweise kennen zu lernen, unterbrach er sein Studium für einen einjährigen Auslandsaufenthalt in Kanada, wo er ebenfalls einen kulturwissenschaftlichen Studiengang belegte, „Animation et recherche culturelle". 1995 ging Jo Lendle in die neuen Bundesländer, um am eben wieder eröffneten Leipziger Literaturinstitut, dem ehemaligen Johannes R. Becher Institut, einer der Ausbildungsstätten für Schriftsteller in der DDR, weiterzustudieren. Dort schrieb er auch seine Abschlussarbeit in der Kulturpädagogik. „Es hat mich gereizt, noch einmal etwas spezifischer zu werden, und in Leipzig war im Gegensatz zu Hildesheim von vornherein klar, worin das Ziel der Ausbildung bestand. Wir waren da, um Bücher zu schreiben."

Da die Schriftstellerei als einziger Lebensentwurf zu unsicher schien, suchte Lendle gleichzeitig nach anderen beruflichen Perspektiven. Der Übergang vom Studium zur Arbeit war dabei fließend: „Ich hatte mittlerweile ja zweieinhalb Studiengänge belegt und mein Lernenthusiasmus war nicht mehr ganz so groß wie am Anfang", beschreibt der Lektor. „Ich habe in Leipzig dann angefangen, eine Literaturzeitschrift herauszugeben und mehr und mehr Schritte in die Berufspraxis gemacht." Die Herausgabe der Zeitschrift war laut Lendle eine ideale Vorbereitung für seine jetzige Tätigkeit: „Man lernt im Kleinen den kompletten Ablauf eines Verlages kennen: Man stellt Kontakte zu Autoren her, befasst sich mit Texten, dann kommt der ganze praktische, herstellerische Bereich dazu: Man muss überlegen, wie man an das Geld kommt. Das alles waren nützliche Vorerfahrungen für die spätere Arbeit."

Zu seiner Anstellung bei Dumont hat letztlich ein Praktikum beim Suhrkamp Verlag geführt. Der damalige Programmleiter wechselte zu Dumont, um das neue Literaturprogramm aufzubauen und bot Lendle den Posten im Lektorat an. Entscheidend dafür war sicherlich der Eindruck, den Lendle im Praktikum hinterlassen hatte: „Mein damaliger Mentor konnte natürlich feststellen, welche Maßstäbe ich hatte, an Texte heranzugehen, mit ihnen zu arbeiten."

Die wichtigste Kompetenz, die ein Lektor seiner Meinung nach braucht, ist die Fähigkeit, ästhetische Kriterien zu einem Programm verbinden zu können, und darüber hinaus eine Vorstellung davon zu haben, wie Texte wirken, um an ihnen arbeiten zu können. „Ein Urteil zu haben und Texte noch besser zu machen, als sie schon sind", wie Lendle es formuliert. Für die konkrete Arbeit ist außerdem der praktische Ansatz, der in beiden Studiengängen verfolgt wurde, sehr wichtig: „Wir haben Texte immer als Produktionsergebnis gesehen, als Werke, zu denen einmal ein Weg geführt hat. Diese Art des Herangehens ist für die Arbeit sehr nützlich, da ich es ja sehr viel mit halbfertigen Manuskripten zu tun habe." Weiterhin gehöre dazu, für seine Vorschläge werben zu können, seine Ideen bei Vorgesetzten, Mitarbeitern, Autoren vermitteln zu können. Schließlich verweist Lendle auch auf seine Sprachkenntnisse: „Ein Auslandsaufenthalt oder Fremdsprachenkenntnisse sind sicher Qualifikationen, auf die geachtet wird. In meiner Stellung muss ich zum Beispiel die englischen und französischen Übersetzungen prüfen."

Bei Interesse für das Berufsfeld sei es wichtig, sich möglichst früh einen Eindruck zu verschaffen, betont Jo Lendle, zum Beispiel durch Praktika oder andere Jobs: „Wir haben hier wahnsinnig viele Bewerbungen von Leuten, die eine glänzende Unilaufbahn haben, die aber nicht wissen, wie die normale Arbeit läuft. Deshalb ist es sinnvoll, schon parallel zum Studium Erfahrungen zu sammeln. Und es ist natürlich in allen Bereichen leichter, jemanden einzustellen, wenn man schon eine Vorstellung von ihm hat." Zu den nützlichen Vorerfahrungen zählt er auch die Organisation von Literaturveranstaltungen und das Schreiben von Buchrezensionen, womit man sich eine wichtige Qualifikation erwerben könne, nämlich sein ästhetisches Urteil zu schulen – möglichst schon zu Studienzeiten. Die Perspektiven für das Berufsfeld schätzt Lendle durchaus positiv ein. „Es wird in Zukunft sicherlich viele neue Distributionsformen geben, zum Beispiel die Publishing-on-Demand-Vermarktung, wo im Grunde genommen jeder seine Bücher machen kann. Diesen Möglichkeiten fehlt aber, dass sie in irgendeiner Weise gefiltert werden. Genau das macht die Position des Lektors wichtig: Die Manuskripte einer Prüfung zu unterziehen. „Natürlich", schränkt er ein, „muss man hinzufügen, dass nicht alle Lektoren in der glücklichen Lage sind, die Bücher zu machen, für die ihr Herz schlägt. Aber den Beruf des Lektors wird es meiner Ansicht nach trotz veränderter Publikationsbedingungen weiterhin geben."

Interview: Christine Raudies

Man muss vor allem verkaufen können: Petra Hermanns, selbstständige Literatur- und Medienagentin, Frankfurt am Main

„Scripts for Sale" ist eine Literatur- und Medienagentur, die einen Kundenstamm von elf Drehbuchautoren, neun Romanautoren und 23 Verlagen, unter anderem die Verlagsgruppen Random House und Ullstein Heyne List, betreut. Inhaberin der Agentur ist die 35-jährige Petra Hermanns. Nach ihrer Ausbildung zur

Verlagskauffrau und einem Studium in den Fächern Germanistik, Publizistik und Buchwesen in Mainz gründete sie 1998 gemeinsam mit Elke Brand die Agentur mit Sitz in Frankfurt am Main und Hamburg.

Sieben Stunden am Stück nur telefonieren: Die Aufgaben einer Literatur- und Medienagentin

„Ein schönes Manuskript angeboten zu bekommen, einen guten Autor entdeckt zu haben, gute Konditionen für den Autor und die Agentur zu verhandeln, oder ein Buch auf dem Markt genau dort platzieren zu können, wo ich es gerne haben wollte", das sind die Highlights ihrer Arbeit, so die Literaturagentin Petra Hermanns. Der Alltag ist von Kommunikation geprägt: „Sehr intensiver Kundenkontakt, 60 bis 70 E-Mails pro Tag, daneben unzählige Telefonate." Ihr Arbeitstag beginnt meist um acht Uhr und endet oft erst um 19 Uhr, wobei Petra Hermanns Manuskripte nicht im Büro liest, sondern mit nach Hause nimmt, um dort die nötige Ruhe dafür zu haben. „Zwischen acht und zehn Uhr kann ich noch niemanden anrufen. Autoren und Produzenten schlafen da noch. In der Zeit organisiere ich den Tag, kontrolliere und prüfe Verträge, erledige alles, wofür man Konzentration braucht. Wenn ich dann das Telefon freischalte, kann es sein, dass ich sechs bis sieben Stunden nur telefoniere." Am Telefon betreut und tröstet Petra Hermanns ihre Autoren, bietet Lektoren ihre Manuskripte an oder verhandelt mit Produzenten und Verlagen über Verträge und Konditionen. Eineinhalbstündige Gespräche bei schwierigen Verträgen sind durchaus die Regel. „Das Begleiten und Miterleben von Karrieren, der Kontakt mit all diesen kreativen Menschen – manchmal ist das auch anstrengend." Als Agentin muss sie viele Absagen einstecken können, ohne die dabei entstehende Frustration an die Autoren weiterzuleiten oder am eigenen literarischen Gespür zu zweifeln. Schwierig sind auch die vielen langwierigen, anstrengenden Verhandlungen um komplizierte Verträge und Optionen. Hierbei sind gute Nerven, Hartnäckigkeit und Ausdauer unerlässlich. Außentermine sind inzwischen seltener geworden. In den ersten zwei Jahren war sie viel unterwegs, um Autoren und Produzenten kennen zu lernen. Heute fällt durchschnittlich nur eine Reise pro Monat zu wichtigen Festivals oder Buchmessen an. Diese Reisen nutzt sie für die Kontaktpflege mit Autoren, Verlagen und Produzenten oder um neue Autoren zu treffen.

Wie hoch ist der kreative Anteil der Arbeit im Verhältnis zu Verwaltung und Organisation?

„Meine Partnerin macht fast keine Verwaltungsarbeit, sondern ausschließlich Development mit Drehbuchautoren: über Stoffe sprechen, Bücher auf ihr Filmpotenzial prüfen, Projekte anbieten." Ihren eigenen Anteil an wirklich kreativer Arbeit wie das Lesen und Besprechen von Buchprojekten mit Autoren schätzt Petra Hermanns auf höchstens 30 Prozent. Internet-Recherchen, Marktanalysen und die Zusammenstellung des Mappenmaterials für die Akquise und schließlich die Verhandlungen selbst machen den größeren Teil aus. Hinzu kommt noch die kaufmännische Geschäftsführung der Agentur, die sie zwar gerne ausgliedern würde, doch dafür reichen die finanziellen Kapazitäten des Zwei-Frauen-Betriebs noch nicht aus. Lektoriert wird in der Agentur nicht, dafür genügt die Zeit nicht. Bei der Begutachtung der Manuskripte – allein die Literaturagentur erhält am Tag circa 60 bis 70 Einsendungen – arbeitet die Agentur mit einem festen Stamm von freien Gutachtern zusammen, worunter auch Literaturstudentinnen sind.

Was bedeutet Kulturvermittlung in einer Literaturagentur?

„Das Produkt ist die Vermittlung. Wir machen TV-Movies, Fernsehspiele, historische Romane oder Krimis. Wir wollen gut unterhalten." Im weiteren Sinne sieht Petra Hermanns ihre Arbeit in der Kulturvermittlung jedoch vor allem darin, in dieser Gesellschaft eine Lobby für freie Autoren zu schaffen, Autorenrechte in der Öffentlichkeit zu stärken und zu schützen.

Berufseinstieg und Selbstständigkeit

Während ihrer Studienzeit war Petra Hermanns vier Jahre aushilfsweise in einer Buchhandlung tätig und arbeitete einmal pro Woche in einem Verlag. Nach dem Studium nahm sie einen Job in einer PR-Abteilung an, sah jedoch nach einem Jahr in dieser Arbeit keine Herausforderung mehr und kündigte. Über ein Praktikum beim Argument Verlag, Hamburg, lernte Petra Hermanns die Leiterin einer damals sehr renommierten Agentur kennen, die zufällig eine neue Mitarbeiterin suchte. Wie in einer zweiten Ausbildung erlernte sie hier das Handwerk einer Literaturagentin vom Umgang mit Rechten und Lizenzen über Vertragsverhandlungen und Urheberrecht bis hin zu Abrechnungen, Kundenbetreuung und Marktbeobachtung. In diesen zwei Jahren machte sie unverzichtbare Erfahrungen für die spätere Selbstständigkeit. Nach Auflösung der Agentur beschloss sie, mit 31 Jahren ihr eigener Chef zu werden. Mit einigen Autoren, die sie aus ihrer früheren Arbeit mitnahm, fing sie an. Schnell wurde ihr jedoch klar, dass man in diesem Geschäft eine Nische braucht, um zu überleben. Und sie spezialisierte sich neben der Belletristik auf Bücher für Film und Fernsehen. „Ich hatte keine Kompetenzen auf diesem Gebiet, wusste aber, dass es wichtig und zukunftsträchtig ist." Auf Empfehlung einer Freundin nahm sie Kontakt zu ihrer jetzigen Partnerin Elke Brand auf, die auf diesem Gebiet Erfahrungen hatte. Seitdem gibt es die Mischung aus Literatur- und Medienagentur. Der Anfang war schwer: Die beiden Frauen kannten einander nicht, sie wussten auch nicht, ob es mit den zwei Standorten klappen und ob sich die Agentur überhaupt auf dem Markt durchsetzen würde. Inzwischen hat man sich auf eher kommerzielle Unterhaltung spezialisiert. Vor allem Autoren, die sowohl Drehbücher als auch Romane schreiben, sind für die Literatur- und Medienagentur interessant.

Die Medienagentur ist zuständig für die Betreuung der Drehbuchautoren und für Verlage, deren Filmrechte die Agentur gegenüber Produzenten vertritt. Die Medienagentur arbeitet inzwischen erfolgreicher, da im Filmgeschäft das finanzielle Volumen der Verträge größer ist und die Autoren vom Drehbuchschreiben auch oft gut leben können. Buchautoren benötigen meist noch eine andere Einnahmequelle; die Honorare sind niedriger und entsprechend niedriger sind auch die Agentenanteile im Bereich Literatur. Die Konkurrenz zwischen den Literaturagenturen ist in Deutschland inzwischen groß. Obwohl die Entwicklung hier sehr jung ist, gab es in den letzten Jahren einen regelrechten Boom von Literaturagenturen. „Bei hochwertig literarischen Projekten habe ich mich nicht durchgesetzt auf dem Markt; da gab es schon andere Agenturen, die dafür einen Namen haben. In der Medienbranche hingegen gibt es nicht so viele, die sich um Autoren, Verlage und Produzenten gleichzeitig kümmern. Wichtig ist es, sich seinen Markt zu suchen, realistisch zu sehen, was machbar ist, und sein Profil danach auszurichten."

Die Unabhängigkeit, die Möglichkeit, sich den Tag und die Arbeit selbst einteilen und sein eigenes Tempo bestimmen zu können, das ist für Petra Hermanns der größte Vorteil der Selbstständigkeit. Die Kehrseite ist, dass sie die ganze existenzielle Verantwortung allein trägt. Auch muss sie sich um alles selbst kümmern und den gesamten kaufmännischen Bereich – Verwaltung, Buchhaltung und Controlling – mit abdecken. „Man muss die Arbeit sehr mögen. Wer ein geregeltes Leben möchte, sollte sich lieber nicht selbstständig machen."

Kompetenzen einer Literatur- und Medienagentin

Eine gute Agentin, so Petra Hermanns, muss vor allem neugierig, ausdauernd und geduldig sein. Gutes sprachliches und literarisches Gespür und Talent, mit Texten umzugehen, gehören genauso dazu wie die Fähigkeit, Manuskripte auf ihre Marktfähigkeit hin einschätzen zu können. Auch muss man kommunikationsfähig sein und offen für neue Geschichten. Man muss Lust haben, neue Talente aufzutun. „Vor allem aber muss man verkaufen können und das auch mögen – davor darf man keine Scheu haben." Wichtig sei es für eine Literaturagentin, dass sie über alles Bescheid weiß und mitreden kann: Welcher Verlag sucht gerade was, welche Reihe ist eingestellt worden, welcher Lektor ist gegangen? Vorschauen lesen, Verlagsprogramme kennen und die Entwicklungen auf dem Buchmarkt beobachten und einschätzen können, das sind wesentliche Faktoren ihrer Arbeit. Auch Kompetenzen auf dem Gebiet Handel mit Rechten und Lizenzen sind, laut Petra Hermanns, ebenso unerlässlich für die Arbeit wie juristisches Wissen. Auf dem Gebiet Urheberrecht lässt sie sich deshalb sogar von einem Anwalt beraten.

Berufschancen und Tipps für den Berufseinstieg

„Um erfolgreich zu sein ist es ganz wichtig, ein Spezialgebiet, eine Nische zu haben, etwa ein Sprachgebiet, ein bestimmtes Nutzungsrecht wie zum Beispiel Hörbücher. Vielleicht macht sich ja mal ein Irrer mit Science-Fiction aus Finnland selbstständig." Für die Selbstständigkeit muss man jede Menge Arbeitserfahrungen haben und vor allem sehr viele gute Kontakte.

Interview: Annika Trentzsch, Andrea Nementz

Keine Besserwisser, sondern Gesprächspartner der Besucher: Gerda Pohlmann, Museumspädagogin am Kunstmuseum Wolfsburg

Gerda Pohlmann ist seit einigen Jahren für die Abteilung „Visuelle Bildung und Kommunikation" des Kunstmuseums Wolfsburg zuständig. Sie konzipiert Führungen und Workshops für verschiedene Zielgruppen, ermöglicht Blicke hinter die Kulissen des Museums, entwickelt eigene kleine Ausstellungsprojekte und versucht, immer neue Kooperationspartner und Besucher für das Museum zu gewinnen.

Kommunikation statt Pädagogik: Vermittlung am Kunstmuseum Wolfsburg

Sehr bewusst hat man sich am Kunstmuseum Wolfsburg entschieden, den Bereich der Vermittlung nicht „Museumspädagogik" zu nennen, sondern als „Visuelle Bildung und Kommunikation" der Gesamtabteilung für Kommunikation zuzuordnen. Und so gibt es wohl nur wenige Museen in Deutschland, die sich so konsequent um die umfassende Kommunikation mit ihren Besuchern bemühen wie dieses Museum für zeitgenössische Kunst, das nicht zu den Einrichtungen der öffentlichen Hand gehört, sondern eine Stiftung des Volkswagenwerkes ist. „Museumspädagogik klingt nach altbackener Didaktik. Wir verstehen uns weniger als Pädagogen im Sinne von Lehrern, sondern viel mehr als Gesprächspartner der Museumsbesucher. Das Wichtigste im Umgang mit den Museumsbesuchern ist, nicht besserwisserisch zu sein." Gerade in einem Museum für zeitgenössische Kunst stehen die Besucher oft sehr hilflos vor den Arbeiten. „Wir erleben die meisten als ausgesprochen dankbar für unsere Vermittlung", so Gerda Pohlmann. Dabei gehe es nicht darum zu sagen, wie die Kunstobjekte jeweils zu deuten seien, sondern viel mehr darum, Mut zu machen, sich ein eigenes Urteil zuzutrauen und ein paar generelle Hilfestellungen mitzugeben, wie man sich moderner Kunst annähern kann. „Mir ist es wichtig, dass die Besucher möglichst unbefangen herangehen, dass sie ihr Staunen, ihre Irritation oder auch ihre Empörung offen zur Diskussion stellen."

Aufgaben, Projekte und Zielgruppen

Sämtliche Vermittlungsaktionen des Museums beziehen sich auf die jeweils aktuellen Ausstellungen und werden in der Regel für die jeweilige Zielgruppe maßgeschneidert. Mit Schülergruppen wird vor den Kunstobjekten gezeichnet, gemalt, geschrieben, fotografiert oder auch mal ein Videofilm gedreht; T-Shirts werden gedruckt, die sich an Motiven und Zitaten eines ausgestellten Konzeptkünstlers orientieren, ein Theaterstück mit selbst gebauten Puppen entsteht aus Geschichten, welche die Kinder in den Bildern einer Ausstellung gefunden haben. Die Kunst-Kinderzeitung „Der kleine Wal" wird regelmäßig gemeinsam mit wechselnden Kindergruppen hergestellt, und es gibt mit www.coolkidsonline.de eine eigene Website, auf der Kinder ihre Meinungen, Texte und Spiele zu den jeweils aktuellen Ausstellungen präsentieren können.

Neben den beiden fest Angestellten arbeiten zehn freie Mitarbeiter für den Bereich der Vermittlung, die jeweils ganz eigene Ideen und besondere Fähigkeiten einbringen. Oftmals werden die zu den Ausstellungen entstandenen Schülerarbeiten öffentlich präsentiert; damit wird gleichzeitig die Arbeit der jungen Besucher gewürdigt und Öffentlichkeitsarbeit für das Museum betrieben. „Es ist wichtig, immer im Gespräch zu bleiben, und zwar nicht nur über die Kunstausstellungen, sondern auch über die Vermittlungsarbeit." Für Erwachsene werden unter anderem Diskussionen, Exkursionen, Schreib- und Lithographiewerkstätten angeboten.

„Die einfachste Zielgruppe des Museums sind Kinder", meint Gerda Pohlmann. „Sehr viel schwieriger zu erreichen sind die Jugendlichen." Für diese erarbeitet sie zurzeit das Projekt „Medien-Lounge" – eine Art Bar/Kneipe/Club im Museum, die zugleich interaktive Installation ist. Dort können die Jugendlichen unter Anleitung eigene Homepages und eigene Computerspiele kreieren, junge DJ's können sich ausprobieren, es gibt Workshops zum „Scratchen" und die Jugendlichen können natürlich auch Arbeiten zeitgenössischer Künstler aus dem Bereich Neue Medien kennen lernen.

Weiterbildung und Ausstellungsvorbereitung

Museumspädagogen haben die Aufgabe, kunstwissenschaftliches Fachwissen kommunikativ und zielgruppenspezifisch umzusetzen. Doch wie bilden sich die Vermittler selbst weiter, wie bereiten sie sich auf Ausstellungen vor. „Zum einen natürlich durch Literatur, durch Ausstellungskataloge und Artikel zum

Thema; zum anderen aber auch durch ausführliche Gespräche mit den Kuratoren, den Ausstellungsmachern, und wenn möglich mit den Künstlern selbst. Auch Diskussionen untereinander helfen bei der Erarbeitung eines Themas." Wichtige Qualifikationen für den Job sind, so Gerda Pohlmann, neben kunstwissenschaftlichem Fachwissen vor allem kommunikative und soziale Kompetenz. Auch Fremdsprachenkenntnisse sind unumgänglich, um ausländische Besucher durch die Ausstellungen führen zu können. Darüber hinaus braucht man Kreativität und Einfallsreichtum, um sich immer neue Projekte für die lebendige Vermittlung oftmals sehr komplizierter Kunst auszudenken.

Freie Mitarbeit als Einstieg in den Beruf

Gerda Pohlmanns eigener Weg in diese Stelle verlief ganz und gar nicht geradlinig. Nach einem Design-Studium wurde sie Restauratorin für antike Möbel. Parallel gründete sie eine eigene kleine Agentur namens Art&Culture, die Kunst- und Kulturreisen für Gruppen konzipierte und organisierte, eine Tätigkeit, die zwar viel Spaß bereitete, aber wenig lukrativ war. Jahre später entschied sie sich für das Aufbaustudium Kunstwissenschaft an der Hochschule für Bildende Künste Braunschweig. Im Rahmen eines Seminars lernte sie das Kunstmuseum Wolfsburg kennen und lieben und begann als freie Mitarbeiterin dort zu arbeiten. Aus dieser Tätigkeit ergab sich ihre jetzige Anstellung am Museum. Im Bereich der Museumsvermittlung gibt es nur wenig feste Stellen, die meisten Mitarbeiter sind freiberuflich tätig. „Ich empfinde diese Arbeit als großes Glück für mich. Ich darf mich beruflich mit dem auseinander setzen, was mich auch privat brennend interessiert!" Was empfiehlt Gerda Pohlmann Einsteigern in das Tätigkeitsfeld Museumsvermittlung? „Man muss überall präsent sein, zu Ausstellungseröffnungen gehen, mit Menschen aus dem Arbeitsbereich ins Gespräch kommen und zuversichtlich sein, dass sich etwas ergibt, dass man es schafft, sich selbst durchzusetzen. Kulturjobs sind nichts für Leute mit großem Sicherheitsbedürfnis!"

Interview: Birgit Mandel

174

Filme zwischen Kunst und Kommerz für ein Massenpublikum: Tine Hoefke, Producer Assistentin bei der Ufa Film- und Medienproduktion GmbH, Leipzig

Über 50 verschiedene Jobs bei Film, Theater und Agenturen hatte Tine Hoefke seit Beendigung ihres Studiums – ein Stück Normalität in diesem Arbeitsbereich, der vor allem hohe Flexibilität und Mobilität erfordert. Nach Tätigkeiten als Regieassistentin am Theater, als Produktionsassistentin, Scriptgirl und Ausstattungsassistentin für diverse Filmprojekte, als Stage Managerin bei Theater-, Opern-, Konzert- und Ausstellungsprojekten ist die 43-jährige Kulturwissenschaftlerin Tine Hoefke seit Anfang des Jahres 2002 Producerin bei der Ufa Film- und Medienproduktion GmbH in Leipzig.

Dramaturgie im Film

Producer sind die Dramaturgen der Filmbranche. Tine Hoefke beurteilt eingereichte Exposés und Drehbücher, sie hilft den Autoren bei der Stoffentwicklung, sie beteiligt sich in Kooperation mit den zuständigen Regisseuren an der Besetzung der Rollen. Aktuell ist sie zuständig für die Krimiserie „Soko Leipzig", eine der erfolgreichsten Vorabendserien im deutschen Fernsehen. Im Auftrag des ZDF produziert die UFA Leipzig insgesamt gut 40 Folgen von „Soko Leipzig". Zehn Autoren haben Treatments eingereicht, nun geht es darum, die besten auszuwählen und diese gemeinsam mit den Autoren, Regisseuren und dem Redaktionsteam im Fernsehsender weiter zu überarbeiten. Bis ein Drehbuch wirklich stimmig ist, sind lange redaktionelle Prozesse nötig, an denen viele Menschen beteiligt sind. Beim Lesen geht es darum, „filmisch" zu denken, sich eine Szene aus unterschiedlichen Perspektiven vorzustellen, die Spannungsmomente vor dem inneren Auge ablaufen zu lassen.

Der spannendste und kreativste Teil ihrer derzeitigen Arbeit ist die Entwicklung neuer Spielfilmideen, welche die Ufa dann verschiedenen Fernsehsendern anbietet. Auf der Suche nach neuen aktuellen Themen und Trends, die für eine breite Zuschauer-zahl interessant sein könnten, recherchiert sie in Zeitungen, Zeitschriften, im Fernsehen, im Internet und in Kneipen. Im Gegensatz zu vielen früheren Jobs, die eher organisatorischer Art waren, schätzt Tine Hoefke an ihrer jetzigen Arbeit, dass ihre Meinung und ihr ästhetisches Urteil gefragt sind, dass sie eigene Ideen einbringen und verwirklichen kann. „Ich kann sowohl mein kreatives Potenzial wie meine Leidenschaft für Geschichten ausleben."

Und was hat das mit Kulturvermittlung zu tun? „Die Filme und Serien, die wir produzieren, werden oftmals von vier Millionen Menschen gesehen, so viele erreicht man mit keiner anderen Kunstform. Wenn es mir gelänge, mit meiner Arbeit das Niveau der Filme etwas zu heben, Themen einzubringen, die ich für wichtig halte, ist das für mich schon ein Stück Kulturvermitt-lung." Am anstrengendsten in ihrem Beruf empfindet sie die Auseinandersetzung mit den Schauspielern: „Viele sind sehr kompliziert, ständig muss man ihre Eitelkeiten streicheln, statt einfach klar und deutlich über die Gestaltung einer Rolle disku-tieren zu können."

Zum ersten Mal seit langer Zeit hat Tine Hoefke einen Vertrag über ein volles Jahr mit Aussicht auf Verlängerung; normal sind in der Branche Projektverträge von wenigen Monaten. Festan-stellungen gibt es beim Film so gut wie gar nicht. Erstmalig seit vielen Jahren hat sie halbwegs geregelte Arbeitszeiten. „Bei den meisten Filmprojekten gibt es in der heißen Phase keinen Feier-abend."

Stationen von der Theaterregie zur Filmproducerin

Ihre erste Stelle, eine Regieassistenz beim Berliner Schillerthe-ater, bekam Tine Hoefke über ein Praktikum noch während ihres Studiums. Dort hatte sie bei einem Regisseur hospitiert, der sie später ans Schillertheater holte, wo er als Gastregisseur ein Stück von Tschechow inszenierte. „Hilfreich war mir für diese erste Stelle auch meine Diplomprüfung, für die ich über den Theaterautor Tschechow gearbeitet habe." Im Anschluss an diese Inszenierung blieb sie fünf weitere Jahre als Regieassistentin beim Schillertheater, bis sie das Gefühl hatte, „hier geht es nicht weiter". Über einen Bekannten wurde sie an die Agentur Media Pool empfohlen, für die sie als Stage-Manager ein großes Opernprojekt in der Philharmonie auf die Bühne brachte. Die Aufgabe eines Stage-Managers besteht in der Organisation des gesamten Bühnengeschehens, „er vereint im Grunde die Tätigkeiten von Inspizient, Abendregisseur und Bühnenmeister".

Für die deutschlandweit tätige Event-Management-Agentur Atelier Markgraf organisierte sie in der Funktion der Regieassistentin und der Stage-Managerin die Großbritannien-Tournee des Popstars Peter Gabriel, erstellte mit ihm gemeinsam das Konzept für seine Bühnenshow und sorgte allabendlich für den reibungslosen Ablauf. Es folgten weitere Tätigkeiten im Auftrag von Atelier Markgraf, zum Beispiel für die interaktive Ausstellung „Lab One" von Daimler Chrysler, die Tine Hoefke an verschiedene Großstädte Deutschlands und ins europäische Ausland begleitete sowie während der Expo in Hannover verantwortlich betreute. Bei sämtlichen Agenturjobs war sie im Status der Selbstständigen tätig. „Ich konnte damit gut leben. Ich hatte das Gefühl, unabhängiger zu sein, außerdem war es natürlich steuerlich für mich günstiger." Dazwischen arbeitete sie immer wieder auch kurzfristig für verschiedene Filmfirmen als Produktionsassistentin, ein Job, der vor allem organisatorische Tätigkeiten umfasst, oftmals im spanisch sprechenden Ausland. „Mein großer Vorteil ist, dass ich fließend spanisch spreche. Ich wurde als eine Art Spanien-Spezialistin immer weiterempfohlen." Ohnehin hat sich Tine Hoefke bislang noch nie wirklich um eine Stelle beworben; sie wurde immer durch Bekannte und frühere Teamkollegen und Chefs weiterempfohlen. „Das ist im Bereich Film der einzige Weg, um an Jobs zu kommen. Vielfältige Kontakte und positive Beziehungen, die ständig gepflegt werden müssen, sind deshalb sehr wichtig."

Mit ihrem Studium der Kulturwissenschaften und ästhetischen Praxis in Hildesheim fühlte sie sich gut vorbereitet auf alle Tätigkeiten danach. „Alles, was ich im Bereich Theaterwissenschaften und Kunstwissenschaften gelernt hatte, war direkt anwendbar für meine Bühnen- und Ausstattungstätigkeiten – auch meine eigenen dort erworbenen Gestaltungsfähigkeiten waren sehr hilfreich." Weitergebildet hat sie sich nur in Fremdsprachen, so in Crash-Kursen für Englisch und Französisch kurz vor einem Tourneeprojekt oder einem Auslandsdreh. Der Nachteil ihrer Arbeit? „Seit Jahren habe ich selten länger als ein halbes Jahr an einem festen Ort gelebt und manchmal sehne ich mich schon nach mehr Kontinuität." Gefordert im Filmgeschäft seien vor allem Zähigkeit, Risikobereitschaft, hohe Flexibilität und extrem hohe Mobilität.

Berufschancen in der Filmdramaturgie

„Leider gibt es gerade im Fernsehen die Tendenz weg von guten Spielfilmen hin zu noch mehr Shows mit noch weniger Inhalten. Bleibt die Hoffnung, dass sich die vielen Sender auf Dauer doch wieder mehr um anspruchsvolle Filme kümmern, weil sich das ganze Entertainment-Spektakel irgendwann erschöpft und das Publikum wieder mehr Qualität möchte." Berufseinsteigern empfiehlt sie: „Ruhig von ganz unten anfangen. Auch als Fahrer oder Assistent kann man sich in der Filmbranche hocharbeiten. An die guten Leute erinnert man sich immer und diese werden weiterempfohlen. Kaum eine andere Branche ist so offen und bietet Quereinsteigern so gute Chancen."

Interview: Birgit Mandel

Übersetzer der Hochkultur: Martin Redlinger, PR und Marketing, Konzerthaus am Gendarmenmarkt, Berlin

Martin Redlinger, 43 Jahre alt, ist Leiter für Marketing, Presse- und Öffentlichkeitsarbeit im Konzerthaus Berlin. Wenn er morgens eine halbe Stunde in der Berliner S-Bahn sitzt, beginnt für ihn bereits der Arbeitstag: Hier kann er seinen Tagesplan aktualisieren und eine To-do-Liste anlegen, bevor er sich ab halb neun Uhr den eingetroffenen E-Mails widmet und mit seinen Mitarbeitern bespricht, was an diesem Tag zu tun ist. Sein Aufgabenfeld ist groß, da zu der Presse- und Öffentlichkeitsarbeit das Marketing hinzu kommt, die Werbung, die Organisation von Führungen, Ticket- und Abonnementverkauf sowie die zusätzliche Mittelbeschaffung durch Fundraising und Sponsoring. Zuständig ist er auch für die Betreuung des Freundeskreises des Konzerthauses. Hinzu kommt seine Funktion als Sprecher des Intendanten.

Das Konzerthaus

Das Berliner Symphonie Orchester, das im Jahr etwa hundert Konzerte gibt, feiert im Jahr 2002 sein 50. Jubiläum, was dem PR-Mann ein willkommener Anlass ist, die Leistungen des Orchesters herauszustellen und in Medien und Öffentlichkeit gut zu platzieren. Bis zu 300 weitere Konzertveranstaltungen führt das Haus jährlich durch, teilweise mit Saisonthemen wie zum Beispiel „Populär – Elitär", die etwa an einem Themenwochenende in ihren Facetten intensiv beleuchtet werden. Weitere 200 Konzerte sind Gastveranstaltungen, also künstlerische Vermietungen, bei denen das Haus für Orchester, Chöre und andere als Dienstleister fungiert. Dazu kommen „Prominentenveranstaltungen" eher nicht-künstlerischer Natur wie etwa die Verleihung der Goldenen Kamera. Diese Vermietungen erweitern das Image, werden aber inhaltlich nicht vom Konzerthaus gesteuert. Bevor sich Martin Redlinger Terminen, Besprechungen und Telefonaten widmet, nutzt er die Ruhe des Vormittags, um Textarbeiten zu erledigen, Pressemitteilungen zu schreiben, ein Briefing für den Intendanten aufzustellen oder Sponsoring-konzepte zu entwerfen. Bei der Pressearbeit sei vor allem die „Einfühlung in die unterschiedlichen Interessen der einzelnen Medien" wichtig. „Für die Leser der Bild-Zeitung", sagt er, „ist ein Tag im Leben des Dirigenten eben interessanter als eine fachkundige Musikkritik." Über den etwa zehnstündigen Arbeitstag hinaus stehen für den Familienvater wöchentlich noch ein bis zwei Besuche von Konzerten oder Empfängen der Berliner Kulturlandschaft auf dem Programm.

Die Liebe zur Musik: Innovation und Motivation

Redlinger, selbst studierter Musiker, genießt an seinem Beruf vor allem die Nähe zum Orchester und die „exorbitanten Konzerte". Hieraus zieht er die größte Motivation für den anspruchsvollen Job. Er kann voll hinter der Institution stehen, und die öffnet ihm so manche Tür schneller als es die PR-Leute der Agenturen kennen. Besonders angenehm: Er hat bei der Gestaltung und der Gewichtung der Projekte große Entscheidungsfreiheit und kann Neuerungen und Verbesserungen anstoßen wie etwa die „ClassicCard". Sie ermöglicht es jungen Leuten bis 27 Jahren zum günstigsten Preis den jeweils besten Platz einzunehmen, und das im Konzerthaus, der Deutschen Oper und beim Philharmonischen Orchester Berlin. Diese Idee findet bei immer mehr Institutionen in ganz Deutschland Anklang, die mit dem steigenden Durchschnittsalter ihrer Gäste zu kämpfen haben.

Natürlich hat der Job auch schwierige Seiten. Das Konzerthaus als so genannte nachgeordnete Einrichtung des Landes lebt von Subventionen, die Etats sind knapp bemessen. So muss manchmal ein Projekt, in das schon einige Arbeit investiert wurde, wieder aufgegeben werden. Interne Probleme ergeben sich hin und wieder durch die „verbeamtete Einstellung" mancher Mitarbeiter als Angestellte im öffentlichen Dienst. Sie schafft eine hierarchische Struktur, die zwar Redlinger selbst in seiner Position als leitender Angestellter kaum betrifft, ihn jedoch immer wieder einholt, wenn Informationen und Aufträge unnötig lange Wege gehen oder niemand sich verantwortlich fühlt. Außerdem bedauert er, dass es ihm nicht möglich ist, einzelne Leute bei guter Leistung nicht nur zu loben, sondern auch zu befördern.

Vom Künstler zum Vermittler

Wie man sein Team richtig führt und motiviert, konnte Martin Redlinger schon während seines Aufbaustudiums Kulturmanagement lernen. Er ging dafür nach Hamburg, nachdem er bereits in Karlsruhe und Genf den Orchester- und Soloabschluss im Fach Querflöte abgelegt hatte, bald aber erkennen musste, dass er keinen Platz als Berufsmusiker finden würde. Schon während seines Aufbaustudiums arbeitete er an Projekten und Festivals mit, wie zum Beispiel dem Bremer Musikfest. Als freier Mitarbeiter verschiedener Agenturen oder auch direkt für Unternehmen erstellte er Kulturkonzepte und betrieb Marketing und PR für die unterschiedlichsten Projekte; einer seiner Aufträge war eine Imagekampagne für die Europawahl.

Zu der Stelle im Konzerthaus kam Redlinger durch eine klassische Bewerbung auf eine Anzeige – eher ungewöhnlich für seine Branche, in der sonst so viel über Kontakte läuft. Der Intendant wollte keinen „Verwaltungsmenschen" einstellen, und so fiel die Wahl auf Redlinger, der nicht nur Kompetenz und Berufserfahrung, sondern auch die Verbundenheit zur Musik mitbrachte. Die verleiht ihm Souveränität im internen Umgang mit den Musikern, aber auch die Sachkenntnis der an die Öffentlichkeit und die Medien zu vermittelnden Projekte und Konzerte. Von großem Wert für seinen Beruf seien die Erfahrungen in der studienbegleitenden Projektarbeit und die daraus entstehenden Kontakte gewesen. Neben dem Fachwissen unter anderem in den Bereichen Marketing und Mitarbeiterführung nahm er außerdem die Fähigkeit mit, sich in die unterschiedlichsten Sichtweisen einzufühlen. Dies seien unerlässliche Qualifikationen für einen guten PR-Referenten, dazu gehöre auch Menschenkenntnis, Überzeugungs- und Motivationskraft, gepaart mit strategischem Denken und Durchhaltevermögen. Ganz wichtig:

„Uneitelkeit! Es geht um die Sache!" Redlingers Motivation, Kultur zu vermitteln, aber auch zu hinterfragen, erwächst aus der Liebe zur Musik und aus dem Antrieb, einem immer neuen Publikum auf neuen Wegen eine „Übersetzung der Hochkultur" zu liefern. Wer Ähnliches zum Ziel hat, dem empfiehlt Redlinger vor allem: „Praktika ohne Ende, und auch mal Jobs für wenig Geld, bei denen man aber Leute kennen lernt, die einen weiterempfehlen." Seine Zukunftsprognose: „Wer wirklich gut ist, bekommt auch einen guten Job!"

Interview: Andrea Böttcher

Musik für den Rundfunk: Markus Hertle, Musikredakteur und Wellenbeauftragter beim Hessischen Rundfunk, Frankfurt am Main

Seit 16 Jahren arbeitet Markus Hertle beim Hessischen Rundfunk, wo er zunächst als Musikmoderator und Redakteur bei h3 tätig war und 1997 die Wellenleitung für das Radioprogramm hr-XXL übernahm. Seit Februar 2002 ist er bei der hr-Werbung für den Aufbau von Clubs verantwortlich.

Vom Diskjockey zum Musikredakteur

„Das war meine Berufung. Das war mein Traumjob. Ich wollte da unbedingt rein als Musikmoderator und -redakteur", erinnert sich der heute 43-jährige Markus Hertle an sein dreimonatiges Praktikum beim Hessischen Rundfunk, das er nach Beendigung seines Studiums der Kulturpädagogik in Hildesheim mit Schwerpunkt Musik absolvierte. Zwar hatte man ihn zunächst in der Fernsehredaktion „Unterhaltung" eingesetzt, doch fühlte er sich beim Sortieren von Briefen anlässlich Heinz Schenks zweihundertster Sendung unterfordert und ließ sich in den Hörfunk versetzen. Seit einem Studienpraktikum beim NDR war ihm klar, dass er in Richtung Musik und Medien marschieren wollte.

Noch während der Praktikumszeit beim hr bot sich ihm die Möglichkeit, an einem Moderatoren-Casting teilzunehmen. Da hatte er das Glück, am Morgen seines Vorstellungstermins ausgerechnet mit dem Hauptabteilungsleiter gemeinsam vor einer verschlossenen Studiotür zu stehen, so dass genug Zeit blieb, diesem entscheidenden Menschen erst einmal seinen Lebenslauf zu erzählen. Für die Einstellung als Musikredakteur bei einem öffentlich-rechtlichen Sender waren damals aber noch weitere Faktoren relevant. Natürlich musste überhaupt erst eine Stelle frei sein, denn anders als in der freien Wirtschaft galt hier nicht das Motto: Da sind gute Leute und die wollen wir haben. Voraussetzung waren Erfahrung im Zusammenstellen von Musikprogrammen – hier hatte Markus Hertle sich bereits dadurch qualifiziert, dass er während seines Studiums als Diskjockey gejobbt hatte –, Medienerfahrung und ein Musikstudium. „Hinzu kam auch, dass die Stelle mit einem jungen Menschen besetzt werden sollte", so Hertle. „Beworben hatten sich Hunderte, aber die waren alle jenseits der Dreißig. Ich war zu dem Zeitpunkt 27 und hatte keine Ahnung, was ein Redakteur machen muss. Aber der Abteilungsleiter setzte sich für mich ein." Die Stelle als Redakteur, die er mit einem halben Jahr Probezeit bekam, musste er allerdings erst einmal mit Inhalten füllen. „Es fing mit dem Zusammenstellen von Musikprogrammen an und weitete sich immer mehr aus, bis ich ganze Sendeschienen zu verantworten hatte und schließlich selber moderierte." Eine Tür öffnete die nächste und so moderierte er später auch für das Fernsehen „Live aus dem Schlachthof" und andere Jugendsendungen. „Was mir außerdem gelungen ist, war 1990 die Einführung der Clubnight, einer DJ-Sendung, die bundesweit für Furore sorgte, weil es die erste war. Zu der Zeit war die Dance-Musik – Techno und House – im Aufbau und wir haben mit der Clubnight auch CDs herausgebracht."

Als der hessische Rundfunk 1997 sein Programm mit vier neuen Wellen aufstockte, wurde XXL ins Leben gerufen, und er bewarb sich daraufhin hausintern als Chefredakteur, der beim hr auch als Wellenleiter bezeichnet wird. „In drei Monaten habe ich den Sender aus dem Boden gestampft. So etwas macht man nur einmal, das war die Chance meines Lebens. Wir waren nachher 65 Freie und drei fest Angestellte und es gab ein 24-Stunden-Programm." Highlights stellten die zahlreichen Interviews mit Stars wie Udo Lindenberg, Rod Stewart oder Phil Collins dar und die Möglichkeit zu reisen, zum Beispiel in die USA, nach Malta oder nach Südafrika, um dort Festivals mitzuorganisieren. „Ich habe mich gewundert, dass ich dafür bezahlt werde. Ich hätte dafür Geld gegeben!"

Mittlerweile ist Markus Hertle verheiratet, hat zwei Kinder und geht nicht mehr in die Diskothek. „Der Sender hatte im Februar 2002 mit 185 Prozent die höchste Zugangsquote bundesweit und ich denke, da muss jetzt ein Jüngerer weitermachen." Hertle ist inzwischen bei der hr-Werbung, einer hundertprozentigen Tochter des Hessischen Rundfunks, tätig und wird Clubs für die einzelnen Wellen aufbauen. „Die Clubs sind dazu da, um eine Hörerbindung zu generieren, neue Hörer zu gewinnen und um einen Mehrwert für uns und die Hörer zu schaffen. Wir organisieren Veranstaltungen, Partys oder Hörerreisen – die Möglichkeiten sind unendlich", und Markus Hertle freut sich darauf, wieder etwas Neues aufbauen zu können.

Arbeitsalltag eines Chefredakteurs

Als Chefredakteur von XXL war Hertle verantwortlich für Personal, Etat, Programmausrichtung und den öffentlichen Auftritt einschließlich Corporate Design. Zum Alltag gehörten die zwei Redaktionssitzungen, bei der die einzelnen Tages- und Wortredaktionen besprochen wurden, sowie eine Haussitzung, welche die Kommunikation der Wellen untereinander garantiert. Die Entwicklung von Marketingstrategien, Werbeaktionen oder auch „furchtbar trockene Sachen", wie Honorare, Lizenzen und Verwaltungsangelegenheiten gehörten zur Arbeit. Außerdem gab es täglich drei bis vier Gespräche mit Mitarbeitern, weil unvermittelt irgendwo ein Problem, sei es technischer oder zwischenmenschlicher Art, aufgetaucht war. Nicht zu vergessen sind strategische Sitzungen der Musikredaktion, bei denen wöchentlich die Neuheiten abgehört und entschieden wurde, was in welcher Rotation auf die Playliste kommt. Zusätzlich fallen zahlreiche Außentermine an, zum Beispiel Veranstaltungsbesuche, die konnte er aber in seiner Position als Chefredakteur immer gut steuern. „Man muss delegieren können", meint Hertle. „Rein tariflich arbeite ich 38,5 Stunden, aber das hat nie gereicht. In der Regel waren es zwischen neun und elf Stunden am Tag, was mir aber nicht aufgefallen ist, weil ich motiviert war. Oft nimmt man auch noch Arbeit mit nach Hause."

Authentizität als Erfolgskriterium

Nach 16 Jahren Rundfunkerfahrung ist Hertle der Ansicht, dass ein Radiosender nur dann erfolgreich ist, wenn er auf einem Teamgedanken und einem klaren Profil basiert. „Man muss eine gemeinsame Aussage formulieren. Ich habe mich als Primus inter Pares verstanden, der Aufgaben formuliert und kanalisiert. Viel lieber hätte ich zwar in erster Reihe als Moderator gearbeitet, aber zu dem Zeitpunkt war ich schon 37, und hätte nicht mehr als Markus Hertle moderieren können." Bei einer Zielgruppe von 14-25-Jährigen wäre er zum Onkel Markus geworden, sagt Hertle. Für die Moderation wurden daher freie Mitarbeiter eingestellt.

Da der wichtigste Einschaltimpuls die Musik ist, braucht jeder Sender ein musikalisches Profil. „Bei Mitarbeitern, die sich genauso damit identifizieren wie ich das getan habe, geht das mit dem persönlichen Geschmack einher." Allerdings sei es nicht radiophon genug gedacht, nur die eigene Lieblingsmusik zu spielen. „Es hat einige Streitereien um Musikgeschmack gegeben, die gerade in der Jugendmitarbeitergruppe leidenschaftlich geführt wurden", resümiert Hertle. „Meine Tätigkeit bestand immer mehr darin, Konflikte auch unter den Mitarbeitern aus dem Weg zu räumen. Da sind manchmal psychologische und gruppendynamische Faktoren entscheidender als inhaltliche und strategische Überlegungen. Ich arbeite gerne mit Menschen, aber sie stehen einem auch oft im Weg. Man muss in einem Haus wie im Hessischen Rundfunk mit 1 700 fest Angestellten und 6 000 Freien viele interne Punkte bedenken, Innenpolitik betreiben, um das zu erreichen, was man möchte. Es ist ein träger Dampfer, der sich manchmal selber lähmt, aber wenn er dampft, dann dampft er erst mal."

Wie viel der künstlerisch-kreative Anteil im Gegensatz zu Organisation und Verwaltungsarbeit ausmacht? „Es ist ein hochkommunikativer Job", sagt Markus Hertle. „Die Binnenkommunikation hat den größten Teil ausgemacht. Als Leiter muss man in der Lage sein, sich selbst zu reflektieren, zu motivieren und Konflikte zu lösen. Arbeitet man als Mitarbeiter, sind hingegen mehr kreative Fähigkeiten gefragt." Was die Kulturvermittlung in seinem Beruf betrifft, ist Hertle der Ansicht, dass sich seine Arbeit täglich damit auseinander setzt. „Kultur ist für mich, wie ich mit Messer und Gabel esse, da fängt es an. Vermittlung beginnt, wenn ich die Möglichkeit habe, Britney Spears oder U2 aufzulegen." Dann lege er lieber U2 auf. In der Musikbranche seien viele Produktionen reine Marketingkonstrukte, so Hertle. „Natürlich ist das bei U2 auch der Fall, nur da schwingt noch etwas anderes mit, was ich als authentischer empfinde. Authentizität ist ein wichtiges Wort in meinem Bereich, gerade um Jugendliche zu erreichen – Glaubwürdigkeit. Wir müssen viele Menschen ansprechen, nur so haben wir eine Daseinsberechtigung. Das ist eine Gradwanderung zwischen Anspruch und Menge." Seine Motivation zieht Hertle aus der Liebe zur Musik und den Medien, dem Wunsch etwas bewegen und formen zu wollen.

Wer will, kriegt den Fuß rein

„Wer beim Öffentlich-Rechtlichen Rundfunk Fuß fassen möchte, hat es derzeit nicht leicht." Es sei „sehr schwer, überhaupt eine Festanstellung zu bekommen. Die Konkurrenz ist groß, und man braucht viel Glück." Um nicht die Altersversorgung und die Sozialleistung tragen zu müssen, wird in den Redaktionen ausgedünnt. Der Trend geht zur freien Mitarbeit. Wenn es Stellen gibt, werden die erst einmal intern ausgeschrieben.

Dennoch sieht Hertle die Chancen für die Zukunft positiv. Die Mediengesellschaft wird sich schneller entwickeln als in den letzten zwanzig Jahren. Wer die nötige Begeisterung habe, sie auch zeige, beharrlich sei und sich nicht entmutigen lasse, wird es schaffen: „Wer will, kriegt den Fuß rein."

Interview: Andrea Nementz, Annika Trentzsch

Kultur ermöglichen im wahrsten Sinne des Wortes: Vera Dorsch, Veranstaltungsorganisatorin im Haus der Kulturen der Welt, Berlin

Das Berliner Haus der Kulturen der Welt möchte einem deutschen Publikum fremde Kulturen in allen Medien und Erscheinungsformen vorstellen – in Bildender Kunst, Musik, Tanz, Theater, Film, Literatur und Wissenschaft – und dabei, wann immer möglich, Angehörige dieser Kulturen direkt beteiligen. Im Zentrum der Programmplanung steht das, was die Kulturschaffenden aus den verschiedenen Ländern selbst zum Verständnis ihrer Kulturen für wichtig halten, nicht das, was romantische Vorstellungen in sie hineinprojizieren. Der Wunsch nach Vertiefung eines möglichst wechselseitigen Verständnisses füreinander umfasst auch eine besonders intensive Betreuung der gastierenden Künstler über das bei Gastspielen übliche Maß hinaus. Dafür ist unter anderem Vera Dorsch zuständig.

Vera Dorschs Weg ins Haus der Kulturen der Welt

Der Lebenslauf der 34-Jährigen ist facettenreich, ihr Weg ins Haus der Kulturen der Welt war Teil einer langen Suche, während der sie sich in vielen Bereichen ausprobierte. Zwischen mehreren Auslandsaufenthalten arbeitete sie in einem Architekturbüro, danach mit Behinderten, dann absolvierte sie eine Ausbildung zur Erzieherin. In dieser Zeit hatte sie ein Schlüsselerlebnis: Sie organisierte ein großes, inhaltlich anspruchsvolles Schulfest. „Das war ein ziemlicher Kraftakt, und da habe ich gemerkt, genau so was liegt mir. Letztendlich war diese Festorganisation, die sich über mehrere Monate hinzog, ausschlaggebend für meine Berufswahl." Zeitgleich wurde der Studiengang Kulturarbeit an der Fachhochschule Potsdam ins Leben gerufen, der ihr ideal dafür erschien, organisatorische Fähigkeiten mit kulturellen Interessen zu verbinden. Bereits vor dem Studium hatte sie ein sechsmonatiges Vorpraktikum am Haus der Kulturen der Welt absolviert, woraus sich dann während des Studiums eine regelmäßige freie Mitarbeit im Bereich Festival- und Veranstaltungsorganisation entwickelte. Auf ihre jetzige Stelle, die sie im September 2001 antrat, musste sie sich deshalb gar nicht erst bewerben: Sie wurde ihr angeboten. In dieser festen Anstellung sieht sie Vor- und Nachteile, einerseits ist da die Sicherheit und die Routine, andererseits sieht sie nur begrenzte Perspektiven des Dazulernens.

Im Hintergrund die Fäden in der Hand halten: Vera Dorsch bei der Arbeit

Vera Dorsch sieht sich als Veranstaltungsorganisatorin an der Schaltstelle, an der Kultur vermittelt wird. Sowohl hauseigene Veranstaltungen als auch Gastveranstaltungen wie beispielsweise Kongresse werden von ihr organisiert. Das Spektrum reicht von einer Ausstellung zeitgenössischer Kunst aus Kasachstan, Usbekistan und Kirgisien über ein Konzert mit neuer Klaviermusik aus Japan bis hin zu einer Diskussionsreihe über Macht und Religion, einem Lesefest zum Welttag des Buches oder dem World Festival of Sacred Music – jede Veranstaltung hat ihre eigenen Herausforderungen. Vera Dorsch steht dabei im Dialog mit Künstlern aus aller Welt. Neben der organisatorischen Arbeit gehört auch die Betreuung der ausländischen Gäste zu ihren Aufgaben, denn nur so kann ein Kulturaustausch gelingen. Verständigung findet da manchmal auch ohne Worte statt. „Im Haus der Kulturen der Welt begegnen sich Menschen aus unterschiedlichen Nationen und Kulturen, und obwohl sie sich vielleicht nicht verstehen, passiert etwas und es findet eine Bereicherung statt, sei es nur ein Händedruck oder ein Lächeln. Es gab zum Beispiel einen Künstler aus Weißrussland, mit dem wir überhaupt kein Wort sprechen konnten. Nach seinem Auftritt hat er uns in seine Garderobe geschleppt; er hatte eine riesige Dose Kaviar und Krimsekt mitgebracht, nach dem Motto ‚Uns geht's gut und jetzt feiern wir zusammen'. Das sind Momente, in denen mich mein Job begeistert!"

Vor solchen Momenten steht viel Arbeit. Vera Dorsch ist in ständigem Kontakt mit den Programmkoordinatoren, den Gastveranstaltern, der Technik, der Öffentlichkeitsarbeit und bei Bedarf auch mit anderen Stellen wie beispielsweise den städtischen Behörden. Gastveranstalter wollen Räume besichtigen, Kalkulationen müssen erstellt, Verträge aufgesetzt werden: „Man ist ständig am Organisieren, Telefonieren und Agieren in jede Richtung." Personal vom Catering bis hin zur Technik muss bestellt werden, falls gewünscht, gibt Vera Dorsch Eintrittskarten oder Informationsmaterial in Auftrag, manchmal müssen Genehmigungen eingeholt werden. „Veranstaltungsorganisation ist ein großes Puzzle: Die Logistik, die hinter großen Projekten steht, ist unglaublich aufwändig; auch so profane Dinge wie Tischdecken oder aufgeladene Handys dürfen nicht vergessen werden. Erst wenn die Veranstaltung vorbei ist, hast du dein Puzzle zusammen." Grundsätzlich sieht sie die konzeptionelle und die organisatorische Ebene als eine Einheit, die nur im Zusammenspiel funktionieren kann. Und bedauert, dass nicht alle Programmmacher die Notwendigkeit einer gut funktionierenden Veranstaltungsorganisation wertschätzen. „Man muss begreifen, dass man es nur zusammen schaffen kann und dass die Arbeit die Leute zusammenschweißt." Es ist diese Art der engen Zusammenarbeit, die Vera Dorsch in ihrer Arbeit motiviert, vor allem aber die Begegnung mit Künstlern. „Sie sollen mit dem Gefühl nach Hause fahren, es war uns wichtig, dass sie sich wohl fühlen. Der ganze Stress hat sich gelohnt, wenn es ein schönes, gelungenes Konzert gab oder wenn sich Künstler bedanken und eine Karte schreiben." Weder der Tagesablauf noch die Arbeitszeiten folgen einer Regelmäßigkeit. „Das ist ein großer Vorteil in dem Beruf: Ich kann sehr selbstständig arbeiten, und es ist nie langweilig!"

Viele der Veranstaltungen, die sie organisiert, beginnen abends, und in Hochphasen wie beispielsweise bei Festivals ist sie nahezu rund um die Uhr da, was zum Teil bis an körperliche Belastungsgrenzen geht.

Persönliche Anforderungen an Veranstaltungsorganisatoren

Wie in jedem Beruf muss man im Veranstaltungsbetrieb vor allem belastbar sein, man muss Dinge bündeln können und in der Lage sein zu unterscheiden, was dringlich und was weniger dringlich ist. Für zentral hält Vera Dorsch auch soziale Kompetenz, weil man im Umgang mit Menschen, deren Sprache man nicht spricht, sehr offen sein muss. Diese Fähigkeit lässt sich ihrer Ansicht nach am besten durch Auslandserfahrung erwerben. „Da zeigt sich, ob ein Mensch fähig ist, sich in einen neuen Kontext, in unsichere Gewässer zu begeben." Ihre vielfältigen Praxiserfahrungen haben sie immer durchsetzungsfähiger gemacht. Eine weitere wichtige Anforderung in ihrem Beruf sei eine kritische Selbsteinschätzung und eine gewisse Uneitelkeit: „Man muss sich in den entscheidenden Momenten zurücknehmen können, man muss akzeptieren können, dass man im Hintergrund steht, und zugleich wissen, wie zentral wichtig die eigene Arbeit ist."

Sich nicht abwimmeln lassen: Tipps für den Berufseinstieg

Die Berufschancen im Kulturveranstaltungsbereich schätzt sie gut ein für Menschen, die auf hohem Niveau professionell und zuverlässig arbeiten können. Berufsinteressierten empfiehlt Vera Dorsch, in verschiedenen Institutionen Praktika zu machen und sich dabei aktiv in die Arbeitsprozesse einzubringen. Aus Praktika können sich wichtige Kontakte oder gar Aufträge ergeben und vor allem die Chance, seine Leidenschaften für bestimmte Berufsfelder zu entdecken. „Dabei muss man offensiv sein und darf sich nicht abwimmeln lassen – jeder hat mal klein angefangen."

Interview: Sabine Herr

Mit großer Wirkung hinter den Kulissen: Sabine Haack, Konzepte und Beratung für Kultur und Medien, Hannover und Berlin

Sabine Haack spricht von Selbstdisziplin. Die sei eine unerlässliche Voraussetzung für ihre bemerkenswerte Karriere gewesen. Ihr großes Ziel war es immer, Journalistin zu werden. Nach dem Studium der Geschichte und Germanistik sowie zahlreichen journalistischen Fortbildungen, die ihr viele Kontakte verschafften, arbeitete sie im ersten Jahr frei und lieferte Magazinbeiträge für Presse und TV mit dem Ziel, eine Volontariatsstelle zu bekommen, was ihr schließlich bei der Verlagsgesellschaft Madsack in Hannover gelang. Es folgten zwei Jahre als Kulturredakteurin einer Tageszeitung, die Redaktionsleitung und der Aufbau des neuen Stadtmagazins Prinz. 1991 kam der „Seitenwechsel": Sabine Haack wurde Referentin in der Pressestelle der niedersächsischen Staatskanzlei. Ihr Job war fortan die Vermittlung der niedersächsischen Landespolitik. Sie war „Kulturexterin" für den Ministerpräsidenten, schrieb Reden und Konzepte und war mitverantwortlich für die Kommunikation. Als 1998 der Wechsel im Bundeskanzleramt stattfand und erstmals die Position eines Staatsministers für Kultur und Medien besetzt wurde, war sie maßgeblich am Aufbau dieser neuen Behörde beteiligt und sie übernahm den Posten der Büroleiterin. Sabine Haacks Gewinn aus dieser Zeit: Ein „Management-Crashkurs" und „Kontakte mit Gott und der Welt".

Auf eigenen Füßen

Mit der Gewissheit eines ungeheuren Erfahrungsschatzes wagte die heute 41-Jährige im März 2001 den Sprung aus einer hoch dotierten, sicheren Position in die Selbstständigkeit als Kulturmanagerin. Die Bandbreite ihrer Aufträge ist groß: Zur Zeit gehört dazu das Imagekonzept für ein großes Unternehmen, dessen Namen die Öffentlichkeit in Zukunft mit Engagement für Kultur verbinden soll; außerdem Berateraufträge für den niedersächsischen Ministerpräsidenten in Sachen Kultur und für zwei Kulturinstitutionen, die Defizite in ihrer Außenwirkung entdeckt haben. Sie erstellte eine Analyse des öffentlichen Erscheinungsbildes eines Museumskomplexes; klassische PR betreibt sie extern für ein namhaftes Medienunternehmen, etwa indem sie Veranstaltungen mit prominenten Gästen organisiert, hierfür die Dossiers erstellt und die Dramaturgie des Ablaufs plant. Dazwischen hat sie immer wieder journalistische Arbeit und Textarbeit zu erledigen. Der Kundenstamm der Freiberuflerin rekrutiert sich aus den Bereichen Kultur, Medien und Politik.

Was der Arbeitsalltag fordert

Meist sind ihre Arbeitsphasen unterteilt in „Bürotage" und „gesprächsorientierte Tage" oder auch „Tage unterwegs" in den heißen Phasen eines Projekts. Ihre Arbeitszeit beträgt an manchen Tagen mehr, an manchen weniger Stunden, durchschnittlich kommen pro Woche circa 60 Arbeitsstunden zusammen. Der Arbeitsalltag erhellt sich durch das Gefühl, an einem Projekt wirklich mitgestalten zu können, in der Zusammenarbeit mit dem Kunden, der irgendwann zum Kollegen wird, Entwicklungen auf den Weg zu bringen, denn das sorgt für die eigene Inspiration und für neue Ideen. Natürlich gibt es auch mal schlechte Tage, an denen Sabine Haack den Nach- und Anfragen schon mal hinterherlaufen muss. Woraus schöpft sie immer wieder neue Motivation? Da ist zunächst ganz einfach ein starkes Pflichtgefühl, das sie bei der Übernahme eines Auftrags hat, die eigene Disziplin, die „keine Qualitätsabstriche erlaubt", ein umfassendes Engagement, das gegenüber dem Auftraggeber der einzige Nachweis einer Vertrauensgrundlage ist. Diesen Einsatz gewährleisten ihre Themen und Aufträge, die Sabine Haack immer „eine Herzensangelegenheit" sind. Die Inhalte sind letzten Endes das Wichtigste.

Sich die Aufträge aussuchen zu können ist nicht nur das Ergebnis harter Arbeit, sondern auch ein großer Vorteil, den die Selbstständigkeit mit sich bringt. Wichtig ist Sabine Haack, keinerlei

Hierarchien unterworfen zu sein: Sie befindet sich in keinem Abhängigkeitsverhältnis zum Auftraggeber und begegnet ihm auf Augenhöhe, hat freie Hand und einen klaren Blick von außen auf Institutionen und Projekte. Obwohl sie dabei im Hintergrund bleibt, lenkt sie verantwortungsbewusst und mit hoher Kompetenz Entscheidungsprozesse, die Struktur und Image einzelner Persönlichkeiten wie ganzer Häuser beeinflussen.

Gibt es den richtigen Weg?

Ein Weg, wie ihn Sabine Haack gegangen ist, ist sicher nicht planbar. Doch wer so weit kommen möchte, kann sich an ihren Arbeitsidealen durchaus orientieren: Sie rät allen, die noch einen Ausbildungsweg oder den Berufseinstieg vor sich haben, vor allem, offen zu bleiben und sich echtes Interesse zu bewahren. Das sei möglich, indem man studiere, worauf man wirklich Lust habe. „Bildung ist der Schlüssel zur Welt", sagt sie und meint damit nicht zwingend den klassischen Bildungsweg. Aufmerksamkeit für die eigene Persönlichkeit und die beständige Erweiterung des eigenen Horizontes, das Wissen um die eigene Herkunft und die Sichtung der Möglichkeiten sind ebenso wichtig wie Jobs und Praktika schon während des Studiums oder Auslandserfahrung. Sie rät jedem, Ecken und Kanten in der Biographie zuzulassen, anstatt sich zu früh zu beschränken. Wie schätzt sie selbst den Nutzen ihres Studiums ein? Das wissenschaftliche Arbeiten erlernt zu haben, komme ihr immer wieder zugute, doch die höchsten Güter, die sie aus diesen Jahren habe mitnehmen können, seien Belesenheit und Bildung.

Wer die Chancen auf dem Arbeitsmarkt der Kultur wahrnehmen will, so Sabine Haack, wird immer wieder mit großem Konkurrenzdruck konfrontiert sein und sollte deshalb so viele Erfahrungen wie möglich sammeln, bevor verantwortliche Positionen oder sogar die Selbstständigkeit angesteuert werden. Ein guter Manager auf dem Gebiet der Kultur muss diszipliniert arbeiten, Engagement und Begeisterung für das jeweilige Thema aufbringen können und ein umfassendes Kommunikationstalent mitbringen. Die Kulturvermittlung ist dabei zunächst das Geschäftsfeld, in dem gearbeitet wird, vor allem aber besteht sie in der Grundüberzeugung, dass Kultur ein selbstverständliches und gleichzeitig ganz besonderes „Grundnahrungsmittel der Gesellschaft" ist.

Interview: Andrea Böttcher

Alltag in zwei jungen Berliner Kultur-PR-Agenturen: Anka Grosser, Goldmann PR & Kulturmanagement, und Philip Krippendorff, Artefakt Kulturkonzepte

Anka Grosser, 35, sprüht vor Energie, und das ist auch gut, wenn der Arbeitstag mal wieder elf Stunden und länger dauert. Für die Geschäftsführerin im Berliner Büro der Agentur Goldmann PR & Kulturmanagement ist der Beruf auch abends nicht unbedingt zu Ende, weil „Kommunikation aus dem Haus gehen muss, weil das Netzwerk nicht einschlafen darf, weil PR am Puls der Zeit bleiben muss". Und Kommunikation ist ihr Beruf, also ist Anka Grosser an wenigstens drei bis vier Abenden in der Woche unterwegs zu Ausstellungseröffnungen, Opernaufführungen oder anderen Veranstaltungen. Durchhaltevermögen ist zunächst mal auf der unkreativen Seite des Büroalltags gefragt. Die Routinearbeiten wie Recherche, Pflege der Adressdatei, Versand der Pressemitteilungen, telefonisches Nachfassen bei den Medienvertretern müssen mit der gleichen Intensität bewältigt werden wie der kreative, konzeptionelle Teil der Aufgaben.

Hier wird es spannend: Die Vermittlung immer neuer Inhalte aus Architektur, Kunst, Musik, Theater, die Möglichkeit, künstlerische Arbeit ganz auszuleuchten, mit den Künstlern zu sprechen, ihren Zielen auf die Spur zu kommen, um dann die Kultur nach draußen zu tragen, das sind für Anka Grosser die Highlights ihres Berufes. Das Arbeiten in der Agentur bietet die Möglichkeit, unterschiedlichste Gebiete zu erkunden und den verschiedenen Künsten zu begegnen. Zu den Kunden der Agentur, die Daniela

Goldmann vor elf Jahren in München gründete, gehören etwa die Kunstmesse Artforum Berlin, das Architektenbüro Sauerbruch Hutton, das Bundespresseamt, die Bregenzer Festspiele, das Münchener Festival Tollwood, das Haus der Kunst und die Staatsoper in München. Goldmann PR versteht sich als Agentur für strategische Kommunikation: Vom Konzept über klassische Pressearbeit bis zur Marketingstrategie reicht das Leistungsportfolio für Kunden aus dem Kultur- und Wirtschaftsbereich. Das Netzwerk aus Machern, Partnern, Multiplikatoren wächst und verändert sich täglich. Grosser, gebürtige Hamburgerin, erlebt ihre Wahlheimat Berlin als „Schmelztiegel von Kunst und Charakteren", sie begeistert sich für das große Angebot künstlerischer Projekte von hoher Qualität und bezieht ihre Motivation daraus, einen Teil dieses Angebots mitgestalten und vermitteln zu dürfen.

In der Agentur steht dabei die Teamarbeit, die die leitende Angestellte für elementar hält, ganz vorne. Anka Grosser nutzt ihre Position, um ihre Mitarbeiter zu eigenverantwortlichem Arbeiten zu motivieren. Die interne Kommunikation ist für gute Arbeitsergebnisse ebenso wichtig wie die externe. Jeden Morgen gibt es also eine kurze Stehkonferenz, bei der Tagespläne und Termine abgesprochen und anfallende Aufgaben verteilt werden, und die dem beruflichen Informationsfluss wie auch dem persönlichen Umgang untereinander gilt. Der sollte nicht zu kurz kommen, wenn auf engem Raum und oft unter Zeitdruck intensiv gearbeitet wird.

Kommunikationsstärke und das Übernehmen und Delegieren von Verantwortung will gelernt sein. Die vielseitigen Erfahrungen, welche die PR-Frau bisher sammeln konnte, helfen ihr dabei. Schon während des Studiums der Germanistik und Publizistik an der Freien Universität Berlin absolvierte sie zahlreiche Praktika in Verlagen, bei Zeitungen und bei Hörfunksendern. Auslandsstudienaufenthalte in Paris und Barcelona vermittelten sehr gute Sprachkenntnisse, und schon als Studentin arbeitete sie erfolgreich für Deutschlandradio Berlin. Bevor sie zu Goldmann kam, hatte Anka Grosser 1994 die damals erste Position der Leiterin der Presse- und Öffentlichkeitsarbeit an der Komischen Oper erhalten, nachdem sie bei einem Radiointerview den Intendanten getroffen hatte und ihn davon überzeugen konnte, wie unabdingbar die Presse- und Öffentlichkeitsarbeit für die Kultur geworden war.

Welchen Beruf sie mal ausüben würde, wusste Anka Grosser als Studentin noch nicht, doch bestand immer der Wunsch, kommunikativ und im Bereich der Kulturvermittlung zu arbeiten: „Ich war nie Künstlerin, aber wollte immer Kunst ermöglichen und Katalysator sein." Sie identifiziert sich mit dem Auftrag, Kultur zu vermitteln und sie der Öffentlichkeit zugänglich zu machen: „Die Existenzberechtigung von Kunst kann zweifelhaft sein, wenn niemand von ihr weiß." Anka Grosser kennt ihr wichtigstes Potenzial: „Mit Überzeugung überzeugt man am besten!"

Wenn Anka Grosser neue Mitarbeiter sucht, hört sie sich um, spricht mit Branchenkennern, erhält Empfehlungen. Auch eine Stellenausschreibung sei möglich, aber selten. In jedem Fall entscheide sie sich für menschliche Stärke und Fachkompetenz. Ihrem Berufsfeld verspricht Anka Grosser eine große Zukunft, denn PR werde immer wichtiger als „Navigator im Informationsmeer, im überbordenden Kommunikationsfeld". Die zahlreichen Ausbildungsmöglichkeiten bieten dem Einzelnen gute Chancen und eine vielfältige Anwendbarkeit des Erlernten. „Nichts wird heute produziert, ohne dass man von Anfang an dafür Öffentlichkeitsarbeit macht."

Philip Krippendorff, Artefakt Kulturkonzepte

1994 gründeten neun Absolventen des Berliner Aufbaustudienganges Kultur- und Medienmanagement die Bürogemeinschaft Artefakt Kulturkonzepte. Philip Krippendorff, 36, ist einer der heute fünf Gesellschafter, die mit Unterstützung freier Mitarbeiter Medienarbeit und Veranstaltungsmanagement betreiben. Das Kundenfeld hat sich seit der Gründung stetig vergrößert:

Seit 1999 übernimmt Artefakt die Pressearbeit für das Kurt Weill Festival Dessau und berät und recherchiert für die Literaturwerkstatt Berlin. Im Jahr 2000 begleitete man das ungewöhnliche Konzept des Literaturexpress, der Autoren aus 43 Ländern auf eine Erfahrungsreise quer durch Europa mitnahm. Vor allem aus Theater und Literatur kommen die Aufträge, welche die fünf mit Presse- und Öffentlichkeitsarbeit, der Konzeption und Durchführung von Veranstaltungen, Führungen für Messen und Kongresse beschäftigen. Dazu kommen die Vermittlung von Künstlern, hauptsächlich aus dem Bereich der klassischen Musik und des Jazz, und das Angebot von Seminaren und Fortbildungen, Coaching und Beratung. Die Medienarbeit, die zu circa 60 bis 70 Prozent aus dauerhaften Aufträgen besteht, ist die Basis des Unternehmens und beinhaltet neben der Platzierung der Projekte in Print, World Wide Web, TV und Hörfunk immer auch die Akquise von Medienpartnern, die mit redaktionellen Beiträgen, Kartenverlosungen und Anzeigenwerbung hinter den Projekten stehen. Bei etwa sechzig Arbeitsstunden pro Woche haben die Agenturmitglieder wechselnde Aufgaben, die einmal wöchentlich je nach Zeitkontingenten und persönlichen Stärken verteilt werden. Dabei sind sie gleichberechtigt, eine Hierarchie gibt es nicht. Natürlich ist einer am Telefon besser als beim Texten, doch das stört die Ausgewogenheit nicht, sondern stärkt im Gegenteil den Teamgeist. Jeder ist Ansprechpartner für die Kunden, und so können alle von den Erfahrungen durch die unterschiedlichen Aufträge profitieren.

Philip Krippendorff und seine Kolleginnen und Kollegen haben dabei ganz unterschiedliche Backgrounds: Kunstgeschichte, Theaterwissenschaften, Betriebswirtschaft, Publizistik; er selbst studierte europäische Ethnologie, Medienwissenschaften und Italianistik. Wichtige Praxiserfahrung konnte er unter anderem durch eine Hospitanz beim ZDF sammeln; ein Nebenjob im Telefonmarketing war die beste Schule fürs telefonische Kontaktieren. Die Bandbreite der Horizonte ist die Stärke des jungen Teams und garantiert Weitblick und Kompetenz. Die Zielsetzung, der Off-Kultur ein Forum zu schaffen, verband die heute Selbstständigen schon beim Studium in Berlin. Diese Gemeinsamkeit und die nach den gemeinsam bestrittenen Jahren freundschaftliche Verbundenheit unter den Kollegen ist ein wesentlicher Teil der Motivation, die Krippendorff an seinen Job bindet. Trotz der negativen Veränderungen in den letzten Jahren durch Einsparungen und Kürzungen liebt er die Vielfalt der Berliner Kulturlandschaft und sieht seine Aufgabe darin, noch nicht etablierte Projekte gerade so nach vorne zu bringen, dass diese Vielfalt erhalten bleibt. Wer auf dem von Sparplänen erschütterten Kulturarbeitsmarkt konkurrenzfähig sein will, muss neben Kommunikationslust und Formulierungsgabe auch Zuverlässigkeit und Belastbarkeit mitbringen. Gerade für die Arbeit im Team ist Beweglichkeit so wichtig wie die Fähigkeit zu Kritik und Selbstkritik. Dieses Selbstverständnis schafft das nötige Durchhaltevermögen, das gerade dann wichtig wird, wenn man es mit tollen Projekten, aber schwierigen Auftraggebern zu tun hat. Der Status der Selbstständigkeit birgt natürlich immer ein Risiko in sich, und so sind bei jedem neuen Projekt Zuverlässigkeit und Kompetenz der Auftraggeber zu prüfen, deren Denken und Durchhalten für die richtige Umsetzung ebenso ausschlaggebend ist wie das der Agentur. Dennoch: Wer freiberuflich arbeiten, sich eventuell irgendwann mit einer Agentur selbstständig machen will, hat gute Chancen, so Krippendorff: „Gerade heute ist der Stellenwert von PR größer denn je. Die Einsparungen im Personalbereich zwingen die Firmen und Institutionen zum Outsourcing." Und die vielen Freiheiten, die Unabhängigkeit von Vorgesetzten und die konstruktiven Feedbacks seiner Kollegen möchte er nicht missen. Wenn dann Konzept und Umsetzung mit der Ausgangsidee übereinstimmen und das positive Feedback vom Auftraggeber kommt, wird der Agenturjob durchaus zum Traumjob.

Interview: Andrea Böttcher

Wie man die Bürger einer Stadt dazu bewegt, Urlaubs-dias an den Hauswänden zu zeigen: Wiebke Richert, Kulturamtsleiterin in Vaihingen an der Enz

Haben sie schon einmal jemanden dazu überredet, seinen Campingurlaub auf dem städtischen Parkdeck zu verbringen? Wie kann es gelingen, die Bürger einer kleinen Stadt dazu zu bewegen, nachts ihre Urlaubsdias an den Hauswänden zu zeigen? Und wie bringt man eine Jazzkapelle dazu, ihre Probe auf den zum Sandkasten umfunktionierten Marktplatz zu verlegen? Im Sommer 2001 verwandelte sich Vaihingen an der Enz für einen Monat in Nigihaven na der Zen. Eine Stadt spielte eine Stadt: Allseits vertraute Einrichtungen fanden sich an anderen außergewöhnlichen Orten wieder. Ungewöhnliche Kulturangebote provozierten ein völlig neues städtisches Leben und eine persönliche Beteiligung der Bürger. „Schuld" daran ist Wiebke Richert, die Kulturamtsleiterin der Stadt Vaihingen, die dieses Kunstprojekt gemeinsam mit Architekten, Performancekünstlern und den ganz normalen Bürgern der Stadt realisierte.

Mit knapp 30 000 Einwohnern ist Vaihingen eine eigenständige Kreisstadt. Wiebke Richert, 36 Jahre alt, ist seit über zehn Jahren Abteilungsleiterin für Schule, Kultur und Sport in der Kommune. Unterstützt wird sie von fünf Mitarbeitern, so dass sie selbst sich vor allem um die Kulturentwicklungsplanung und das aktuelle Kulturprogramm der Kommune kümmern kann. Pro Halbjahr führt das Kulturamt selbst circa 20 Veranstaltungen durch. Darunter fallen eine Klassik-, eine Kabarett-, eine Kindertheaterreihe, ab und zu Vorträge und jährlich zwei Ausstellungen. Der künstlerisch-kulturelle Anteil ihrer Tätigkeit mache circa 30 Prozent aus, so Wiebke Richert, alles andere ist Verwaltungstätigkeit und Kulturförderarbeit.

Bürgernähe als Prinzip: Arbeitsalltag im Kulturamt

Der Arbeitsalltag einer Kulturamtsleiterin gestaltet sich vielfältig. Künstler einladen, Texte schreiben, Broschüren herstellen

199

und in Auftrag geben, Pressearbeit machen, Außentermine wie Gemeinderats- oder Kulturausschuss-Sitzungen und natürlich die eigenen Veranstaltungen wahrnehmen und nebenbei die ganze Verwaltungsarbeit erledigen. Insgesamt sind die Arbeitszeiten im Kulturamt jedoch sehr regelmäßig und vorhersehbar. Viele der anfallenden Arbeiten kann Wiebke Richert nach einer gewissen Vorbereitung ihrerseits an die zuständigen Kolleginnen delegieren. Sie beschreibt ihren Beruf als sehr kundenintensiv. Das Amt hat jeden Vormittag sowie an zwei Nachmittagen geöffnet. Viele Bürger holen sich bei ihr Informationen zum Kulturprogramm ab und viele Kulturinitiativen brauchen Rat und Hilfe für die Organisation und finanzielle Förderung ihrer Projekte.

Künstlerische Urteilskraft als zentrale Kompetenz

Von ihrer jetzigen Stelle hatte Wiebke Richert über eine Anzeige in der Stuttgarter Zeitung erfahren. Zu diesem Zeitpunkt hatte sie noch nicht einmal ihr Diplomzeugnis in der Tasche. Ausschlaggebend für ihre Einstellung sei vor allem die ausgewiesen kulturelle Ausrichtung ihres Studiums der Kulturpädagogik in Hildesheim gewesen, so Wiebke Richert. „Sie wollten in Vaihingen jemanden, der vom Fach ist, der speziell die Kulturarbeit vorantreibt, und man nahm es in Kauf, dass derjenige keine Verwaltungsausbildung hat. Ich hätte nicht gedacht, dass sie eine so unerfahrene Person wie mich nehmen, aber sie waren experimentierfreudig." Wiebke Richert selbst fand es besonders spannend, in einer eher kleinen Kommune zu arbeiten, „die nicht zu einer kulturellen Society gehört, sondern in der auch ganz bodenständige Menschen leben." Die wichtigste Qualifikation, die sie aus dem Studium mitbrachte, so Richert, sei die künstlerische Urteilskraft. Die intensive Beschäftigung mit den Künsten im Hinblick auf die Vermittlung, die das Studium bot, war für sie zentral. „Im Kulturbereich muss man das Wesentliche vom Unwesentlichen unterscheiden können. Diese Fähigkeit kann man nur herausbilden, wenn man die Zeit und die Freiheit dazu hat, Dinge tiefer für sich zu entwickeln und in eigener künstlerischer Auseinandersetzung zu begreifen." Systematisch weitergebildet hat sie sich nach dem Studium nicht, abgesehen von einigen Seminaren im Kulturmanagement, die sie an der PH Ludwigsburg belegte.

Als gute Kulturamtsleiterin ist es wichtig, sich selbst – trotz der eigenen Kompetenz – nicht als die ausschlaggebende Person anzusehen, sondern die Selbstständigkeit der Leute zu fördern und deren kulturelle Kompetenz zu wecken. „Das kulturelle Profil einer Stadt kann man nicht im Alleingang entwickeln, man muss den einheimischen Gruppen eine Infrastruktur bieten, eine Lobby für sie schaffen." Zu berücksichtigen ist dabei die heterogene Bevölkerung. Vaihingen hat viele kulturelle Traditionen, und als Kulturamtsleitung darf man nicht den Fehler begehen, die Vereine und deren Arbeit zu ignorieren, die Chöre, Spielmannszüge, Laienspielgruppen ebenso wie die Jugendrockgruppen, auch wenn sie vielleicht nicht den eigenen kulturellen Vorlieben entsprechen. Die Förderarbeit des Kulturamtes basiert vor allem auf dem Prinzip „Hilfe zur Selbsthilfe". Das bedeutet etwa, dass man Vereinen für ihre Veranstaltungen Räume zur Verfügung stellt oder Initiativen finanziell unterstützt. „Neben dem von uns selbst veranstalteten Kulturprogramm greifen wir, nach dem Subsidiaritätsprinzip, da ein, wo die Bürgerschaft es aus eigener Kraft nicht schafft. Hier haben wir eine regulierende Aufgabe."

Als Kriterien für die von ihr gestalteten Kulturprogramme nennt sie den Anspruch, „Menschen Inhalte zu vermitteln und nicht nur kurzweilige Vergnügungen zu bieten, Unterhaltung auf gutem inhaltlichen Niveau zu realisieren, die nicht nur an der Oberfläche kratzt. Damit kommt man an die Menschen heran, und nicht über Veranstaltungen, die hinterher verpuffen. Dabei ist es wichtig, Projekte so vorzuschlagen, dass die Leute sie auch annehmen können. Die Projekte müssen etwas mit der Stadt zu tun haben. Man muss die Leute dort abholen, wo sie stehen." Beratung holt sie sich dabei auch aus der Bevölkerung, zum Beispiel von ansässigen Künstlern.

Um sich mit den vielen verschiedenen Menschen auseinander setzen zu können, brauche man „Vermittlungskompetenz, Zähigkeit, einen langen Atem und Hartnäckigkeit, man darf sich nicht frustrieren lassen und man braucht Überzeugungskraft, Aufgeschlossenheit und sollte Spaß an der Arbeit mit Menschen haben." Die Kulturamtsleiterin arbeitet eng mit den städtischen Gremien, dem Gemeinderat und den Ausschüssen zusammen, denn die geplanten Projekte müssen politisch durchgesetzt werden. Dabei ist strategisches Vorgehen wichtig. Um beispielsweise die Gremien von einem so experimentellen und innovativen Stadtspielprojekt wie Nigihaven zu überzeugen, muss man ein in jeder Hinsicht überzeugendes Konzept liefern und viele Vorgespräche führen. Langjährig unter Beweis gestellte kulturelle Kompetenz schafft in solchen Fällen bei den Gremien das nötige Vertrauen. Auch wenn man Profikünstler von außen einlädt, muss man in den Gremien klar machen, dass die lokalen Initiativen durch solche kulturelle Angebote, an denen sie ihre eigenen Fähigkeiten messen können, angespornt werden.

Das kulturelle Profil einer Stadt gestalten

Das Schöne an ihrer Arbeit sieht sie in ihrer großen Gestaltungsfreiheit, der Möglichkeit, mit eigenen Veranstaltungen, aber auch durch ihre Förderarbeit, das kulturelle Profil der Stadt mit gestalten zu können. Gerade in einer Verwaltung kann man laut Richert mehr erreichen als mit einer Initiative ohne Lobby. Neben gelungenen Kulturveranstaltungen und interessanten Begegnungen mit Künstlern, ist es vor allem die Aufgeschlossenheit der Menschen, die sie immer wieder für ihre Arbeit begeistern. Gerade am Anfang empfand sie die Verwaltung als eine sehr trockene Angelegenheit. „Heute habe ich vieles verinnerlicht und mache es automatisch." Ihren Vertrauensvorschuss bei den Menschen musste sie sich erst mühsam erarbeiten. „Ich musste in sehr kleinen Schritten vieles vorbereiten, viele unmögliche Dinge machen, bevor ich Projekte, die mir am Herzen lagen, realisieren konnte." Allgegenwärtig ist ihr die zu tragende Verantwortung, schließlich ist sie in der Gemeindeverwaltung allen Bürgern verpflichtet. Wer öffentliche Gelder ausgibt, muss das auch gut begründen können.

Tipps für Einsteiger in die Kulturverwaltung

Die Berufschancen in der Kulturverwaltung schätzt Richert gerade für Einsteiger, die aus dem Kulturbereich kommen, als gut ein. „Inhaltliche Kompetenzen sind immer wichtiger geworden, damit Kulturarbeit nicht nur ‚gut gemeint' ist, sondern auch Qualität hat." Berufseinsteiger sollten sich nicht von dem Verwaltungsapparat abschrecken lassen. „Vieles lernt man sowieso erst vor Ort. Man sollte selbstbewusst zu dem stehen, was man schon kann und was nicht." Im Berufsalltag ist es vor allem wichtig, seine Teamfähigkeit unter Beweis zu stellen und sich gute Berater und Mitstreiter zu suchen, um den Spagat zwischen Verwaltungstätigkeit und den kreativen Bereichen zu meistern.

Interview: Annika Trentzsch, Andrea Nementz

Kulturvermittlung über's Radio: Claudia Henne, Kulturredakteurin beim Sender Freies Berlin

„Das Wichtigste ist, eine gute Stimme zu haben", antwortet Claudia Henne entschieden auf die Frage, was einen guten Radioredakteur ausmache. Sie selbst arbeitet seit über 20 Jahren beim Sender Freies Berlin in der Kulturredaktion. „Wer beim Hörfunk arbeiten möchte, muss beides können: Schreiben und Moderieren." Anders als bei den Printmedien wird beim Radio vom Redakteur verlangt, im gesprochenen Wort etwas zu vermitteln. Dabei sind eine gute Artikulation und eine deutliche Aussprache unverzichtbar. „Man muss immer allgemein verständlich bleiben. Endlose Sätze mit vielen Einschüben sind zu vermeiden, weil das Radio ein Medium ist, das nicht so viel Konzentration vom Rezipienten erwarten kann wie beispielsweise eine Tageszeitung." Doch eine wohlklingende Stimme allein macht noch keinen Radiomoderator: „Für das Moderieren braucht man Talent. Man muss sehr intuitiv reagieren können, man muss mit Menschen umgehen können, um sie zum Reden zu animieren, daher braucht man ein gutes Gespür für die Situation und den Menschen in dieser Situation."

Von der Hospitantin zur Redakteurin

Nach ihrem Politik- und Germanistikstudium in Berlin hospitierte Claudia Henne im Frauenfunk des SFB. Drei Monate arbeitete sie in der Redaktion „Zeitpunkte". „Nach vier Wochen wusste ich, das ist mein Medium, das will ich, hier bleibe ich." Während dieser Praktikumszeit lernte sie die redaktionelle Arbeit von der Pieke auf. „Ich musste alles machen. Ich wurde zu Pressekonferenzen geschickt und musste eine Meldung von zwei Minuten schreiben, egal ob sie gesendet wurde oder nicht. Ich musste ins Archiv, um zu recherchieren. Ich habe gelernt zu unterscheiden, was wichtig ist und was nicht, also die hauptsächlichen Informationen rauszufiltern." Aus der Hospitantin wurde eine freie Mitarbeiterin. Zwischendurch war Claudia Henne ein Jahr als Kulturredakteurin bei der Berliner Tageszeitung tätig, ist dann aber wieder zum Hörfunk zurückgekehrt. Seit 1985 hat sie sich als feste Freie bei der Kulturredaktion des SFB etablieren können. Sie macht Kommentare, Reportagen, Berichte, Meldungen und Interviews.

Selbstbestimmtes Arbeiten in der Kulturredaktion

Für eine Kultursendung von circa 25 Minuten Dauer erarbeitet sie das Programm zu dem jeweiligen Thema, beispielsweise „Frauen in der Kunst" oder „Frauen und Architektur". Dafür schreibt sie ein Manuskript auf der Basis einer gründlichen Recherche und zuverlässiger Quellen. „Als selbstständiger Redakteur genießt man eine große Freiheit. Die Themen für das Programm werden nach kurzer Absprache mit den anderen Redakteuren frei gewählt, somit kann ich ein Stück weit meinen eigenen Interessen nachgehen und mir die Themen aussuchen, die ich für interessant halte." Jeden Vormittag findet eine

Redaktionssitzung statt, dort besprechen die Redakteure mit dem Chef vom Dienst, wie der Vortag gelaufen ist, und es werden die Inhalte und die Struktur der kommenden Sendungen abgestimmt. „Die Absprache ist selbstverständlich. Wir wollen schließlich ein Programm machen, das abwechslungsreich ist und viele Sparten abdeckt." Der Redakteur beim öffentlich-rechtlichen Rundfunk kann viel selbstbestimmter arbeiten als bei anderen Medien, weil hier keine Auflage erfüllt werden muss. Es gibt zwar auch hier die Einschaltquote, nach der der Erfolg einer Sendung gemessen wird, doch für das Kulturprogramm ist das unerheblich, weil die Kultursendung ohnehin nur eine kleine Klientel bedient und somit ein Nischenprogramm ist.

Da Claudia Henne in einer aktuellen Redaktion arbeitet, ist Flexibilität gefordert. Auf plötzliche Ereignisse muss sofort reagiert werden, was bedeutet, dass das geplante Programm für den Tag plötzlich neu gestaltet werden muss. Auch Liveübertragungen gehören zu ihrer Arbeit, beispielsweise bei Theaterpremieren, wo vor Ort moderiert und live gesendet wird. „Bei einer Livesendung können auch immer unvorhergesehene Dinge passieren, da ist dann eine schnelle Reaktion und manchmal auch Improvisation gefragt."

An ihrer Arbeit als Kulturkritikerin genießt sie vor allem die Möglichkeit, ungewöhnliche Ereignisse erleben zu dürfen: „Einen Tag bevor die alte Nationalgalerie offiziell eröffnet wurde, durfte ich mir die neuen Räumlichkeiten ansehen und bin dann ganz allein durch die Ausstellung gegangen. Ein erhabenes Gefühl!" Auch die Chance, Künstler zu treffen und anregende Diskussionen zu führen, empfindet Claudia Henne als sehr befriedigend. Was sie dagegen gar nicht mag, sind die Kämpfe mit anderen Journalisten, wenn es darum geht, Informationen zu ergattern. „Die Kollegen vom Fernsehen sind grundsätzlich zuerst da und wenn wir uns dann nicht ganz brutal mit Ellenbogengewalt durchsetzen, haben wir gegen die keine Chance. Allmählich habe ich gelernt, genauso hinterhältig und gemein zu sein wie alle anderen, aber Spaß macht das nicht."

Claudia Henne hat sich seit 1985 auf den Kultursektor Tanz spezialisiert. „Damals war das noch ein völlig unbeachteter Bereich. Man kannte Ballett, aber mehr auch nicht. Ich habe mich dafür eingesetzt, über die Entwicklung der jungen, zeitgenössischen Tanzszene zu berichten und von meinen Kollegen viel Zustimmung dafür erhalten." Claudia Henne kennt nach so vielen Jahren die Tanzszene sehr gut, verfügt über viele Kontakte und gilt als anerkannte Kritikerin. Seit ihrer Studienzeit setzt sie sich auch politisch für die Kultur ein. „Ich verstehe mich als politische Verfechterin der Kultur." Für das Westdeutsche Institut für Wirtschaftsforschung hat sie 1989/1990 eine Studie über die dezentrale Kulturarbeit in Berlin erstellt. Während dieser Arbeit hat sie viele politische Vertreter und alle Kulturämter der Stadt kennen gelernt. Diese Kontakte nutzen ihr heute sehr für ihre journalistische Arbeit. „Man muss die Leute nicht nur kennen, man muss sie so gut kennen, dass, wenn man sie anruft, sie sich auch die Zeit nehmen, mit einem zu reden."

Qualitäten einer Hörfunkjournalistin

Die wichtigsten Eigenschaften, die man als guter Redakteur beim Rundfunk braucht, sind nach Meinung von Claudia Henne neben einer guten Stimme Pünktlichkeit, Präzision, Fleiß, ständige Einsatzbereitschaft und Freundlichkeit. Zudem sind Neugier und Unabhängigkeit für einen Journalisten unverzichtbar. Neugier ist gleichzusetzen mit dem ständigen Bedürfnis, Neues zu erfahren und zu lernen, immer informiert zu sein und diese Informationen weitergeben zu wollen. Eine Unabhängigkeit von der Klientel, über die man schreibt, muss man sich als Journalist bewahren, um immer so objektiv wie möglich berichten und urteilen zu können. „Die Aufgabe des Journalisten ist es schließlich, die Öffentlichkeit zu informieren und nicht Werbung für eine Veranstaltung zu machen." Zudem findet Claudia Henne es wichtig, Meinungen zu artikulieren, die auf Argumente gestützt sind und nicht bloß durch den Geschmack oder durch einen Trend begründet sind. Leider würde das immer mehr vernachlässigt werden. „Die Leute glauben ja alles, was in der

Zeitung steht oder im Radio gesendet wird, auch wenn das zum Teil haarsträubende Berichte sind. Daher habe ich als Journalistin eine Verantwortung der Gesellschaft gegenüber, sie mit richtigen, gut recherchierten Informationen zu versorgen." Als Redakteurin im Bereich Kultur hat man nicht nur die Aufgabe, den Menschen zu berichten, was sie im Theater, im Museum, bei einem Konzert hören und sehen, sondern man hilft auch, das Wahrgenommene einzuordnen, um sich eine Meinung darüber bilden zu können. „Das ist meine Art von Kulturvermittlung."

Tipps für den Berufseinstieg

Der Berufseinstieg in den Hörfunk funktioniert am besten über ein Praktikum oder ein Volontariat. Um aber als Mitarbeiter zu überzeugen, ist es gut, sich von der Masse abzuheben und eine Nische zu finden, in der man unentbehrlich für den Sender wird. „Der Konkurrenzkampf im Journalismus ist heute sehr extrem. Man muss Durchsetzungsvermögen mitbringen, man muss auch wissen was man will und darauf hin arbeiten." Die Zeitungsverlage haben den Vorteil, dass sie bessere Aufstiegschancen bieten. „Man kann seinen Namen viel schneller in die Welt bringen, wenn er über einem großen Artikel steht, als wenn er kurz im Radio genannt wird. Die Zuhörer merken sich vielleicht die Stimme und erkennen diese auch wieder, aber der Name des Moderators wird nur selten wahrgenommen. Die Aufnahme ist beim Hören eine ganz andere als beim Lesen, das darf man nicht vergessen. Wer als Journalist arbeiten möchte, sollte sich daher die Unterschiede der Medien deutlich machen und dann entscheiden, welcher Bereich der richtige für ihn ist."

Interview: Jessica Frie

Vom Projekt zum Unternehmen: Deliane Rohlfs, Leiterin der Jugendkunstschule Klex in Oldenburg

Vom Studium direkt in die Selbstständigkeit

„Kind, lern was Vernünftiges", war der Satz, den sich Deliane Rohlfs nach dem Abitur häufig anhören durfte. Statt des ersehnten Studiums der freien Kunst schrieb sie sich daher für das Studium der Sonderschulpädagogik an der Universität Oldenburg ein. Die Bildende Kunst blieb dabei weiterhin ihr Schwerpunktfach. Während ihres Abschlusssemesters lernte Deliane Rohlfs eher durch Zufall die neu aufgekommene Jugendkunstschulbewegung kennen und war von der Idee begeistert, selbst eine solche Initiative ins Leben zu rufen. Schnell fanden sich noch vier weitere Kommilitoninnen, mit denen gemeinsam sie dieses Projekt starten wollte. „Wir haben alle hundert Mark auf den Tisch gelegt und diese fünfhundert Mark waren dann unser Startkapital für die Gründung des Kunstschulvereins. 1984 war das, noch während des Studiums." Vom Studium direkt in die Selbstständigkeit, das war für Deliane Rohlfs keine große Umstellung. Im Gegenteil: Das, was schon während des Studiums an Projektarbeit geleistet wurde, führten die Frauen einfach fort. Das fehlende Know-how in den Bereichen Öffentlichkeitsarbeit und Buchführung wurde durch ehrenamtliche Helfer ergänzt. Das Konzept ging auf, die Jugendkunstschule Klex in Oldenburg feiert bald ihr 20-jähriges Bestehen.

Arbeitsalltag in der Jugendkunstschule

In der Kunstschule sind 22 freiberufliche Mitarbeiterinnen und Mitarbeiter tätig, die die unterschiedlichsten Kunstkurse und -projekte anbieten. „Ich halte es für sehr wichtig, fachspezifische Leute zu haben. Ich brauche Mitarbeiter, die sich auf einen künstlerischen Bereich spezialisiert haben, die die nötige Materialerfahrung mitbringen und auch wissen, wie man die entsprechende künstlerische Technik am besten vermitteln kann. Leider sind die meisten Studiengänge in diesem Bereich sehr generalistisch ausgerichtet, so dass Leute, die eine hohe Fachkompetenz haben und sich als Freiberufler auf dem Markt anbieten, rar sind." Sehr von Vorteil für den Jugendkunstschulberuf sei ein projektorientiertes Studium. Man lernt dann schon während des Studiums das praktische Arbeiten in der Gruppe, die Umsetzung einer Idee und deren Organisation und Vermittlung.

Feste Stellen mit geregelter Arbeitszeit sind in diesem Berufsfeld eher die Ausnahme, daher ist Flexibilität nötig. „Es ist gut, wenn man sich an die Vorstellung gewöhnt, auch mal mehrere Jobs gleichzeitig zu machen und offen für neue Aufgaben zu sein. So lassen sich auch am besten Erfahrungen sammeln." Die Hauptarbeitszeit liegt während der Schulferien, weil dann die Ferienprogramme der Jugendkunstschule beginnen. „Man muss sich dann einfach darüber im Klaren sein, dass ein gemeinsamer Familienurlaub in der Zeit nicht möglich ist."

Mit innovativen Angeboten im Gespräch bleiben

Die Jugendkunstschule Klex versteht sich als wichtiger Bestandteil des kulturellen Lebens in Oldenburg. Das Angebot der Kurse und Projekte richtet sich an Kinder und Jugendliche von 4 bis 24 Jahren. Um Interesse für die Kunstschule zu schaffen, müssen neue, spannende Angebote gemacht und Nischen gefunden werden. Vor einem halben Jahr hat Deliane Rohlfs sich dafür eingesetzt, ein Medienatelier in der Kunstschule einzurichten. Hier können Jugendliche zusammen mit Künstlern und Medienspezialisten an Computern digitale Bildbearbeitung, Animationstechniken und Videoinstallation erstellen. „Wenn man auf dem Markt bleiben will, muss man sehen, wo die Nischen sind und ein solches Angebot hat es bislang in Oldenburg noch nicht gegeben. Die Einrichtung des Medienraums war somit auch eine strategische Entscheidung, um uns von den anderen Kultureinrichtungen abzuheben."

Neben den Kursen in den Bereichen Bildende Kunst, Theater und Medien finden auch zahlreiche öffentliche Aktionen statt:

Stadtteilprojekte und überregionale Wettbewerbe, Ausstellungen und Feste. Diese öffentlichen Aktionen sind besonders für die PR-Arbeit wichtig, weil hierbei das Interesse der lokalen Zeitungen entsprechend groß ist. Vor allem in der Gründungszeit der Kunstschule waren Zeitungsberichte nötig, um den Bekanntheitsgrad und damit das öffentliche Interesse an der neuen Kunstschule zu stärken.

Deliane Rohlfs konzipiert und organisiert jede Veranstaltung in Zusammenarbeit mit den jeweiligen Seminarleitern. „Ich bin hier im Haus der Stratege, in der Praxis mache ich gar nichts mehr." Für die Realisierung eines Projekts entwickelt sie das Konzept, sucht die passenden Dozenten und Räumlichkeiten aus, sorgt für Partner, Geldgeber und Teilnehmer. Es passiert aber auch, dass zum Beispiel Künstlergruppen mit Vorschlägen für Gemeinschaftsprojekte an Deliane Rohlfs herantreten. Ideen und Visionen zu entwickeln und dann auch zu realisieren ist für sie ein gestalterischer, kreativer Akt, der ihre Arbeit zum Traumjob macht. Als lästig empfindet Deliane Rohlfs manchmal den Organisationsaufwand, den die Leitung eines Betriebes mit sich bringt. Unterstützung erhält sie an zwei Tagen der Woche von einer Verwaltungskraft. Neben der Geschäftsführung gehört zu Deliane Rohlfs Aufgaben auch die Kommunikation und Öffentlichkeitsarbeit.

Die Jugendkunstschule wird von der Stadt Oldenburg subventioniert. Dafür muss alle zwei Monate ein Geschäftsbericht an die Stadtverwaltung geschickt werden. Leider wurden die Verträge zum Jahresende 2002 aus kulturpolitischen Gründen von der Stadt gekündigt, so dass jetzt neu verhandelt werden muss. Um in eine politische Diskussion zu gehen, braucht es eine gewisse Vorbereitungszeit. Man muss überlegen, wie man die Einrichtung darstellt, was für ein Qualifikations- und Leistungsprofil man vorweisen kann, um den Politikern die Notwendigkeit der Institution für die Stadt und ihre Subventionierung deutlich zu machen. Die Kunstschule finanziert sich darüber hinaus aus Teilnehmerbeiträgen und bei größeren Projekten aus Landesmitteln oder Sponsoring durch Banken und Wirtschaftsunternehmen. „Das Geschäft im Sponsoring wird härter. Man braucht dafür sehr gute öffentlichkeitswirksame Projekte, und die kommen eher aus dem Jugend- als aus dem Kinderbereich."

Strategisches Denken und Entscheidungsfreudigkeit als zentrale Qualitäten

Wer eine Jugendkunstschule leiten möchte, braucht große Kommunikationsfähigkeit und sollte sehr kontaktfreudig sein. „Man muss intern mit den Mitarbeitern die richtigen Worte finden und man muss auch nach außen gut kommunizieren." Für sehr wichtig hält Deliane Rohlfs auch strategisches Denken und Entscheidungsfreudigkeit. „Man muss den Mut haben, Prioritäten zu setzen und auch mal unliebsame Entscheidungen zu treffen." Letztlich entscheidend für die Akzeptanz einer Einrichtung sei jedoch die Qualität und Professionalität der Arbeit. „Gerade in einem Bereich wie der Kinder- und Jugendkulturarbeit, dem eine große Lobby fehlt, muss man mit spannenden, innovativen Projekten immer wieder neu auf sich aufmerksam machen!"

Interview: Jessica Frie

Katalysator sein für die künstlerische Entwicklung: Nina Pfannenstiel, Gruppenleiterin der Kunstwerkstatt für Behinderte in Berlin

Die Kunstwerkstatt in den Mosaik-Werkstätten für Behinderte, eine Solidar-Gemeinschaft in Berlin-Spandau, gibt es seit etwa sechs Jahren. Dort können geistig Behinderte den Beruf „Künstler" ausüben und werden dafür bezahlt. Nina Pfannenstiel hat die Kunstwerkstatt durch ihre Arbeit ins Leben gerufen, sie leitet die Künstler an und begleitet und fördert deren künstlerische Entwicklung. „Kunst ist auch für Menschen mit Behinderung ein wichtiges Betätigungsfeld." Sie ist überzeugt, dass geistig Behinderte etwas zur modernen Kunst beizutragen haben: „Künstlerische Prozesse, egal ob bei Behinderten oder Nichtbehinderten, sind einfach gleich." In ihrer Arbeit sieht sie sich sowohl mit abschätzigen und negativen Vorurteilen gegen die Kunst von Behinderten konfrontiert, als auch mit der romantischen Vorstellung, deren Arbeiten seien immer positiv und kindlich-fröhlich. „Beides sind Klischées." Auch innerhalb der Werkstattgemeinschaft fand sie zunächst wenig Unterstützung. „Es gehört schon ein ganzes Stück Dickköpfigkeit dazu, Kunst als quasi professionellen Tätigkeitsbereich in einer Werkstatt für Behinderte durchzusetzen."

Stationen auf dem Weg zur Projektleiterin

Nina Pfannenstiel schloss ihr Studium der Kulturpädagogik in Hildesheim 1995 ab. Während des Studiums absolvierte sie unter anderem Praktika auf der documenta IX und in einer Galerie in Berlin, worüber sie Kontakte und schließlich einen Vertrag als freie Mitarbeiterin im Museum für Verkehr und Technik in Berlin bekam. Dort konnte sie einen großen, komplexen Museumsbetrieb kennen lernen, vermisste aber die künstlerisch-kreative Seite. Nach eineinhalb Jahren freier Mitarbeit dort bewarb sie sich auf die Stellenausschreibung der Mosaik-Werkstätten, bekam aber gleichzeitig ein Angebot für ein Volontariat im Museum für Verkehr und Technik. „Das hat mich eine schlaflose Woche gekostet, mich zu entscheiden zwischen einer sicheren Karriere in einem etablierten Museum und einem im Aufbau begriffenen Projekt, bei dem ich mitbestimmen konnte, wie es werden sollte." Dass sie die Stelle bei den Mosaik-Werkstätten bekam, führt Nina Pfannenstiel vor allem auf ihre im Studium erworbene theoretische und praktische künstlerische Ausbildung und ihre qualifizierten Praktika zurück. Ausschlaggebend war auch, dass sie bereits als Schülerin mit geistig Behinderten gearbeitet hatte. Bereut hat sie ihre Entscheidung nie: „Die Kunstwerkstatt ist jetzt so, wie ich sie aufgebaut habe. Und das ist sehr befriedigend!"

Arbeitsalltag in der Kunstwerkstatt

Der Tag von Nina Pfannenstiel beginnt mit dem Abarbeiten der Telefonliste. Sie pflegt Kontakte zu Käufern von Kunst von Behinderten und organisiert Ausstellungen, um die künstlerischen Arbeiten ihrer Werkstatt bekannter zu machen. In Kooperation mit anderen Mosaik-Einrichtungen – der Buchbinderei und der Keramikwerkstatt – entwickelt die Kunstwerkstatt Ideen und Entwürfe für hochwertige kunsthandwerkliche Produkte, die auch auf verschiedenen Messen präsentiert werden. Nina Pfannenstiel trifft die nötigen Absprachen mit den anderen Werkstattleitern und organisiert die dazugehörigen Arbeitsabläufe für ihren Bereich. Die Werkstatt hat einen guten finanziellen Rückfluss durch den Verkauf von Kunstwerken und Produkten. Wenn die organisatorischen Aufgaben erledigt sind, nimmt sie sich viel Zeit, um bei einer Tasse Tee mit den Künstlern den Tagesablauf zu besprechen. Sie leitet die Künstler an und begleitet und fördert deren künstlerische Entwicklung, hilft ihnen, die „richtigen" Materialien für ihre Arbeit auszuwählen und vermittelt verschiedene künstlerische Techniken.

Auch nach sechs Jahren kann sie sich immer noch sehr für die Arbeiten „ihrer" Künstlerinnen und Künstler begeistern. „Zum Beispiel Mona mit ihren 1,50 Meter: Sie beherrscht riesige Leinwände, die doppelt so groß sind wie sie selbst. Das ist das Tolle, wenn im künstlerischen Zusammenarbeiten Energien frei werden. Es ist schön und spannend, diese Menschen in ihren kreativen Prozessen zu erleben." Was sie an ihrer Arbeit begeistert, ist gleichzeitig auch das Anstrengende daran. Nina Pfannenstiel ist Ansprechpartnerin für sehr verschiedene Menschen, die ihre künstlerischen Fähigkeiten individuell ausleben wollen. Die Möglichkeit, sich zurückzuziehen, gibt es da nicht. Weil die meisten Menschen, mit denen sie arbeitet, neben einer Bezugsperson auch einen festen Rahmen und viel Klarheit brauchen, muss sie immer gut strukturiert sein. Dazu gehören geregelte Arbeitszeiten, die Nina Pfannenstiel manchmal als Tretmühle empfindet, und die feste Anstellung, die Kontinuität in der Arbeit gewährleistet.

Kulturvermittlung in einer Behindertenwerkstatt

Kreativ zu sein bedeutet für Nina Pfannenstiel, in Zusammenarbeit mit den Künstlern Fantasien darüber zu entwickeln, in welche Richtung ihre künstlerische Tätigkeit gehen kann: „Ich empfinde mich als Jemanden, der wie ein Katalysator wirkt." Diese Wirkung zeigt sich auf zwei Ebenen: Menschen mit einer geistigen Behinderung wachsen oft nicht mit dem Bewusstsein auf, dass ins Theater zu gehen, Musik zu hören, zu malen oder ähnliches eine Form ihrer eigenen Kultur ist. Auch wird dieses Tun von Außen nicht als Ausdruck von Kultur verstanden. Nina Pfannenstiel findet es wichtig, dass sich ihre Mitarbeiter mit Kultur auseinandersetzen, die es außerhalb der Werkstatt gibt. Umgekehrt versucht sie, sich mit Ausstellungen der Behinderten in Räume zu begeben, die mit anerkannter Kultur besetzt sind.

Flexibel auf wechselnde Anforderungen reagieren zu können ist eine der wichtigsten Fähigkeiten, die Nina Pfannenstiel in ihrem Beruf braucht. So muss sie beispielsweise mit einer Künstlerin, die nicht spricht, umgehen können und ohne etwas „aufzudrücken" auf einer nonverbalen Ebene herausfinden, was deren Intention ist. „Es ist dann oft an mir, Dinge zu formulieren und durchlässig zu sein für das, was sich zwischenmenschlich abspielt, damit der künstlerischen Arbeit nichts im Wege steht." Sie muss aber auch mit Kunsthistorikern über die theoretische Ebene der Kunstwerke sprechen können oder mit Journalisten, die sich für eine Ausstellung interessieren. Den Fokus ihrer Arbeit sieht Nina Pfannenstiel auf der Entfaltung der Künstlerpersönlichkeiten. „Das Wichtigste ist ein Gefühl für künstlerische Qualität und zugleich Offenheit für ganz neue Ausdrucksformen, außerdem Einfühlungsvermögen und Respekt vor den Künstlerpersönlichkeiten. Ich sehe meine behinderten Mitarbeiter nicht als Empfangende – es ist vielmehr ein Austausch."

Trotz der angespannten Finanzlage hat sich die Kunstwerkstatt sowohl in der Werkstättenlandschaft von Mosaik als auch deutschlandweit etabliert. Momentan gibt es eine größere Offenheit und wachsendes Interesse der Öffentlichkeit an der künstlerischen und kunsthandwerklichen Arbeit von Behinderten. Nina Pfannenstiel plant zur Zeit Projekte, die man auch Sponsoren anbieten kann. In diesem Arbeitsfeld stecken also neben künstlerischen durchaus wirtschaftliche Perspektiven, die der Umsetzung durch ideenreiche Köpfe bedürfen!

Interview: Sabine Herr

Menschen für die Kultur eines Landes begeistern: Anette Kaiser, Studienreiseleiterin beim Reiseveranstalter Studiosus

Anette Kaiser reist seit acht Jahren mit dem Münchner Unternehmen Studiosus durch die Welt, um Reisegruppen die Sehenswürdigkeiten und die Lebensweisen anderer Kulturen zu erschließen.

Arbeitsalltag auf Reisen

Ein gewöhnlicher Arbeitstag bei Anette Kaiser beginnt zwischen acht und neun Uhr morgens: „Kofferpacken, die Unterlagen für den Tag sichten, Abfahrt mit der Gruppe." Dann führt sie ihre Reisegruppe zu den geplanten Zielen des Tages: Sie hält Vorträge, führt Besichtigungen durch und liest besondere Texte an besonderen Orten vor, wie etwa antike Literatur in einem Amphitheater im Süden Tunesiens oder ein arabisches Märchen im Sonnenuntergang. Mit der Ankunft abends gegen 18 Uhr im Hotel ist ihr Arbeitstag noch nicht beendet: „Das Abendessen gehört für den Reiseleiter bei Studiosus zu seiner Arbeit. Man isst mit den Gästen zusammen, um ansprechbar zu sein, um Fragen zu Land und Leuten zu beantworten oder um beispielsweise Speisekarten zu übersetzen. Das ist der Unterschied zu einem örtlichen Reiseleiter, der nach den Unternehmungen des Tages nach Hause gehen kann." Auch kommt es vor, dass man als Reiseleiter abends noch Vorbereitungen für den nächsten Reisetag treffen muss: „Das kommt darauf an, ob ich am nächsten Tag durch drei Kirchen in Sizilien führen muss oder ob ich im Nationalpark in Südafrika Löwen ansehe – da brauche ich keine Vorbereitung."

Zwischen den einzelnen Reisen plant Anette Kaiser möglichst ein bis zwei Wochen freie Zeit ein. Diese verbringt sie meistens in Hannover, ihrem festen Wohnsitz, wo sie noch anderen Tätigkeiten oder Jobs nachgeht. Ihre Arbeitszeit bei Studiosus wird tageweise abgerechnet: Im vergangenen Jahr arbeitete sie insgesamt 122 Tage für Studiosus. Die Anzahl ihrer jährlichen Arbeitstage können sich die einzelnen Reiseleiter nach eigenen Wünschen einteilen; sie liegt zwischen etwa 40 bis 300 Arbeitstagen pro Jahr. Anette Kaiser schätzt diese flexible Einteilung sehr und gestaltet die Wahl der Destinationen und deren Reiseformen (Wander-, Expeditions-, Bus- oder Städtereisen) für sich selbst gerne abwechslungsreich: „Das wäre mir sonst zu langweilig." Was sie an ihrem Arbeitsleben vor allem liebt, ist „soviel Schönes zu sehen, von so viel schönen Dingen umgeben zu sein – das ist ein großer Luxus, ebenso wie die Möglichkeit, selbst immer Neues lernen zu können, zum Beispiel, sich geschichtliche Zusammenhänge zu erarbeiten und zu merken". Und auch die Arbeit mit Menschen reizt sie. Ihr macht es Spaß, „andere für die kulturellen Eigenheiten eines Landes zu sensibilisieren, was nicht immer so einfach gelingt; beim Thema ‚Islam' etwa ist es schwer, die vielen Vorurteile abzubauen".

Als eher unangenehme Seiten ihres Arbeitslebens nennt Anette Kaiser „Situationen, in denen man allein gelassen ist und Entscheidungen treffen muss, sowie den Mangel an beständigen sozialen Kontakten". Auf längeren Reisen wird ihr manchmal bewusst, „dass man dort keinen einzigen freiwillig gewählten sozialen Kontakt hat und fern von Kind, Mann, Familie und Freunden ist; aber damit muss man zurechtkommen – das ist auch eine Typfrage, die jedoch wichtig für die Entscheidung für diesen Job ist". Andere Stresssituationen können durch äußere

Umstände wie Zeitverschiebung, Schlafmangel oder klimatische Verhältnisse hervorgerufen werden. Trotzdem ist der Beruf der Studienreiseleiterin Anette Kaisers Wunschberuf: „Es würde mir schwer fallen, sesshafter zu werden. Der Reiseberuf hat Suchtpotenzial. Mir persönlich kommt es sehr entgegen, so in Abschnitten zu leben und zu arbeiten, also zehn bis fünfzehn Tage am Stück zu arbeiten und mit Menschen zusammen in einer schönen Welt und in Urlaubsstimmung zu sein. Die Leute sind sehr viel gelöster als im Alltag, und zum Teil lernt man sehr anregende Menschen kennen. Das finde ich bereichernd." Als besonders motivierend für ihre Arbeit empfindet Anette Kaiser auch das direkte positive Feedback von den Gästen: „Manchmal bekommt man sogar hinterher Dankesbriefe mit Fotos und wunderbaren Sätzen, wie ‚Es war toll, mit Ihnen zu reisen'." Ein indirektes Echo erhält sie auch durch die Bewertungsbögen, die von den Gästen nach der Reise an die Studiosus-Leitung weitergegeben werden. Nicht zuletzt drückt sich eine positive Resonanz der Reiseteilnehmer auch durch ein Trinkgeld aus.

Studienreiseleiterin schon während des Studiums

Anette Kaiser knüpfte während ihres Studiums eher zufällig den ersten Kontakt mit ihrem späteren Tätigkeitsfeld Kulturtourismus, als sie sich in der zweiten Hälfte ihrer Studienzeit spontan auf eine in der Uni Göttingen ausgehängte Stellenausschreibung des Reiseunternehmens Studiosus meldete. Sie durchlief ein mittlerweile bei Studiosus standardisiertes Bewerbungsverfahren: Auf ein Vorstellungsgespräch folgte eine Art Assessment Center – zwei Tage Auswahlseminar und fünf Tage Grundkurs –, wofür mittlerweile auch ein Zertifikat erstellt wird. Anette Kaiser konnte daraufhin mit 27 Jahren ihre erste Stelle als Studienreiseleiterin antreten, die sie zunächst als erfahrungsintensiven Nebenjob wahrnahm. Studiosus setzt nicht unbedingt ein abgeschlossenes Studium voraus: „Unter den Reiseleitern sind viele Studenten, Doktoranden und Magistranden, die sich dadurch ihr Studium mitfinanzieren. Für mich war das der lukrativste Nebenjob während meines Studiums." Für die Einstellung ist es wichtig, dass man möglichst das Vordiplom oder die Zwischenprüfung hinter sich hat und mindestens 24 Jahre alt ist, also schon etwas Lebenserfahrung besitzt. Denn man sollte der überwiegend sehr gebildeten und anspruchsvollen Klientel der Reisenden meist mittleren Alters mit einer gewissen Reife gegenübertreten können. Aus dem gleichen Grund wird bei den Bewerbern Auftrittssicherheit und das Beherrschen bestimmter Umgangsformen, einer „sozialen Etikette" erwünscht, wie Anette Kaiser es formuliert.

Erwartet wird auch „soziale Kompetenz und Erfahrung mit Gruppen; man sollte beispielsweise schon einmal mit Jugendgruppen oder als Teamleiter gearbeitet haben. Außerdem sind profunde Länderkenntnisse wichtig: Ideal ist es, wenn man schon einige Monate in einem Land gelebt hat und dadurch wirkliche Landeskennerschaft besitzt". Ihrer Meinung nach ist man mit einem theorielastigen Studium im Tourismusbereich weniger gut für die Reiseleitertätigkeit geeignet, „denn allein damit erfüllt man ja keine Qualifikation für den Job. Man muss Italien oder Spanien kennen, um diese Länderkompetenz zu haben". Die meisten ihrer etwa 700 Kollegen bei Studiosus haben eine geisteswissenschaftliche Ausbildung und sind zum Beispiel Byzantinisten, Sinologen, Indologen, Ägyptologen, Tibetologen oder Kunsthistoriker. Anette Kaiser konnte bei ihrer Bewerbung praktische Auslandserfahrung vorweisen, da sie gleich nach dem Abitur ein soziales Jahr in Rom verbracht hatte, in dem sie auch ihre pädagogischen Fähigkeiten ausbauen konnte. Darüber hinaus hielt sie sich während des Studiums wegen einer Projektarbeit ein halbes Jahr in Südafrika auf. Dem für die Reiseleitertätigkeit ebenfalls erwünschten Fachwissen kamen ihre Studiengebiete entgegen: Sie studierte in Göttingen, Bonn und Turin Geographie, Ethnologie und tropischen/subtropischen Pflanzenbau; mit dieser Ausbildung wollte sie ursprünglich in die Entwicklungshilfe gehen. Ihre im Studium erarbeiteten Kenntnisse auf dem Gebiet der Völkerkunde, des Islams, der Klimatologie, Geologie oder Botanik konnte sie gut für den wissensintensiven Reiseleiterberuf gebrauchen. Aber auch ihre dort erworbene Fähigkeit, „Wissen zu erarbeiten, also die Transformation von Information" diente ihr als wichtige Basis. Denn es geht ja um eine Vermittlung von Informationen, die man sich als Reiseleiter zunächst selbst gut angeeignet haben muss.

Anstellungsverhältnisse

Anette Kaiser leitete für Studiosus zunächst zwei bis drei Reisen im Jahr auf Honorarvertragsbasis nach Nordafrika, Tunesien, dann ein Jahr später auch nach Südafrika. In den folgenden Jahren kamen noch Malta, Sizilien und die arabischen Emirate als Destinationen dazu. Die Dauer solcher Reisen mit 12 bis 25 Teilnehmern beträgt meistens 7, 12, 15 oder mehr Tage, je nach Reiseziel. Auch nach Beendigung ihres Studiums zog Anette Kaiser es vor, weiterhin auf Honorarvertrag mit einer jeweils befristeten Anstellung pro Reise zu arbeiten. „Das heißt, ich werde vor Reisebeginn genau für die Tage, die ich für Studiosus arbeite, mit allen Sozialabgaben eingestellt: mit Arbeitslosengeld, Rentenversicherung, Krankenversicherung." Ansonsten gibt es bei Studiosus auch die Möglichkeit einer Festanstellung, einer Anstellung auf Saisonvertrag und einer Anstellung als Freiberufler mit Gewerbeanmeldung.

Das Ohr an der Reisegruppe haben

Studiosus bietet seinen Reiseleitern sehr viele Weiterbildungsmaßnahmen an, auch in Zusammenarbeit mit anderen Institutionen wie dem Studienkreis für Tourismus. Anette Kaiser hat viele dieser Angebote wahrgenommen. Zu der breiten Palette von Seminarinhalten gehören unter anderem Themen wie Gruppendynamik, Konfliktlösung, Entspannung, Rhetorik, Teambildung, Intuitiver Führungsstil, Recht, Archäologie, Botanik, Geologie oder Länderkunde. Aufgrund ihrer Berufserfahrung bezeichnet Anette Kaiser neben Länderkenntnissen und pädagogischen Fähigkeiten gutes Organisationsgeschick als zentrale Berufsqualifikation, „wenn es darum geht, den Tag einzuteilen, Flüge zu bestätigen oder mit Busfahrern und Hotelpersonal umgehen zu können". Außerdem ist auch das Gefühl für den Umgang mit Gruppen sehr wichtig. „Man muss einfach das Ohr an der Gruppe haben." Damit ist einerseits die organisatorische Flexibilität der Reiseleitung gemeint, auf immer neue Situationen innerhalb einer Gruppe reagieren zu können, „wenn zum Beispiel der einen Reisegruppe ein bestimmtes Restaurant gefällt, aber einer anderen Gruppe überhaupt nicht. Man muss dann schnell umstrukturieren können". Andererseits ist damit auch die Fähigkeit gemeint, sich auf die Reisenden und ihre Bedürfnisse einstellen und zwischen ihnen vermitteln zu können, „wenn manche Touristen vieles ganz intensiv besichtigen möchten, während andere die Reise eher atmosphärisch genießen wollen".

Den Blick für kulturelle Zusammenhänge schärfen: Kulturvermittlung auf Reisen

Die Unternehmensvision von Studiosus beschreibt, dass der Reiseveranstalter „als unabhängiges Wirtschaftsunternehmen zum Verstehen anderer Länder und Menschen, zur Völkerverständigung beitragen und den Kunden die kulturelle Vielfalt und natürliche Schönheit unserer Erde als erhaltenswerte Güter verständlich machen will". Anette Kaiser selbst sieht den Aspekt der Kulturvermittlung in ihrem Beruf hauptsächlich in der Sensibilisierung von Menschen für Fremdes mit dem Ziel, ihr Verständnis und ihre Akzeptanz für die Eigenheiten eines fremden Landes zu fördern. Darüber hinaus möchte sie den Blick der Reisenden für kulturelle Zusammenhänge schärfen, also den Touristen eine „Sozialisation in fremde Ethnien" ermöglichen.

Karrierechancen und Perspektiven im Studienreisetourismus

Was die Aufstiegsmöglichkeiten betrifft, „gibt es als Studienreiseleiter nicht so viele wie in anderen Betrieben. Entweder kann man als Reiseleiter Gebietsleiter werden, der verantwortlich ist für die Reiseplanung und für den kommerziellen Erfolg des Reiseprogramms einer Region. Allerdings geht der Trend dahin, dass weniger Studienreiseleiter zum Gebietsleiter aufsteigen, und eher externe Ökonomen diese Position besetzen, weil es ja auch eher ein kaufmännischer Job ist. Oder man wechselt zum Beispiel in den journalistischen Bereich oder in andere Nischen."

Der Bedarf an Reiseleitern bei Studiosus ist bisher immer noch steigend, was auch mit dem stetigen Wachstums des Unternehmens und des Tourismus im Allgemeinen zu tun hat. Gemäß der Veränderungen gesellschaftlicher Bedürfnisse entwickeln sich auch im Tourismus neue Angebotsformen, so gibt es beispielsweise ein spezielles Reiseprogramm für Singles oder für Alleinreisende. Diese Zielgruppe macht circa 30 Prozent der Klientel aus, während die übrigen 70 Prozent als Paare reisen. Ganz neu ist auch ein spezielles Angebot für ältere Reisende, die besonderer Betreuung bedürfen und weniger anstrengende Aktivitäten erleben möchten. Darauf müssen sich die Reiseleiter einstellen, so Anette Kaiser. Jedes Jahr gibt es neue Ländertrends. Es ist aber aufgrund aktueller gesellschaftlicher, wirtschaftlicher oder politischer Umstände nie vorhersehbar, welche Länder in einer Saison als Destination besonders nachgefragt werden.

Langfristig gesehen geht beim Kulturtourismus, so Anette Kaiser, die Entwicklung „weg vom ‚Trümmertourismus‘, bei dem ein Reiseleiter der Gruppe stundenlange Vorträge hält. Heute orientiert man sich in Richtung interaktiver Tourismus, bei dem die Reisegäste zu eigener Aktivität aufgefordert werden und sich in das gemeinsame Reiseerlebnis der Gruppe einbringen können, etwa in Tunesien gemeinsam das Ritual des Handelns beim Einkaufen zu lernen. Das ist natürlich für den Reiseleiter wesentlich schwieriger, als ‚nur‘ Vorträge zu halten, weil er die Leute dafür erst öffnen muss". Diese Entwicklung hin zu mehr Animation im Tourismus erfordert vom Reiseleiter auch eine gewisse Kreativität und Experimentierfreude, neue Wege der Kulturvermittlung gemeinsam mit den Reisenden zu erproben.

Interview: Franziska Brückmann, Corinna Christmann

„Der Autor ist tot! Es lebe die kollaborative Netzkunst": Heiko Idensen, Wissenschaftler, Künstler und Vermittler im Netz

Heiko Idensen ist sowohl Netz- und Medienkünstler als auch Wissenschaftler und Theoretiker. Seit Jahren beschäftigt er sich in Theorie und Praxis mit den Möglichkeiten der Neuen Medien für Kulturprojekte.

Schlüsselerlebnis Netzkunst

Ersten Kontakt mit den Neuen Medien hatte Heiko Idensen 1984 bei einem Besuch der Ausstellung „Immaterialien" im Centre Pompidou in Paris. Ausgerüstet mit einem Audiozusatzangebot bahnte sich Idensen seinen interaktiven Weg durch Produktionsstraßen und Informationslandschaften vorbei an Robotern, Video-, Sound- und Lichtinstallationen und landete schließlich im „Labyrinth der Bibliothek": „Da waren Computerterminals aufgestellt, die an Minitel, dem französischen BTX-System hingen. Also ein kleines Netzwerk. Und die Leute saßen da und tippten." Bereits im Vorfeld hatten Philosophen und Theoretiker die 50 wichtigsten Begriffe der Postmoderne ins Netz gestellt und diskutiert. Im Rahmen eines Schreibspiels konnte man nun an diesen Diskussionen teilnehmen. „Ich konnte das gar nicht bedienen. Das war ja Französisch. Ich beherrschte die Sprache nicht, fand nicht mal die Escape-Taste. Trotzdem war dieser Moment für mich so eine Art Schlüsselerlebnis. Plötzlich wurden da Texte kollaborativ weitergeschrieben, einfach mit Computern. Ich kam nach Hause und dachte, „nun gut, ich muss mir also einen Computer kaufen".

In den siebziger Jahren, als sich die Kunstformen öffneten, hatte sich Idensen noch hauptsächlich mit Literatur, Theater, Performance und Video beschäftigt. Er absolvierte ein dreijähriges Literaturstudium an der Universität Hannover, las Baudelaire und die Surrealisten, verfasste in kleinen Arbeitsgruppen eigene Texte und sammelte erste intermediale Erfahrungen.

Danach folgten Projekte an der Theaterwerkstatt Hannover, Kulturarbeit im sozio-kulturellen Zentrum Pavillion und die Gründung der stadtteilbezogenen MinT-Studios, welche zu einem Standort für Lesungen, eigene Videodokumentationen und -installationen, Performances, Copy-Art und Polaroid-Fotografie wurden. Mit der „Immaterialien"-Austellung in Paris erwachte bei Heiko Idensen das Interesse an den Neuen Medien als künstlerischer Ausdrucksform. Bewaffnet mit einem Commodore Amiga machte Idensen sich auf, ihm unbekannte Welten zu erobern. Bereits fünf Jahre später stellte er zusammen mit Matthias Kron auf der Ars Electronica, Zentrum der elektronischen Kunst und Medienkunst, die „Imaginäre Bibliothek" als „Vorversion unserer Vision von offener Literatur" aus. „Das hatten wir unter Schweiß und Tränen programmiert. Wir mussten uns alles gleichzeitig beibringen. Matthias konnte durch seinen Atari ein bisschen programmieren und ich hatte die ganzen Texte."

Geld verdienen als Netz-Kultur-Wissenschaftler

Ab hier sei es dann gut vorangegangen: Es entwickelten sich Kooperationen mit dem Medienkunstfestival Osnabrück und von dort aus verschiedene CD-ROM-Produktionen. Festivals waren immer die entscheidenden Foren, um sich zu präsentieren, sich auszutauschen, anzuregen und Kontakte zu knüpfen, die Aufträge brachten. Seit Mitte der achtziger Jahre arbeitete Heiko Idensen parallel zu seinen eigenen Medienkunst-Projekten mit wechselnden Zeitverträgen als Dozent im Studiengang Kulturpädagogik der Universität Hildesheim. Es sei ihm, so Idensen, immer gelungen, seine Praxis mit den Seminaren zu verbinden, an der Universität Projektarbeit zu machen und diese in andere Kontexte einzubringen. Heiko Idensen hat sich selbst nie als reinen Künstler, Theoretiker oder Wissenschaftler gesehen. Interdisziplinarität und Kombination von Praxis und Theorie, damit die „Verknüpfung von Inhalten und den Strukturen selbst" hält er für besonders wichtig, um konzeptionell arbeiten zu können. Da der Arbeitsmarkt an Universitäten sehr begrenzt ist und Stellen dort immer noch bevorzugt an den klassischen Wissenschaftsdisziplinen denn an neuen, interdisziplinären Strömungen ausgerichtet sind, ist Heiko Idensen zurzeit wieder freiberuflich tätig und hält sich mit Projektaufträgen, Vortrags- und Publikationstätigkeiten finanziell über Wasser. Seine zuletzt realisierte Forschungsreihe „Netzwerk Kulturtechniken" wurde direkt vom Ministerium für Wissenschaft und Kultur des Landes Niedersachsen gefördert und erstreckte sich über einen Zeitraum von anderthalb Jahren.

Gemeinschaftlich mit Barbie und Ken durchs Netz

Als erstes Projekt dieser Forschungsreihe wurde eine Begleit-CD-ROM zu „Konfigurationen", einem Kongress parallel zur Documenta X, entwickelt, die das Thema des Kongresses in einer völlig neuen Form präsentieren sollte. Der Benutzer konnte sich nicht nur dokumentarisch über den Kongress informieren, sondern wurde zusätzlich von einem „Interface-Agenten" durch die CD-ROM begleitet, der die jeweiligen Themen durch eigene Kommentare einleitete. Dazu wurden Barbie und Ken per Videokamera gefilmt und später als Sprecher eingesetzt. „Die haben wir aufgenommen, kleine Sequenzen und Sounds erarbeitet, zum Teil aus den Vorträgen, und sie unterlegt."

Als zweites Projekt dieser Forschungsreihe entstand in Zusammenarbeit mit der Universität Zürich die „Niklas-Enzyklopädie". Was in kollaborativen Schreibprojekten gelernt worden war, sollte auf eine Enzyklopädie zur Medientheorie übertragen werden. „Da gab's dann plötzlich bei den Theoretikern ziemlich viele Vorbehalte", so Idensen. „Das hatte ich nicht erwartet, weil das alles Leute sind, die in ihrer Theorie sagen: Der Autor ist tot! Als dann allerdings von ihnen verlangt wurde, ihre eigenen Texte ohne Autorenschaft zur Verfügung zu stellen, waren sie ganz und gar nicht dazu bereit..." Seit längerer Zeit schreibt Idensen an einer Doktorarbeit über gemeinschaftliche Schreibprojekte und kollaborative Schreiboberflächen, die mit gemeinschaftlichen Kunstprojekten in Zusammenhang gebracht werden sollen. Dissertation und Projekte verlangen natürlich von ihm, einigermaßen up to date zu sein. So befindet sich Idensen „ungefähr zweitausend Minuten im Monat" im Netz, also durchschnittlich anderthalb Stunden täglich. Wenn er Vorträge hält, geht auch dies kaum noch ohne Computerbegleitung, was allerdings nicht ganz ohne Tücken ist: „Bei den meisten Tagungen packe ich einfach am Abend vorher alles ins Netz. Wenn die Internetverbindung dann nicht funktioniert, steht man natürlich übel da. Es geht einem dann wie Raimundus Lullus im 15. Jahrhundert, dem alle Bücher abhanden gekommen waren und der dann sozusagen sein Gedächtnissystem benutzt, um das wieder zu aktualisieren. Und das ist ja manchmal auch nicht schlecht..."

Interview: Britta Lelgemann

6. Tipps für den erfolgreichen Einstieg in den Kulturberuf

In den vergangenen Jahren erschienen zahlreiche Ratgeber mit Tipps für erfolgreiche Bewerbungen, Vorstellungsgespräche und Einstellungstests. Einige der für den Kulturbereich nützlichen Ratgeber sind im Infoteil aufgelistet. Diese Tipps sollen nicht wiederholt werden, vielmehr geht es hier darum, Wege in den Beruf aufzuzeigen, die dem Kulturarbeitsmarkt entsprechen. Die herkömmliche schriftliche Bewerbung auf eine passende Ausschreibung führt im Kulturbereich nur selten zum Erfolg, da die meisten Stellen gar nicht ausgeschrieben, sondern „unter der Hand" vergeben werden. Wie sonst aber kann man als Berufseinsteiger ohne Erfahrungen und Kontakte seine Karriere starten? Die Ergebnisse der Absolventenstudie aus Hildesheim zeigten, dass den Befragten der Einstieg ins Berufsleben relativ leicht fiel, weil die meisten bereits während ihres Studiums vielfältige Tätigkeiten in der kulturellen Praxis ausübten. Danach befragt, wie sie an ihre erste Stelle kamen, nannten die Absolventen am häufigsten die „Empfehlung durch Bekannte". Im Kulturbereich sind also vielfältige Beziehungen und Kontakte das entscheidende Kriterium für den Einstieg in den Arbeitsmarkt. Es fehlen oftmals Zeit und Geld für langwierige Ausschreibungsverfahren, Fehlbesetzungen kann man sich nicht erlauben, so dass der Einsatz von bereits bekannten Personen in jedem Fall sinnvoller erscheint. Als entscheidendes Einstellungskriterium auch für Berufsanfänger nannten die Befragten „berufspraktische Erfahrungen", gefolgt von „guten Kontakten" und „überzeugender Persönlichkeit". Im Vergleich dazu rangiert das Diplomzeugnis dagegen sehr weit unten. In der Berufspraxis erwartet man auch von frisch diplomierten Absolventen schon berufspraktische Erfahrungen, die sie bereits während ihres Studiums sammeln müssen. Dies gilt für alle Bereiche der Kulturarbeit.

Diese Erfahrungen decken sich mit den Ergebnissen einer repräsentativen Umfrage bei Arbeitgebern von Geisteswissenschaftlern, von denen 72,6 Prozent angaben, dass sie vakante Stellen über persönliche Kontakte vergäben. Es folgte mit Abstand die Stellenvergabe über Inserate in überregionalen Zeitungen (54,8 Prozent). Berufspraktische Erfahrungen seien zentrales Kriterium: „Erfolg und Misserfolg der späteren Stellensuche hängen zu einem großen Teil von dem ab, was Geisteswissenschaftler außerhalb der Hörsäle leisten", so Ernst Heiligenthal, Geschäftsführer der Kienbaum Personalberatung in Gummersbach. Aus den Erfahrungen bisheriger Absolventen von Kulturstudiengängen lassen sich folgende wichtige Hinweise ableiten:

Sammeln Sie bereits während des Studiums berufspraktische Erfahrungen. Bei den meisten Studiengängen sind Praktika inzwischen ohnehin Pflicht, denn sie bieten die beste Möglichkeit, zunächst unverbindlich Einblicke in verschiedene Arbeitsfelder zu bekommen. In Praktika lassen sich eigene Stärken und Schwächen erfahren, man kann im Studium Erlerntes auf Praxisrelevanz überprüfen und herausfinden, ob einem ein bestimmtes Arbeitfeld wirklich liegt. Hier lässt sich der ganz normale Berufsalltag erfahren, und man kann die so überaus wertvollen Kontakte zur Berufspraxis knüpfen. Im Anschluss an ein Praktikum sollte man möglichst versuchen, den Kontakt zur Institution oder mindestens zu einzelnen Mitarbeitern dort zu halten und durch eventuelle Folgejobs immer wieder aufzufrischen. Meistens gibt es an den Universitäten Vermittlungsstellen für Praktika, aber auch im Internet finden sich diverse Praktikumsbörsen. Eine Auswahl von Online-Praktikumsbörsen liefert der Infoteil. Der unkomplizierteste Weg ist es, bei der „Wunschinstitution" anzurufen und seine Dienste als Praktikant initiativ anzubieten.

Praktika im Kulturbereich zu finden, ist grundsätzlich relativ einfach. Der Kulturbereich ist arbeitsintensiv und oftmals auf unbezahlte oder gering bezahlte Unterstützung durch Praktikanten angewiesen. Zudem bringen Praktikanten neue Ideen in die

Arbeit ein, die in Kultureinrichtungen immer gefragt sind, und regen mit ihren Fragen die Selbstreflexion der Einrichtung an. Lange Wartezeiten auf ein Praktikum gibt es im Prinzip nur bei den öffentlichen Rundfunkanstalten und den großen Verlagen. Insgesamt gilt: Je kleiner (und unbekannter) eine Institution, umso leichter ist es, dort unterzukommen. Renommierte Institutionen machen sich zwar im Lebenslauf sehr gut, bieten aber oftmals aufgrund der größeren Arbeitsteilung und der hierarchischen Strukturen weniger eigenständige Einsatzmöglichkeiten für Praktikanten. Während des Praktikums sollte man seine Erfahrungen und Beobachtungen sorgfältig protokollieren und bewusst das Gespräch mit Vorgesetzten suchen, um Eindrücke zu vertiefen und Hintergründe zu verstehen. Am Ende eines Praktikums sollte man in jedem Fall um ein qualifiziertes Arbeitszeugnis bitten. Auch über Praktika hinaus gibt es Möglichkeiten, sich bereits während des Studiums durch berufspraktische Tätigkeiten zusätzlich zu qualifizieren, etwa durch ehrenamtliche Tätigkeiten für Kulturvereine, Dozententätigkeiten, journalistische Tätigkeiten, Stadt- und Museumsführungen und vieles mehr. Oft ergeben sich aus einer Kombination von Studium und professionalisiertem Hobby Berufsperspektiven.

Finden Sie Zugang zu den Netzwerken des gewünschten Berufsfeldes. Tätigkeiten im Kulturbereich ergeben sich maßgeblich über die jeweiligen Netzwerke eines bestimmten Kulturfeldes. Neben den offiziellen Interessenvertretungen, die in den Serviceteilen zu den einzelnen Tätigkeitsfeldern aufgelistet sind, gibt es viele eher informell organisierte Szenen, in denen man sich trifft, Ideen austauscht, Projekte entwickelt, Jobs aushandelt. Dazu gehören Fachtagungen, Diskussionsveranstaltungen, Ausstellungseröffnungen, Premierenfeiern und vieles mehr, die Berufseinsteiger besuchen sollten.

Informieren Sie sich gut über das gewünschte Berufsfeld. Schon während des Studiums ist es wichtig, neben der wissenschaftlichen Beschäftigung mit Kunst und Kultur auch über die praxisnahen Diskussionen des Berufsfeldes informiert zu sein.

Dazu trägt die kontinuierliche Lektüre relevanter Fachzeitschriften ebenso bei wie Besuche von Diskussionsveranstaltungen und Fachtagungen; auch Gespräche mit Praktikumsgebern, Kollegen und Kommilitonen sind hier von großer Bedeutung.

Schreiben Sie Ihre Abschlussarbeit über das Berufsfeld Ihrer Wahl. Ein gutes Sprungbrett in den Beruf kann auch die Diplomarbeit über ein bestimmtes Berufsfeld oder aber noch konkreter über die Arbeit einer spezifischen Kulturinstitution sein, eventuell in Kombination mit einem Praktikum dort. Die Recherche für eine solche Arbeit erfordert Interviews und andere Einblicke in die Institution, die Türen öffnen können. Im besten Falle liefert die Arbeit für die Institution selbst wertvolle neue Erkenntnisse und wird von dieser genutzt, vielleicht sogar veröffentlicht. Auch unabhängig von einer konkreten Institution kann es zukunftsträchtig sein, die Abschlussarbeit über Fragen und Probleme eines bestimmten Praxisfeldes zu schreiben und damit wertvolle Analysen und Anregungen zu erarbeiten. Für die Berufspraxis können solche Anstöße sehr hilfreich sein, zudem meist Zeit und Ressourcen fehlen, um selbst solche Grundlagenarbeit zu bewältigen. Ist die Arbeit entsprechend erfolgreich und gut benotet, lohnt der Versuch, sie zu publizieren und sich dadurch in der Berufspraxis als Experte für einen bestimmten Bereich zu profilieren.

Machen Sie erste berufliche Schritte im Rahmen von Hospitanzen, Volontariaten oder Traineeships. Nach Studienabschluss ist es mit dem eigenen Status und Geldbeutel nur noch schwer zu vereinbaren, weiterhin unbezahlte oder gering bezahlte Praktika zu absolvieren. In dieser Phase bieten sich als Einstieg bezahlte Hospitanzen etwa im Theater, Volontariate in Museen oder in kulturjournalistischen Einrichtungen oder Traineeprogramme im Kulturmanagement, etwa in großen PR-Agenturen, an. Solche Ausbildungsstellen werden in der Regel öffentlich ausgeschrieben. Ein Großteil der Hospitanten, Volontäre und Trainees wird im Anschluss an die Ausbildungszeit übernommen. Für die Traineeprogramme hat das Institut der deutschen Wirtschaft sogar eine Erfolgsrate von 97 Prozent ausgemacht: Fast alle Trainees werden also nach ihrer Lehrzeit in den Agenturen und Betrieben fest angestellt.

Prüfen Sie, ob Sie für eine Arbeitsbeschaffungsmaßnahme in Frage kommen. Die ABM-Stelle war in den achtziger und neunziger Jahren eine der geläufigsten Einstiegsmöglichkeiten in den Kulturbereich. Zu großen Teilen finanziert aus Mitteln der Bundesanstalt für Arbeit waren solche Stellen für viele gemeinnützige Kulturinitiativen oft die einzige Möglichkeit zu überleben. Bedingung für den Erhalt einer ABM-Stelle ist eine vorherige Arbeitslosenmeldung. Inzwischen werden ABM-Stellen für den akademischen Bereich sehr viel weniger finanziert, zumal sich die Hoffnung oft nicht erfüllte, dass die so unterstützten Kulturinstitutionen die Stellen langfristig aus eigener Kraft etablieren könnten. ABM-berechtigt sind heute nur noch solche Absolventen, die tatsächlich zuvor gearbeitet und damit Leistungsansprüche erworben haben. Immerhin bieten ABM-Stellen die Chance, weitere berufspraktische Erfahrungen zu sammeln und somit den eigenen Lebenslauf aufzuwerten.

Verfolgen Sie die Stellenausschreibungen für den Kulturbereich. Es gibt wenig offizielle Ausschreibungen für Stellen im Kulturbereich, aber es gibt sie, vorwiegend für Stellen in öffentlichen Institutionen sowie in großen Wirtschaftsunternehmen. Neben den einschlägigen Stellenteilen regionaler und überregionaler Zeitungen, allen voran die „Zeit", gibt es im Internet diverse fachspezifische Stellenbörsen (siehe Infoteil), die für den Kulturbereich empfehlenswert sind. Darüber hinaus gibt es einen eigenen Informationsdienst zum Arbeitsmarkt Bildung, Kultur und Sozialwesen, der wöchentlich erscheint und deutschlandweit sämtliche ausgeschriebenen Stellen im Kultur- und Sozialbereich, im Journalismus und Tourismus ausweist. Die Zeitung ist zu abonnieren bei: Wissenschaftsladen Bonn e.V., Buschstr. 85, 53113 Bonn, Tel. 0228/201610, E-Mail: aboservice@wilabonn.de.

Schreiben Sie auch mal eine Blindbewerbung. Was in anderen Berufszweigen möglicherweise einem Lotteriespiel gleichkommt, hat im Kulturbereich durchaus Aussicht auf Erfolg. Oftmals werden Leute gebraucht für ein bestimmtes Projekt oder eine neue Aufgabe, aber im hektischen Tagesgeschäft findet keiner die Zeit, sich um zusätzliche Mitarbeiter zu kümmern. Da kann eine ungefragte Bewerbung manchmal genau zur rechten Zeit kommen. Die größten Chancen bestehen in Einrichtungen, die kurzfristig enormen Arbeitszuwachs haben, wie etwa Festivalbüros. Sinnvoll ist es allerdings, zunächst telefonisch vorzufühlen und einen persönlichen Kontakt herzustellen, statt als unbekannter Bewerber aufwändige schriftliche Bewerbungen zu versenden.

Qualifizieren Sie sich durch eine Promotion. Statt direkt in die Praxis zu gehen, mag es für manchen auch richtig sein, sich zunächst wissenschaftlich weiterzuqualifizieren. Erreicht man bei der Diplom- oder Examensarbeit eine hervorragende Bewertung und hat das Gefühl, gerade jetzt richtig im Thema zu sein und viel mehr in die Tiefe gehen zu wollen, bietet sich durchaus eine Promotion an. Vielfältige Förderprogramme, Stipendien und Graduiertenkollegs ermöglichen die nötige Finanzierung und inhaltliche Einbindung. Neuere Studien haben ergeben, dass ein Doktortitel die Berufschancen und das Einkommen in akademischen Arbeitsfeldern deutlich erhöhen kann. Wer in stärker wissenschaftlich orientierte Arbeitsbereiche möchte, zum Beispiel als Kurator an ein Museum oder als Dozent an eine Hochschule, ist ohnehin auf die Promotion angewiesen. Mit Einführung der so genannten „Juniorprofessuren" soll promovierten jungen Wissenschaftlern der Einstieg in eine Hochschulkarriere erleichtert werden. Diese Professuren sind auf fünf Jahre befristet und sollen Erfahrungen im Lehr- und Wissenschaftsbetrieb ermöglichen, verbunden mit der Hoffnung, dass sich daraus eine Festanstellung an einer Universität ergibt.

Planen Sie berufspraktische Weiterbildungen ein. Neben praxisorientierten Weiterbildungsstudiengängen wie etwa im

Kulturmanagement gibt es diverse berufsqualifizierende Fortbildungen für fast jeden Kulturbereich, die das Studium sinnvoll ergänzen können. Als zentrale, nicht an ein bestimmtes Berufsfeld geknüpfte Qualifikation gelten gute EDV-Kenntnisse. Auf diesem Gebiet qualifizierte sich ein Großteil der befragten Absolventen des Studiengangs Kulturwissenschaften und Ästhetische Praxis nach dem Studium systematisch weiter. Weitere Bereiche sind Fremdsprachen, Moderations-, Präsentations- und Kommunikationstechniken. Inzwischen haben einige große Universitäten so genannte Career Services etabliert, die ihren Absolventen Weiterbildungen sehr kostengünstig anbieten.

Arbeiten Sie im Ausland. Eine gute Möglichkeit, sich die für jeden Kulturberuf unerlässlichen profunden Fremdsprachenkenntnisse anzueignen sowie Erfahrungen im Umgang mit einem anderen Kulturkreis zu sammeln, sind Auslandsaufenthalte. Für Berufseinsteiger bieten einige große Institutionen und Stiftungen, allen voran der Deutsche Akademische Austauschdienst, bezahlte Auslandspraktika an.

Werden Sie Ihr eigener Chef. Warum warten, bis man als Arbeitnehmer eingestellt wird? Wer eine überzeugende Geschäftsidee hat, das nötige Management-Know-how mitbringt, vielleicht sogar noch tatkräftige Mitstreiter hat, kann durchaus den Schritt in die Selbstständigkeit wagen. Gerade im Bereich kulturvermittelnder Dienstleistungen bedarf es weniger materieller Grundlagen und damit weniger Startkapital als vielmehr hoch qualifizierter, kreativer Köpfe. Wichtig sind ein klares Profil und überzeugende Antworten auf die Fragen: Welche konkrete Dienstleistung will ich verkaufen, welchen Nutzen hat diese Leistung, was macht ihren besonderen Wert aus, was unterscheidet mich von anderen Anbietern, wer braucht diese Leistungen und wie erreiche ich meine Kunden? Entscheidend ist es auch hier, einige gute Kontakte und erste Auftraggeber zu haben, um sich in der Szene als Kulturagentur einen guten Namen machen zu können.

Tun Sie nie nichts! Auch wenn es nicht gleich klappt mit dem Einstieg in den Traumjob, ist es wichtig, nicht in Lethargie zu verfallen und auf Hilfe von außen zu warten. Als „Arbeitslosigkeit" bezeichnete Zeiten machen sich nicht nur im Lebenslauf schlecht. Auch für das eigene Selbstwertgefühl sind sie destabilisierend. Darum: Nie nichts tun. Gerade für Kulturschaffende gibt es immer Wege, sich berufsnah zu beschäftigen, da sich hier ohnehin meistens Arbeit und Freizeit vermischen. Neben der Teilnahme an Fort- und Weiterbildungen sollte man sich ehrenamtliche Tätigkeiten suchen, freiberuflich Führungen in Museen oder Kurse an Volkshochschulen anbieten oder Bücher für Fachzeitschriften rezensieren. Selbst kurzfristige Jobs in artfremden Bereichen können für die gewünschte Tätigkeit qualifizieren, zum Beispiel was den Umgang mit Menschen angeht, sie können Erfahrungen in der Büroorganisation liefern oder den Umgang mit Computern optimieren.

Glauben Sie an Ihre Fähigkeiten! Am Ende eines Studiums kommt häufig das Gefühl auf, eigentlich gar nichts wirklich zu können und auf die Berufsrealität völlig unvorbereitet zu sein. Aufgrund mangelnder Erfahrungen ist man sich seiner eigenen Fähigkeiten und Kenntnisse nicht bewusst und schätzt oftmals den eigenen Marktwert als sehr gering ein. In dieser Phase ist es wichtig, sich Klarheit über das eigene Potenzial zu verschaffen, zum Beispiel, indem man Listen anlegt, auf denen man alles vermerkt, was man an Fachkenntnissen, an Berufserfahrungen, an Schlüsselqualifikationen, an positiven Persönlichkeitsmerkmalen, an bisherigen Erfolgen aufzuweisen hat. Sämtliche zunächst für unwichtig gehaltene Nebenjobs, Hobbys, Ferienkurse und anderes können dabei von Bedeutung sein. Um zu wissen, was man wirklich will und was man besonders gut kann, sollte man sich sowohl die eigenen Stärken wie auch die eigenen Schwächen bewusst machen und am Ende die Wünsche an den zukünftigen Beruf so klar wie möglich formulieren. Wichtig ist es vor allem, die eigenen Kompetenzen wertzuschätzen, denn nur dann gelingt es, sich auch bei anderen gut „zu verkaufen".

7. Infoteil

Literaturangaben und Auswahlbibliographie

Kulturvermittlung

Behr, Michael / Knauf, Tassilo (Hrsg). Kulturelle Bildung und Kulturpädagogisches Handeln in interdisziplinärer Sicht. Baltmannsweiler 1989

Brock, Bazon. Ästhetik als Vermittlung: Arbeitsbiographie eines Generalisten. Köln 1977

Bundesvereinigung kulturelle Jugendbildung e.V. (Hrsg.). Kulturelle Kinder- und Jugendbildung: Mit allen Sinnen in die Zukunft: Tätigkeitsbericht 2000. Remscheid 2001

Deutscher Kulturrat (Hrsg.). Konzeption Kulturelle Bildung. Essen 1994

Hoffmann, Hilmar. Kultur für alle. Frankfurt am Main 1979

Holler, Eckhardt. Kulturarbeit und Ästhetik: Beiträge zur Theorie und Praxis der Soziokultur. Pforzheim 1992

Keuchel, Susanne / Wiesand, Andreas / Bundesministerium für Bildung und Forschung (Hrsg.). Kulturelle Bildung in Deutschland: Modelle innovativer Projektarbeit. Bonn 2000

Keuchel, Susanne. Künstlerische Freizeitaktivitäten und Neue Medien im Bürgerurteil. In: Tagungsdokumentation Bundeskongress Kultur leben lernen – Bildung für die Mediengeneration. Noch unveröffentlichtes Manuskript, Bundesvereinigung für kulturelle Jugendbildung, Unna 2002

Kulturelle Bildung, Sonderheft 94 der Kulturpolitischen Mitteilungen, Zeitschrift für Kulturpolitik der Kulturpolitischen Gesellschaft, Bonn III/2001

Kurzenberger, Hajo. Die Kunst der Kunstvermittlung. In: Warum Kulturpädagogik. Ringvorlesung 1996/97, unveröffentlichtes Manuskript, Universität Hildesheim

Müller-Rolli, Sebastian (Hrsg.). Kulturpädagogik und Kulturarbeit: Grundlagen, Praxisfelder, Ausbildung. Weinheim/München 1988

Schäfer, Brigitte. Praxis Kulturpädagogik: Entwicklungsstand und Perspektiven. Landesarbeitsgemeinschaft Kulturpädagogische Dienste und Jugendkunstschulen NRW e.V. (Hrsg.). Unna 1988

Zacharias, Wolfgang. Kulturpädagogik: Kulturelle Jugendbildung. Eine Einführung. Opladen 2001

Kulturbetrieb und Kulturpolitik in Deutschland

Heinrichs, Werner. Kulturpolitik und Kulturfinanzierung. München 1997

Hummel, Marlies / Berger, Manfred. Die volkswirtschaftliche Bedeutung von Kunst und Kultur. In: Schriftenreihe des IFO-Instituts für Wirtschaftsforschung. Nr. 122, Berlin/München 1988

Institut für Kulturpolitik der Kulturpolitischen Gesellschaft (Hrsg.). Jahrbuch für Kulturpolitik 2001. Band 2, Essen 2002

Raabe Fachverlag. Handbuch Kulturmanagement. Loseblattsammlung, die fortlaufend ergänzt wird, Stuttgart seit 1992

Sievers, Norbert / Wagner, Bernd (Hrsg.). Blick zurück nach vorn: 20 Jahre Neue Kulturpolitik. Kulturpolitische Gesellschaft, Hagen 1994

http://www.kulturpolitik.de
Söndermann, Michael. Arbeitskreis Kulturstatistik. Bonn

http://www.kulturforschung.de
Zentrum für Kulturforschung, Bonn

Zukunft der Kulturberufe

European Commission. Exploitation and development of the job potential in the cultural sector. European Communities 2001

Gross, Peter. Coole Leute mit heißen Jobs: Neue Selbständige in einer Vorreiterbranche. In: Blätter für deutsche und internationale Politik. Bonn, Heft 3/2000, S. 350 – 357

Geissler, Birgit. Unabhängige Gründer oder neues Proletariat? In: Frankfurter Rundschau. 20./21.4.2000

Haak, Caroll / Schmidt, Günther / Wissenschaftszentrum Berlin (Hrsg.). Arbeitsmärkte für Künstler und Publizisten – Modelle einer zukünftigen Arbeitswelt? Berlin 1999

Institut für Kulturpolitik der Kulturpolitischen Gesellschaft (Hrsg.). Projekt-Informationsdienst Kultur und Arbeit. Bonn, November 2000

Kommission für Zukunftsfragen der Freistaaten Bayern und Sachsen (Hrsg.). Erwerbstätigkeit und Arbeitslosigkeit in Deutschland. München 1988

Konegen-Grenier, Christiane. Berufschancen für Geisteswissenschaftler. In: Beiträge zur Gesellschafts- und Wirtschaftspolitik. Köln 1998

Mandel, Birgit / Prisor, Lothar / Witt, Kirsten (Hrsg.). Kulturelle Berufsfelder im Wandel. Unna 1998

Mandel, Birgit. Ergebnisse einer Befragung zu Ausbildung, Berufseinstieg und Berufstätigkeit von Absolventen des Studiengangs Kulturwissenschaften und ästhetische Praxis (vormals Kulturpädagogik) der Universität Hildesheim. Institut für Kulturpolitik, Universität Hildesheim, Hildesheim 2000

Opaschowski, Horst. Feierabend? Von der Zukunft ohne Arbeit zur Arbeit mit Zukunft. Opladen 1998

Österreichischer Kultur Service. Dokumentation Art Works: Eine dreiteilige Veranstaltungsreihe zu Kunst, Kultur und Beschäftigung. Wien 2000

Stooß, Friedemann. Arbeitsmarkt Kultur: Eingrenzung, Struktur, Entwicklung. In: Zimmermann, Olaf / Schulz, Gabriele / Deutscher Kulturrat (Hrsg.). Weiterbildung in künstlerischen und kulturellen Berufen. Bonn 1999, S. 153

Weidig, Inge / Hofer, Peter / Wolff, Heimfrid / Institut für Arbeitsmarkt- und Berufsforschung (Hrsg.). Arbeitslandschaft 2010 nach Tätigkeiten und Tätigkeitsniveau. Nürnberg 1999

Qualifizierung für Kunst- und Kulturberufe

Böhme, Hartmut / Matussek, Peter / Müller, Lothar. Orientierung Kulturwissenschaft: Was sie kann und was sie will. Reinbek bei Hamburg 2000

Hügel / Fetting / Bundesanstalt für Arbeit (Hrsg.). Blätter zur Berufskunde: Kulturwissenschaftler/in, Kulturpädagoge/in. Bestellnummer: 3-XL05. Bielefeld 1994

Konegen-Grenier, Christiane. Trainee-Programme. Institut der deutschen Wirtschaft (Hrsg.). Köln 1994

Kulturpolitische Gesellschaft / Evangelische Akademie Loccum (Hrsg.). Kulturpädagogik: Zur Zukunft eines Berufsfeldes. Aus- und Weiterbildung zwischen Theorie und Praxis. Hagen/ Loccum 1987

Kupfer, Matthias. Kulturwissenschaftliche Studiengänge im Überblick. In: Winter, Carsten (Hrsg.). Studieren für morgen II. Bonn 1996

Liebald, Christiane / Wagner, Bernd (Hrsg.). Aus- und Fortbildung für kulturelle Praxisfelder: Dokumentation zweier Forschungsprojekte der Kulturpolitischen Gesellschaft e.V. und des Deutschen Kulturrates. Hagen 1995

Raabe Fachverlag. Handbuch Kulturmanagement. Loseblattsammlung, die fortlaufend ergänzt wird, Stuttgart seit 1992

Zimmermann, Olaf / Schulz, Gabriele / Deutscher Kulturrat (Hrsg.). Weiterbildung in künstlerischen und kulturellen Berufen. Bonn 1999

Bewerbung und Berufseinstieg

Begemann, Petra. Keine Angst vor dem Studienende: Berufsorientiert studieren, überzeugend bewerben, souverän einsteigen. Frankfurt am Main 2001

Blamberger, Günter / Glaser, Hermann / Glaser, Ulrich. Berufs-bezogen studieren: Neue Studiengänge in den Literatur-, Kultur- und Medienwissenschaften. München 1993

Bolles, Richard Nelson. Durchstarten zum Traumjob: Das Be-werbungshandbuch für Ein-, Um- und Aufsteiger. Frankfurt am Main 2000

Dohmen, Dieter / de Hessele, Vera. Handbuch für den Berufs-einstieg nach der Uni: Tipps, Trends, Analysen. Marburg 1995

Glaubitz, Uta: Der Job, der zu mir passt. Frankfurt am Main 1999

Holst, Ulrich. Karriereplanung für Geisteswissenschaftler. Nie-dernhausen 2001

Hesse, Jürgen / Schrader, Hans Christian. Innovative Bewer-bungsstrategien. Frankfurt am Main 2001

Kammerer, Till. Mit Schlüsselqualifikationen den Absturz ins Magisterloch verhindern: Wie Geisteswissenschaftlern der Be-rufseinstieg gelingt. Frankfurter Allgemeine Zeitung 17.1.1998

Zimmermann, Olaf / Schulz, Gabriele. Traumberuf Künstler: Kreativität leben – finanzielle Sicherheit erreichen. Nürnberg 2002

Praktikums- und Jobbörsen im Internet

http://www.kultur-stellenmarkt.de
Stellen und Praktikumsangebote speziell für den Kulturbereich

http://www.servus.at/ame/kulturjobs
Metabörse für Kulturjobangebote im Internet, außerdem allge-meine Informationen zum Kulturarbeitsmarkt

http://www.kulturmanagement.net
Stellen- und Praktikumsbörse im Bereich Kultur und Management

http://www.arbeitsamt.de
Jobs, Praktika sowie allgemeine Infos zum Arbeits- und Weiterbildungsmarkt und den Serviceleistungen des Arbeitsamtes

http://www.unicum.de
Infoservice für Abiturienten, Studenten und Absolventen. Im Bereich „Karriere" findet man Praktikums- und Stellenbörsen sowie Bewerbungstipps

http://www.alma-mater.de
Arbeitsbroker für akademische Nachwuchskräfte und Studenten, bundesweit mehr als 300 Jobs und Praktika

http://www.akademiker-online.de
Praktikumsbörse und Jobbörse für Berufseinsteiger nach dem Studium

http://www.jobware.de/ca/ca.htm
Campus online – rund 1000 Praktikums- und Aushilfs-Jobangebote für Studierende

http://www.bwverlag.de
Homepage des Verlags Bildung und Wissen mit Jobservice und Hinweisen zu Studien- und Berufswahl

http://www.praktikum-online.de
Praktikumsangebote und Praktikumsgesuche

http://www.praktika.de
Praktikumsstellen, Nebenjobs und Diplomarbeitsthemen

http://www.praktikumsstellen.de
Börse für Praktika und Diplomarbeitsthemen

http://www.uni-online.de
Praktika und Jobangebote

http://www.jobworld.de/index.htm
Unter „Praktikum" sind Angebote aus 22 verschiedenen Jobbörsen aufgelistet

http://www.jungekarriere.com/praktikumsboersen
Meta-Praktikumsbörse in Deutschland, durchforstet große Praktikumsbörsen nach den passenden Angeboten

http://www.internship.de
Praktika im In- und Ausland

http://www.sokrates-leonardo.de
Praktika im europäischen Ausland und Fördermöglichkeiten für diese Praktika

http://www.daad.de
Homepage des Deutschen Akademischen Austauschdienstes, die Hinweise zu Fördermöglichkeiten von Auslandspraktika enthält

Noch mehr Lust auf Kultur?

Klaus Siebenhaar (Hrsg.)
Karriereziel
Kulturmanagement
Studiengänge und
Berufsbilder im Profil
Preis: € 14,80
ISBN: 3-8214-7612-5

Olaf Zimmermann/
Gabriele Schulz
Traumberuf Künstler
Kreativität leben – finanzielle
Sicherheit erreichen
Preis: € 14,80
ISBN: 3-8214-7618-4

Weitere Titel aus der Reihe jobs ■ business ■ future :

Robert Bauer / Tillmann Philippi
Einstieg ins E-Learning
Die Zukunftschance für beruflichen
und privaten Erfolg
Preis: € 14,80
ISBN: 3-8214-7608-7

Jürgen Behrens
Erfolgsfaktor Qualitätsmanagement
Kundenzufriedenheit und Wirtschaftlichkeit –
Beispiele aus der Praxis
QMS-Organisationsvorlagen auf CD-ROM
Preis: € 19,80
ISBN: 3-8214-7605-2

Ariane Charbel
Schnell und einfach zur Diplomarbeit
Der praktische Ratgeber für Studenten
(2. Auflage)
Preis: € 14,80
ISBN: 3-8214-7616-8

Erfolg in der IT-Branche
Green Card & Co – Aus- und
Weiterbildungen im Überblick
Preis: € 17,80
ISBN: 3-8214-7600-1

Heike Galensa / Vera Warnecke
Jobbörse Internet
1001 Top-Adressen
Preis: € 14,80
ISBN: 3-8214-7609-5

W. Timothy Gallwey
Erfolg durch Selbstcoaching
Mit der Inner-Game-Methode zu mehr Balance im Beruf
Preis: € 14,80
ISBN: 3-8214-7613-3

Christian Maier
Spielraum für Wesentliches
INNER GAME – ein Weg zur Entdeckung
der eigenen Potenziale
(2. Auflage)
Preis: € 14,80
ISBN: 3-8214-7614-1

Joyce Martin
Erfolgreiches Personalmanagement
nach dem Modell der vielfachen Intelligenzen
Aus dem Englischen von Astrid Ogbeiwi
Preis: € 24,80
ISBN: 3-8214-7610-9

Elisabeth Mehrmann
Schneller zum Ziel durch klare Kommunikation
Profitipps für den beruflichen Alltag
Preis: € 14,80
ISBN: 3-8214-7619-2

Dieter Mueller-Harju
Kompass 50 plus
Perspektiven für den beruflichen und
persönlichen Neubeginn
Preis: € 14,80
ISBN: 3-8214-7607-9

Stephanie Müller
Kind + Computer
Ein Ratgeber für Eltern und Erzieher
Preis: € 14,80
ISBN: 3-8214-7604-4

Elke Pohl
Nie mehr Stress im Job
100 Tipps für entspanntes Arbeiten
Preis: € 14,80
ISBN: 3-8214-7611-7

Elke Pohl
Karriere-Knigge
100 Tipps für gekonntes
Auftreten im Berufsleben
(2. Auflage)
Preis: € 14,80
ISBN: 3-8214-7615-X